I0110470

150 Jahre
Wissen für die Zukunft
Oldenbourg Verlag

Bedeutende Ökonomen

herausgegeben von
Prof. Dr. Bernd O. Weitz

Autoren:
Anja Eckstein
Stefan Eckstein
Studiendirektor Heinz Knaup
Prof. Dr. Bernd O. Weitz

Oldenbourg Verlag München Wien

Bibliografische Information der Deutschen Nationalbibliothek

Die Deutsche Nationalbibliothek verzeichnet diese Publikation in der Deutschen
Nationalbibliografie; detaillierte bibliografische Daten sind im Internet über
<http://dnb.d-nb.de> abrufbar.

© 2008 Oldenbourg Wissenschaftsverlag GmbH
Rosenheimer Straße 145, D-81671 München
Telefon: (089) 4 5051-0
oldenbourg.de

Das Werk einschließlich aller Abbildungen ist urheberrechtlich geschützt. Jede Verwertung außerhalb der Grenzen des Urheberrechtsgesetzes ist ohne Zustimmung des Verlages unzulässig und
strafbar. Das gilt insbesondere für Vervielfältigungen, Übersetzungen, Mikroverfilmungen und
die Einspeicherung und Bearbeitung in elektronischen Systemen.

Lektorat: Wirtschafts- und Sozialwissenschaften, wiso@oldenbourg.de
Herstellung: Anna Grosser
Coverentwurf: Kochan & Partner, München
Cover-Illustration: Hyde & Hyde, München
Gedruckt auf säure- und chlorfreiem Papier
Druck: Grafik + Druck, München
Bindung: Thomas Buchbinderei GmbH, Augsburg

ISBN 978-3-486-58222-2

Vorwort

Das vorliegende Buch porträtiert herausragende Ökonomen vom 17. Jahrhundert bis in die Gegenwart. Das zentrale Anliegen ist es, ihre bahnbrechenden und zukunftsweisenden Gedanken in Erinnerung zu rufen.

Jedes Werk, das wichtige Wirtschaftswissenschaftler vorstellen will, leidet beinahe zwangsläufig zumindest an zwei Problemen. Einerseits kann die Auswahl stets nur eine relativ subjektive sein. Andererseits ist der Versuch, die Lehren und das Leben von bedeutenden Ökonomen auch nur annähernd vollständig zu präsentieren, aufgrund der Komplexität der Werke und der Lebensgeschichten leicht zum Scheitern verurteilt.

Es wird daher lediglich der Anspruch erhoben, historisch als bedeutsam zu beurteilende Ökonomen in ihrem Lebensweg und ihrem wissenschaftlichen Vermächtnis zu skizzieren. Dabei steht eine von den Autoren durchaus persönliche Auswahl an herausragend angesehenen Ökonomen im Vordergrund. Nicht thematisierte Ökonomen müssen deshalb keineswegs weniger wichtig für die Entwicklung der Wirtschaftswissenschaft sein. Ein Aufgreifen weiterer Ökonomen in Nachfolgebänden ist durchaus intendiert.

Warum erscheint ein solches Buch notwendig? Die Entwicklung der Wirtschaftswissenschaft weist heute eine weitgehende Spezialisierung und Differenzierung auf. Zudem rechnen sich Lehrstühle häufig bestimmten Schulen bzw. Epigonen der Wirtschaftswissenschaft zu. Hierdurch erhält man nur bedingt einen Überblick über die theoretische Entwicklungsgeschichte und die Gedankenwelten, welche die Voraussetzung für die heutige Volkswirtschaftslehre bilden.

Das vorliegende Werk will zugleich Eindrücke vom historisch-sozialen und ökonomischen Umfeld jeweiliger Wirtschaftswissenschaftler vermitteln, Querverbindungen zu anderen Ökonomen aufzeigen und die Impulse verdeutlichen, welche die Wissenschaftler für die weitere gesellschaftliche und ökonomische Entwicklung gegeben haben. Der Leser soll auf eine historisch-ökonomische Entdeckungsreise geschickt werden, welche die Augen dafür öffnen kann zu erkennen, dass heutiges ökonomisches Denken zumeist deutlich historisch geprägt sind.

Nicht zuletzt soll das Buch dazu animieren, sich eingehender mit den jeweiligen Ökonomen und ihrem Schaffen zu beschäftigen. Hierzu werden u.a. Werkauszüge, weitergehende Literaturanregungen sowie Hinweise auf vertiefende Quellen im Internet angeboten.

Für die Mitarbeit an der Erstellung des Manuskripts dankt der Herausgeber Natascha Korioth und Deborah Hülsen

Der Herausgeber

Inhaltsverzeichnis

1 Adam Smith (1723 – 1790)

Der Begründer der Nationalökonomie

1.1   Lebensweg

Geburtsdatum   Das genaue Geburtsdatum von **Adam Smith** ist unbekannt. Getauft wurde er
am 05. Juni 1723 in Kirkcaldy, einer kleinen Hafenstadt an der Ostküste Schottlands. Sein Vater, ein Zollrevisor, war im April 1723 verstorben. Seine Mutter,
Tochter eines wohlhabenden Landeigentümers, zog den stets kränklichen Adam
Smith, der erst mit neun Jahren die Schule besuchen konnte, allein groß.

Sein ökonomi-   Der Schulbesuch bis zum 14. Lebensjahr an einer der angesehensten Schulen
sches Hauptwerk   Schottlands prägte die späteren Haltungen von Smith mit, denn der Unterricht
beschränkte sich nicht allein, wie damals üblich auf philosophische Fächer,
sondern thematisierte, vergleichbar mit dem heutigen sozialkundlichen Unterricht, z.B. auch die Frage nach der Forderung eines tugendhaften Verhaltens
des Einzelnen und den ökonomischen Erfordernissen. Dieses Thema, dem
Spannungsfeld zwischen Ökonomie und Ethik sollte sich Adam Smith im
Laufe seines Lebens immer wieder zuwenden. In seinem ökonomischen
Hauptwerk „**Wohlstand der Nationen**" manifestierte sich dies z.B. in dem
berühmten Satz:

> „Nicht vom Wohlwollen des Metzgers, Brauers oder Bäckers erwarten wir
> das, was wir zum Essen brauchen, sondern davon, dass sie ihre eigenen Inte-
> ressen wahrnehmen."

Damit ist folgender Gedanke verbunden: Das Zusammenleben der Menschen
in einem Staat soll im Bereich der Wirtschaft so geordnet sein, dass die einzelnen Menschen ihre eigenen Interessen verfolgen dürfen, insgesamt dabei aber
für alle ein Vorteil erwächst. Klug ausgedachte Gesetzte sollen sicherstellen,
dass auch ohne eine hochsehende moralische Gesinnung des einzelnen Menschen in der Wirtschaft es doch moralisch und gerecht zugeht. Unerwünschte
Resultate in der Wirtschaft können damit nicht mehr auf Charakterschwächen
einzelner Menschen zurückgeführt werden, sondern auf Strukturfehler der
Wirtschaft (vgl. hierzu auch Weitz 2006, S. 6ff.).

Studium   Im damals in Schottland üblichen Alter von 15 Jahren begann Smith sein Studium an der University of Glasgow, wo vor allem der Moralphilosoph **Francis
Hutcheson (1694 – 1746)** sein Lehrer werden sollte. Dieser war der neuen
Sozialethik, dem **Utilitarismus**, verpflichtet, die dem Dienst an der materiellen Wohlfahrt der Menschen höchsten Wert zu spricht. Eine Ausrichtung mithin, die in der noch entscheidend von Adelsprivilegien, Großgrundbesitz und
klerikaler Macht geprägten Zeit als insubordinativ empfunden wurde. Glasgow hatte durch den Handel, besonders mit den amerikanischen Kolonien,
einen großen wirtschaftlichen Aufschwung erfahren. Sie bot Smith reichhal-
tige Einblicke in die Wirkungsweise des Marktes und die gesellschaftlichen
Zusammenhänge. Glasgow war zu dieser Zeit insbesondere ein Ort der gesellschaftlichen Aufklärung und der innovativen Ideen bzw. Entwicklungen in
Großbritannien.

Nach seinem Abschluss mit dem „Master of Arts" strebte Adam Smith, mit einem Stipendium für seine bisherigen außergewöhnlichen Studienleistungen versehen, zunächst die Laufbahn zum anglikanischen Priester an. Doch das Studium am Balliol College in Oxford war für Adam Smtih enttäuschend.

Priester

Die Universität Oxford hatte ihm auf philosophischem Gebiet nichts zu bieten. Beeindruckt war Smith lediglich von den eklatant hohen Studiengebühren. Im Selbststudium erschloss er sich David Humes „Traktat über die menschliche Natur", auf das ihn sein fortschrittlicher Glasgower Lehrer Hutscheson aufmerksam gemacht hatte. Doch durch seine Lehrer in Oxford wurde das „gottlose" Buch konfisziert und er erhielt einen strengen Verweis. Smith war von zahlreichen demokratischen Ideen „angesteckt" und passte nicht in die konservative Atmosphäre von Oxford (vgl. Schlösser 2/2000, S. 64).

Demokratische Ideen

So war sein Studium weitestgehend auf die für ihn erreichbaren damals modernen Werke der zeitgenössischen Philosophie ausgerichtet, was ihm u.a. zu dem Werk des englischen Philosophen und Staatsmanns **Francis Bacon (1561 – 1626)** führte, der einen technisch und wissenschaftlich durchgebildeten Zukunftsstaat entwarf. Dieser aufklärerischer Gedanke war allerdings kaum im Sinne des ausschließlich aus Geistlichen bestehenden Oxforder Lehrkörpers.

Nach insgesamt sechs Jahren Studium hatte sich das Interesse von Adam Smith weg von der Priesterlaufbahn und hin auf die wissenschaftliche Tätigkeit an der Universität entwickelt, da er glaubte, hier am besten am deutlich spürbaren geistigen Aufbruch in Großbritannien mitwirken zu können.

Um in Schottland Professor zu werden, musste er sich einer Qualifikationsprozedur für dieses Amt unterziehen, die darin bestand, öffentliche Vorlesungen zu Themen des beanspruchten Fachgebietes zu halten. Dementsprechend hielt er von 1748 bis 1751 in Edinburgh Vorlesungen, die von Rhetorik, Geschichte und Ethik bis zu Ökonomie und Verteidigungspolitik einen weiten Bereich des damaligen Wissens abdeckten.

Qualifikationsprozedur

Adam Smith wurde 1751 Professor für Logik an der Universität Glasgow. Ein Jahr später wechselte er auf die besser bezahlte Stelle eines Professors für Moralphilosophie, wozu damals Theologie, Ethik, Jurisprudenz und politische Ökonomie gehörten. Damit übernahm er zugleich den Lehrstuhl seines ehemaligen Lehrers und Förderers Francis Hutcheson.

Professor für Logik

Die damalige Unterrichtssprache war üblicherweise Latein. In Glasgow brach Francis Hutcheson als erster mit dieser Tradition. Auch Smith benutzte Englisch als Unterrichtssprache. Seine Vorlesungen werden als intellektuell sehr anspruchsvoll beschrieben.

Einer der Studenten von Smith, der später als Schriftsteller berühmt gewordene **James Boswell (1740 – 1795)**, urteilte über den Hochschullehrer Smith so: „*Mr. Smith´s senntiments are striking, porfound and beautiful. He has nothing of that stiffness and pedantry which is too often found in professors.*"

Political Economy Club

Smith war Mitglied in mehreren fortschrittlichen Diskussionsclubs und intellektuellen Zirkeln. Einer davon war der *Political Economy Club*, in dem Smith von den dort organisierten Kaufleuten detaillierte Informationen über Handel und Geschäftsleben erhielt, die später in seine Werke einflossen und für deren hohen Realitätsgehalt sorgten.

Sein philosophisches Hauptwerk

Im Jahr 1759 veröffentlichte Smith sein philosophisches Hauptwerk *The Theory of Moral Sentiments* (Theorie der ethischen Gefühle), das ihm schnell große Anerkennung brachte. Dadurch wurde **Charles Townshend (1725 – 1767)**, der damals als Chancellor of the Exchequer für die Staatsfinanzen zuständig war, auf Smith aufmerksam. Townshend, der gerade geheiratet hatte, suchte für seinen Stiefsohn Henry Scott, den Herzog von Buccleuch, einen Privaterzieher. Nachdem **David Hume (1711 – 1776)** seinen Freund Smith für diese Stelle empfohlen hatte, machte Townshend dem zögernden Smith ein so lukratives Angebot, das dieser schließlich annahm. Smith gab infolgedessen 1763 sein Professorenamt in Glasgow auf und reiste im folgenden Jahr mit dem jungen Herzog nach Frankreich, wo sich beide vor allem in Toulouse aufhielten. Dort begann Smith mit der Arbeit an seinem ökonomischen Hauptwerk „**Der Wohlstand der Nationen**" (Wealth of Nations). Tutor und Zögling fuhren auch nach Genf, wo sie den aufklärerischen französischen Schriftsteller **Voltaire (1694 – 1772)** besuchten, den Smith sehr schätzte. In Paris lernte er Vertreter der französischen Aufklärung kennen, darunter insbesondere den Arzt und Ökonomen **François Quesnay (1694 – 1774),** dessen Gedanken ihn stark beeinflussten. Der Aufenthalt in Frankreich endete, als der jüngere Bruder des Herzogs starb. Smith kehrte mit seinem Schüler nach England zurück, wo er bis 1767 für Lord Townshend arbeitete.

London

Ende 1767 kehrte Smith in seinen Geburtsort Kirkcaldy zurück, wo er die nächsten sechs Jahre damit verbrachte, sein neues Buch zu diktieren und zu überarbeiten. Anschließend hielt er sich drei Jahre in London auf, wo er im British Museum ökonomische Statistiken und andere Quellen studierte, um seinem Werk eine sichere empirische Grundlage zu geben. *An Inquiry into the nature and causes of the Wealth of Nations* erschien am 9. März 1776 in London.

Smith wurde 1779 zum Kontrolleur der Zollverwaltung in Edinburgh ernannt. Er starb am 17. Juli 1790 in dieser Stadt. Seinem Wunsch entsprechend haben seine Testamentsvollstrecker nahezu alle privaten Aufzeichnungen des Verstorbenen vernichtet.

1.2 Wissenschaftliches Vermächtnis

Adam Smith gilt als Begründer der klassischen Nationalökonomie (Volkswirtschaftslehre). In seinem Hauptwerk **„Der Wohlstand der Nationen"** hat er als erster die liberalen Wirtschaftslehren des 18. Jahrhunderts geschlossen dargestellt. Nicht der Geldvorrat oder der Außenhandel, wie die Merkantilisten behauptet hatten, auch nicht der Produktionsfaktor Boden allein, wie die Physiokraten lehrten, sondern die Arbeit aller schafft nach Smith den so genannten Volkswohlstand. Die Ertragskraft der menschlichen Arbeit wird durch die Arbeitsteilung gesteigert. Den Wert der Güter bestimmt nicht der Gebrauchs-, sondern der Tauschwert. Im Marktpreis setzt sich auch die Dauer der Kostenpreise durch. Lohn, Kapitalgewinn und Grundrente, die drei Einkommensarten, werden in ihrer Höhe durch die Marktlage bestimmt. Die treibende Kraft aller wirtschaftlichen Vorgänge ist das Selbstinteresse, der natürliche Trieb des Menschen, seine Lage zu verbessern. Eine **unsichtbare Hand** lässt Jeden das tun, was dem Wohle des Ganzen dient. Wirtschaftspolitisch stand Adam Smith auf dem Standpunkt, dass die freie, durch möglichst wenig Staatsmaßnahmen gehemmte Organisation der Gesellschaft für die Gesamtheit förderlicher sei als eine gebundene Wirtschaftsfassung, dass der freie Wettbewerb zu einer natürlichen Harmonie des sozialen und wirtschaftlichen Lebens führe. Folgerichtig sind Freihandel und eine darauf aufgebaute internationale Arbeitsteilung sein handelspolitisches Ziel. Smith wandte sich gegen die damalige lebensferne theologische Moral, was für die praktische Durchsetzung der Grundsätze der Wirtschaftsfreiheit große Bedeutung hatte.

Liberalen Wirtschaftslehren

Unsichtbare Hand

Das **Wirtschaftssystem** nach Adam Smith besteht aus vier Hauptsäulen/-erkenntnissen:

Wirschaftssystem

1. Alle Marktakteure handeln individuell gewinnmaximierend;

2. Angebot und Nachfrage regeln den Preis;

3. Der Markt wirkt „wie durch eine unsichtbare Hand" als sozialverträglich regulierend;

4. Der Staat wirkt nur indirekt am Markt, indem er für die Bereitstellung der öffentlichen Güter zuständig ist und die Rahmenbedingungen und Rechtsordnung schafft.

Adam Smith sah den gesellschaftlichen Wohlstand in einem System der natürlichen Freiheit am besten verwirklicht. Er ging als Grundprinzip davon aus, dass durch die Verfolgung privater Interessen immer zugleich auch öffentliche Interessen erfüllt werden.

Natürliche Freiheit

Logische Konsequenz ist ein bürgerlicher Rechtsstaat, der kein eigenes Interesse wahrnimmt, sondern nur gesellschaftliche Rahmenbedingungen zur Verfügung stellt.

Staat

Dem Staat kommen nach Smith vier zentrale Aufgaben zu:

1. Organisation der Landesverteidigung;
2. Schutz jedes Mitgliedes der Gesellschaft vor Ungerechtigkeit und/oder Unterdrückung;
3. Errichtung und Unterhalt von öffentlichen Anstalten, deren Errichtung oder Erhaltung durch private nicht möglich wären, aber dennoch für die Allgemeinheit bedeutsam sind. Beispiele sind das Unterrichts- und Transportwesen;
4. Durchsetzung des Privateigentums.

Bildung

Die allgemeine Bildung durch den Staat zu sichern, war für Smith ein sehr wichtiges Thema, da er sehr wohl die Gefahren der von ihm propagierten Arbeitsteilung sah. Damit ist die Verdummung von Arbeitern gemeint, die nur wenige Handgriffe ausführen. Der Staat soll dem „einfachen Volk" Schulausbildung zugänglich machen und es sogar, nach seinen Worten, dazu zwingen. Durch diese gebotene Bildung werde dem einfachen Mann ein Aufstieg aus seiner durch Geburt vorgegebenen Situation ermöglicht, welchen er durch eigenen Fleiß erreichen könne.

Die zentrale Funktion des Staates bleibe aber, das Privateigentum vor Übergriffen zu schützen. Adam Smith gehörte zu den ersten Vertretern des Nachtwächterstaats.

H.J. Schlösser (2000, S. 64ff.) fasst das Werk von Adam Smith in Kernpunkten wie folgt zusammen:

Es geht Adam Smith um die Frage, welche Aufgaben der Staat übernehmen muss, damit der von ihm so verachtete Pomp der Paläste dem Wohlstand der Nationen weicht.

Arbeitsteilung

Ein zentraler Ausgangspunkt für seine Untersuchungen war die Arbeitsteilung. Diese sah Adam Smith als wesentliche Ursache für eine höhere Produktivität an und sie folgt aus dem Handel, ist mit diesem untrennbar verbunden. Die natürliche Grenze der Arbeitsteilung ist daher die Größe des Marktes. Früh erkannte er in diesem Zusammenhang die Bedeutung von Verkehrswegen. Handel nun beruht nach seiner Überzeugung nicht auf Wohlwollen, sondern auf Eigennutz. Das mag man bedauerlich finden, jedoch sieht Smith den Warentausch als wesentlich würdevoller an, als „wie ein Hund beim Herrn um Almosen betteln zu müssen". Wesentlich war für Smith letztlich, dass arbeitsteilige und Handel treibende Gesellschaften ein höheres Einkommen erwirtschaften als andere. Smith arbeitete auch die zentrale Bedeutung des Wettbewerbs heraus: Der Monopolist versorgt den Markt ständig mangelhaft und fordert den höchsten Preis, den man aus den Käufern herauspressen kann, während der Wettbewerb zum niedrigsten Preis führt, den der Verkäufer noch hinnehmen kann, ohne aus dem Markt ausscheiden zu müssen.

Smith sah, was die Arbeiter, Tagelöhner, Dienstboten in England seiner Zeit leisten mussten und wie sie litten. Er plädierte daher für die Legalisierung von Arbeitsorganisationen und für Arbeitsschutz.

Er stellt eine Zinstheorie vor, bei der er die Höhe der Kreditzinsen mit der Rentabilität von Investitionen verknüpfte. Ähnlich argumentierte er in seiner Theorie der Bodenrente.

Zinstheorie

Viele von Smiths Ausführungen gelten heute als Allgemeingut, zu seiner Zeit waren sie jedoch revolutionär.

Für den größten wirtschaftspolitischen Irrweg seiner Zeit hielt Adam Smith den **Merkantilismus**, die Wirtschaftsdoktrin des Absolutismus. Die Merkantilisten gingen davon aus, dass die angehäufte Goldmenge den Wohlstand eines Landes bestimmt, weshalb der Export gefördert und der Import behindert werden soll. Diese „Wirtschaftspolitik des Schatzbildens" führt nach Smith zur Verarmung des Landes insgesamt, da es langfristig teurer kommt, etwas selbst herzustellen, das man für einen geringeren Ressourceneinsatz anderswo hätte eintauschen können. Daher sprach sich Adam Smith für den **Freihandel** aus.

Irrweg seiner Zeit

Generell plädierte Smith für eine Aufgabe aller Beschränkungen und Begünstigungen für die Wirtschaft: Solange der Einzelne nicht die Gesetze breche, lasse man ihm völlige Freiheit, damit er das eigene Interesse auf seine Weise verfolgen kann. Die Aufgabe des Staates reduziert sich auf drei Bereiche: Die Gewährleistung der äußeren (Armee) und inneren (Justizwesen) Sicherheit und der Betrieb öffentlicher Einrichtungen (z.B. Verkehrsnetze), die nicht privat übernommen werden, weil der Gewinn die Kosten nicht decken kann. In einem solchen Wirtschaftssystem wird dann die unsichtbare Hand des Marktes die eigennützigen Interessen der frei handelnden Individuen zum höchsten Wohlstand aller koordinieren.

Freiheit

Adam Smith wies auf die besondere Bedeutung der **Bildung** hin. Erst wenn das Recht auf gleiche Bildung für Alle garantiert ist, kann von einer gerechten Gesellschaft gesprochen werden. Den Verweis auf unterschiedliche Begabungen ließ er nicht gelten, sondern hielt die unterschiedlichen Fähigkeiten der Erwachsenen für die Folge, und nicht für die Ursache der bestehenden Verhältnisse. Smith äußerte sich kritisch bis abfällig über die kirchlichen, insbesondere die katholischen Schulen seiner Zeit, die er als die größten Feinde der Aufklärung ansah. Er sprach sich für eine strikte Trennung von Kirche und Staat aus.

Bildung

Zur Finanzierung der **Staatstätigkeit** schlug Smith **Steuern** vor, sah aber die erste Einkommensquelle in der Versteigerung der Besitztümer des Königshauses. Nach der Aufteilung des königlichen Besitzes sollten die Mitglieder der Gesellschaft proportional zu ihrem Einkommen besteuert werden. Er warnte aber davor, dass zu hohe Abgaben den Erwerbsfleiß der Bevölkerung beeinträchtigen könnten.

Finanzierung der Staatstätigkeit

1.3   Textbeispiele

Arbeitsteilung   Adam Smith hat den Gedanken von der wirtschaftlichen Sinnhaftigkeit der
Arbeitsteilung bereits 1776 in seinem Werk „Der Wohlstand der Nationen"
als ausschlaggebend für ein erfolgreiches Produzieren in den Wirtschaftswissenschaften verankert.

Am Beispiel der Stecknadelherstellung zeigte er, wie sich durch die Differenzierung der Herstellung auf verschiedene Teilverrichtungen die Ergiebigkeit
der eingesetzten Arbeit, also deren Produktivität, steigern lässt. Er schrieb:

„Nehmen wir also ein Beispiel von einem sehr unbedeutenden Betrieb, der
jedoch sehr oft wegen der darin herrschenden Teilung der Arbeit angeführt
wurde, nämlich von dem Geschäft des Nadlers, so könnte ein für dieses
Geschäft ... nicht angelernter Arbeiter, der mit dem Gebrauch der dazu verwendeten Maschinen, zu drern Erfindung wahrscheinlich erst die Teilung der
Arbeit Veranlassung gegeben hat, nicht vertraut wäre, vielleicht mit dem
äußersten Fleiße täglich kaum eine, gewiss keine zwanzig Nadeln machen. In
der Art aber, wie dies Geschäft jetzt betrieben wird, ist nicht allein die ganze
Verrichtung ein eigenes Gewerbe, sondern es ist noch in eine Anzahl von
Zweigen eingeteilt, von denen die meisten ebenfalls eigene Gewerbe sind.

Ein Mann zieht den Draht, ein anderer steckt ihn, ein dritter schneidet in
Stücke, ein vierter spitzt ihn zu, ein fünfter schleift ihn am oberen Ende, wo
der Kopf angesetzt wird; die Verfertigung des Kopfes erfordert zwei oder
drei verschiedene Verrichtungen; sein Ansetzen ist ein eigenes Geschäft, die
Nadeln weiß zu glühen ein anderes; das Einstecken der Nadeln in Papier bil-
Stecknadel   det eine Arbeit für sich. Und so ist das wichtige Gewerbe, Stecknadeln zu
machen, in ungefähr achtzehn verschiedne Tätigkeiten geteilt, die in man-
chen Fabriken von verschiedenen Händen verrichtet werden.

Ich habe eine kleine Fabrik dieser Art gesehen, in der nur zehn Menschen
beschäftigt waren und manche daher zwei oder drei verschiedene Verrichtungen zu erfüllen hatten. Obgleich nun diese Leute sehr arm und darum nur
notdürftig mit den erforderlichen Maschinen versehen waren, so konnten sie
doch, wenn sie tüchtig arbeiteten, zusammen etwa zwölf Pfund Stecknadeln
täglich liefern. Ein Pfund enthält über viertausend Nadeln von mittlerer
Größe. Jene zehn Personen konnten mithin zusammen täglich über achtund-
vierzigtausend Nadeln machen. Jeder Einzelne kann daher ... als Verfertiger
von viertausendachthundert Nadeln an einem Tage angesehen werden. Hätten sie jedoch alle einzeln und unabhängig voneinander gearbeitet und wäre
keiner für sein besonderes Geschäft angelernt worden, so hätte gewiss keiner zwanzig, vielleicht nicht eine Nadel täglich machen können ..."

(Quelle: vgl. Smith, Adam: Untersuchungen über das Wesen und die Ursachen des Volkswohlstandes, aus dem Englischen übertragen von F. Stöpel,
1. Band, 2. Aufl., Berlin 1905, S. 7f.)

Wenn ein Tier von einem Menschen oder einem anderen Tiere etwas erlangen will, so hat es keine anderen Mittel, sie dazu zu bewegen, als daß es die Gunst derer gewinnt, deren Dient es begehrt. Ein junger Hund liebkost seine Mutter, und ein Hühnerhund sucht auf tausenderlei Weise sich seinem bei Tische sitzenden Herrn bemerklich zu machen, wenn er von ihm etwas zu fressen haben will. Der Mensch bedient sich bisweilen derselben Mittel bei seinen Mitmenschen, und wenn er kein anderes Mittel kennt, um sie zu bewegen, nach seinem Wunsche zu handeln, so sucht er durch alle möglichen knechtischen und kriecherischen Aufmerksamkeiten ihre Willfährigkeit zu gewinnen. Er hat jedoch nicht Zeit, dies in jedem einzelnen Falle zu tun. In einer zivilisierten Gesellschaft befindet er sich jederzeit in der Zwangslage, die Mitwirkung und den Beistand einer großen Menge von Menschen zu brauchen, während sein ganzes Leben kaum hinreicht, die Freundschaft von einigen wenigen Personen zu gewinnen. Fast bei jeder anderen Tiergattung ist das Individuum, wenn es reif geworden ist, ganz unabhängig und hat in seinem Naturzustande den Beistand keines anderen lebenden Wesens nötig; der Mensch dagegen beraucht fortwährend die Hilfe seiner Mitmenschen, und er würde diese vergeblich von ihrem Wohlwollen allein erwarten. Er wird viel eher zum Ziel kommen, wenn er ihre **Eigenliebe** zu seinem Gunsten interessieren und ihnen zeigen kann, dass sie selbst Vorteil davon haben, wenn sie für ihn tun, was er von ihnen haben will. Wer einem anderen einen Handle anträgt, macht ihm den folgenden Vorschlag: Gib mir, was ich will, und du sollst haben, was du willst, – das ist der Sinn jedes derartigen Anerbietens; und so erhalten wir voneinander den bei weitem größeren Teil der guten Dienste, die der benötigen. Nicht von dem Wohlwollen des Fleischers, Brauers oder Bäckers erwarten wir unsere Mahlzeit, sondern von ihrer Bedachtnahme auf ihr eigenes Interesse. Wir wenden uns nicht an ihre Humanität, sondern an ihre Eigenliebe, und sprechen ihnen nie von unseren Bedürfnissen, sondern von ihren Vorteilen. Nur einem Bettler kann es passieren, fast ganz von dem Wohlwollen seiner Mitbürger abzuhängen.

Adam Smith: Wohlstand der Nationen, Erster Band, 2. Kapitel

Sowohl die **Ausgaben** für die Beschützung der **Gesellschaft** als die für die Behauptung der Würde ihrer höchsten Obrigkeit werden für das allgemeine der ganzen Gesellschaft gemacht. Es ist daher billig, dass sie durch die allgemeine Beisteuer der ganzen Gesellschaft bestritten werden, indem alle Glieder derselben so genau als möglich nach Verhältnis ihres Vermögens dazu beitragen.

Auch die Ausgaben für die Rechtspflege lassen sich ohne Zweifel als Ausgaben zum Wohle der ganzen Gesellschaft betrachten, und es ist daher
nichts Ungehöriges, dass sie durch die allgemeine Beisteuer der ganzen
Gesellschaft bestritten werden. Indes sind die Personen, welche zu diesen
Ausgaben Anlass geben, die Leute, die es durch Ungerechtigkeiten der
einen oder anderen Art nötig machen, Hilfe und Schutz bei den Gerichten
zu suchen. Und die Personen, welche von diesen Ausgaben den unmittel-
barsten Vorteil haben, sind diejenigen, welchen das Gericht ihr Recht ver-
schafft, oder welche es im Besitze ihres Rechts erhält. Es dürfte also sehr
angezeigt sein, dass die Ausgaben für die Rechtspflege, je nach der Besonderheit des Falles, durch den Beitrag der einen oder der anderen Gruppen
von Personen, d.h. durch die Gerichtsporteln bezahlt werden. Eine allgemeine Beisteuer der ganzen Gesellschaft ist nur bei Kriminalprozessen
nötig, wenn die Verbrecher nicht selbst genug Vermögen haben, um diese
Gerichtsporteln zu bezahlen. Diejenigen Ausgaben für einen Ort oder eine
Provinz, die nur das Beste des Orts oder der Provinz zum Zwecke haben
(z.B. die Ausgaben für die Polizei in einer Stadt oder einem Bezirk) sollten
auch aus den Einkünften des Ortes oder der Provinz bestritten werden und
nicht die allgemeinen Einkünfte der Gesellschaft belasten. Es ist unbillig,
dass die ganze Gesellschaft zu einer Ausgabe beisteure, von der der Vorteil
bloß einem Teile der Gesellschaft zugute kommt.

Die **Ausgaben** für die Unterhaltung guter Straßen und Verbindungen kommen ohne Zweifel der ganzen Gesellschaft zugute, und werden daher auch
mit Recht durch die allgemeine Beisteuer der ganzen Gesellschaft bestritten.
Unmittelbar und zunächst sind sie jedoch diejenigen von Nutzen, welche
von einem Orte zum anderen reisen oder Waren verfrachten und diejenigen,
welche die Waren verbrauchen. In England legen die Zölle an den Schlag-
bäumen und in den anderen Ländern die so genannten Wegezölle diesen
Aufwand ganz den beiden genannten Gruppen von Leuten auf und befreien
so die Staatskasse von einer sehr beträchtlichen Last.

Die Ausgaben für die Anstalten der Erziehung und des Religionsunterrichts
kommen gleichfalls ohne Zweifel der ganzen Gesellschaft zugute und können daher mit vollem Rechte durch eine allgemeine Beisteuer der ganzen
Gesellschaft bestritten werden. Indes ist es daher vielleicht ebenso angezeigt
und sogar noch vorteilhafter, dass sie ganz und gar von denen bestritten werden, welche von einer solchen Erziehung und einem solchen Unterrichte
den unmittelbaren Vorteil haben, d.h. durch freiwillige Beiträge derer, die
Erziehung und Unterricht nötig zu haben glauben.

Adam Smith: Wohlstand der Nationen, Dritter Band, 1. Kapitel, 4.Abteilung

1.4   Weiterführende Literatur

- Ballestrem, Karl: Adam Smith, München 2003
- Koesters, Paul-Heinz: Ökonomen verändern die Welt. Lehrer die unser Leben bestimmen, 4.Aufl., Hamburg 1984
- Schlösser, Hans Jürgen.: Adam Smith. In: Unterricht Wirtschaft, H.2, 2000, S. 64-67
- Smith, Adam.: Adam Smith für Anfänger. Der Wohlstand der Nationen. Eine Leseeinführung, München 1999
- Smith, Adam.: Der Wohlstand der Nationen. Eine Untersuchung seiner Natur und seiner Ursachen, München 1999
- Smith, Adam.: Theorie der ethnischen Gefühle, Homburg 1994
- Streminger, Gerhard: Adam Smith. Mit Selbstzeugnissen und Bilddokumenten, 2. Aufl., Reinbek bei Hamburg 1999
- Weitz, Bernd. O.: Ethik und Wirtschaft?! – Ein Beitrag aus wirtschaftsdidaktischer Sicht-Universität zu Köln. Hochschuldidaktische Schriften der Abteilung Wirtschaftswissenschaften und ihre Didaktik. Beitrag 1, 2005

Literatur

1.5   Internetquellen

- www.mehr-freiheit.de
- http://de.wikipedia.org/wiki/Adam_Smith
- http://www.aboutit.de/wissen/biographien (Adam Smith)
- http://www.weltchronik.de/bio/cetheguss/s/s (Adam Smith)

Bildquelle:

http://www.portrait.kaar.at/Wirtschaftswissenschaftler/image38.html

2 François Quesnay (1694 – 1774)
Arzt, Ökonom und Modelltheoretiker

2.1   Lebensweg

Dreizehn Kinder | **François Quesnay** wurde am 4. Juni 1694 im Mérè (Ile de France) als achtes von ingesamt dreizehn Kindern einer Kleinbauerfamilie geboren. Er zeichnete sich früh durch außerordentliche Strebsamkeit und Begabung aus. Lesen und Schreiben lernte er von einem ehemals besser gestellten Tagelöhner. Mit 16 Jahren wurde er von einem Wundarzt in Ausbildung genommen und lernte dort die damalige Allgemeinmedizin kennen.

Chirurgie | Im Jahr 1711 studierte er im Kollegium von Saint-Cóme in Paris Chirurgie und finanzierte sein Studium, indem er als Graveur arbeitete und anatomische Tafeln für Mediziner produzierte.

Meister der Künste | Bereits 1717 wurde er so genannter Meister der Künste, ein Arzt, und erlangte 1718 die Qualifikation als Chirurg. Als problematisch für seine Karriere empfand Quesnay, der sich in der Nähe von Paris beruflich niederließ, seine Herkunft. So verbreitete er, dass er von einem erfolgreichen Provinzanwalt abstamme. Auch der gewonnene Status als Chirurg stellte ihn zunächst nicht zufrieden, denn der war damals auf der gleichen sozialen Ebene angesiedelt wie die der Barbiere. Zu einiger Unabhängigkeit in finanzieller Hinsicht gelangte François Quesnay erst, als er die Tochter eines Kolonialwarenhändlers heiratete.

Die hohe ärztliche Kompetenz Quesnays sowie seine medizinischen Publikationen empfahlen ihn bald als Arzt gehobener Kreise und verhalfen ihm zu hohem gesellschaftlichen Aufstieg.

Hausarzt | Nachdem er ab 1734 als Medecin-Chirurgien, einer Art persönlicher Hausarzt, für den Herzog von Villeroy gearbeitet hatte, berief ihm das Pariser Collège de St. Come als Professor. 1737 wurde François Quesnay Mitglied der Académie Royal de Chirurgie in Paris. Eine entscheidende Stufe auf seiner Karriereleiter stellte 1749 der Aufstieg zum Leibarzt der Madame Pompadour, der Mätresse des französischen Königs Ludwig XV., dar. Da die Pompadour Quesnay zu einem ihrer engsten Vertrauten machte, steigerte sich auch sein Einfluss am französischen Hof. Bald wurde er auch zum offiziellen Leibarzt Ludwigs XV. und medizinischer Berater am Hof in Versailles. 1752 wurde François Quesnay geadelt. Letzteres verdankte Quesnay der Heilung des Kronprinzen von den Windpocken, einer Erkrankung die damals häufig tödlich verlief.

Das wissenschaftliche Interesse von François Quesnay richtete sich keineswegs allein auf die Medizin, sondern er war sowohl in den medizinischen, ökonomischen, philosophisch-politischen und mathematischen Wissenschaften als auch der Literatur bewandert. Seine Wohnung im Palast von Versailles wurde zum Treffpunkt vieler führender europäischer Intellektueller seiner Zeit, wie z.B. des Ökonomen **Adam Smith** und des Schriftstellers **Denis Diderot (1713 – 1784)**.

Neben seiner Tätigkeit als Arzt beschäftigte er sich im Alter zunehmend mit Ökonomie. Im Alter von 64 Jahren schrieb Quesnay sein ökonomisches Haupt- werk **Tableau économique**. Aufgrund der darin entwickelten Gedanken gilt er als der Begründer der wirtschaftstheoretischen Schule der **Physiokraten**.

Tableau économique

François Quesnay verstarb am 16. Dezember 1774 in Versailles.

2.2 Wissenschaftliches Vermächtnis

François Quesnay hatte sich in seiner Zeit einen hervorragenden Ruf als medi- zinischer Autor erworben, z.B. durch seine Schrift Observations sur les éffets de la saingée. Mit zunehmendem Lebensalter richtete sich aber sein wissen- schaftliches Interesse auf philosophisch-politische Themen. Ab 1754 arbeitete er an der von Denis Diderot und **Jean d'Alembert (1717 – 1783)** herausgege- benen und von der Enzyklopädia Britania inspirierten französischen Encyclo- pédie mit. Neben seiner Tätigkeit als Arzt beschäftigte sich Quesnay mit ökonomischen Fragen. Die modelltheoretische Betrachtung des Wirtschafts- geschehens in seinem Werk Tableau économique versetzten die Wirtschafts- interessierten der damaligen Zeit erstmals in die Lage, die Zusammenhänge zwischen wesentlichen Akteursgruppen einer Volkswirtschaft zu verdeutli- chen und zueinander in Beziehung zu setzen. Er übertrug in seinem graphi- schen Modell die Vorstellung des menschlichen Blutkreislaufes auf den **Wirtschaftskreislauf**. Stark vereinfacht sieht das Tableau so aus:

Wirtschafts- geschehen

Wirtschafts- kreislauf

Die Bauern erzeugen jährlich Produkte im Wert von fünf Milliarden. Nach Abzug der Kosten bleibt ein Überschuss von zwei Milliarden. Diese zwei Milliarden werden als Rente an den Großgrundbesitzer abgeführt.

Von diesen zwei Milliarden kaufen die Grundbesitzer bei den Bauern Pro- dukte (Lebensmittel) im Wert von einer Milliarde. Damit fließt die Hälfte der Grundrente wieder an die Landwirte zurück. Die zweite Milliarde geben die Grundbesitzer bei den Händlern und Gewerbetreibern aus. Aber auch die Händler und Gewerbetreibenden (sterile Klasse) kaufen bei den Bauern Lebensmittel – und zwar im Wert von einer Milliarde. Das bedeutet: Der gesamte Überschuss (zwei Milliarden), den die Grundbesitzer in Form von Bodenrente von den Landwirten (produktive Klasse) erhalten haben, ist wie- der an die Bauern zurückgeströmt. Die erste Milliarde direkt, die zweite Milliarde dem Umweg über die sterile Klasse.

So bleiben von den fünf Milliarden, von den Quesnay ausging, noch drei Milli- arden, die bisher nicht berücksichtigt wurden. Davon zirkuliert eine Milliarde zwischen den Landwirten (produktive Klasse) und der sterilen Klasse der Händler und Gewerbetreibenden. Von diesem Geld kaufen die Bauern gewerb- liche Erzeugnisse (zum Beispiel: landwirtschaftliche Geräte) bei der sterilen Klasse, während diese wiederum Rohstoffe bei der Bauernklasse erwirbt.

Die restliche zwei Milliarden sind hingegen ausschließlich bei der Bauernklasse im Umlauf. Die Landwirte benötigen das Geld, um sich gegenseitig
Vieh, Dünger oder Samen abzukaufen. All dies ist keine Spielerei, sondern
das quesnaysche Prinzip wird heute in allen Ländern der Welt angewandt –
und zwar, wenn es um die „volkswirtschaftliche Gesamtrechnung" geht.

*(vgl. Koesters, Paul-Heinz: Ökonomen verändern die Welt, 4. Aufl., Ham-
burg 1984, S. 24f.)*

Das Tableau Quesnays bildet das erste makroökonomische Modell eines all-
seitig verflochtenen Wirtschaftskreislaufes. Es ging hervor aus der Gegnerschaft zum herrschenden Merkantilismus.

Merkantilismus   Der **Merkantilismus** (vom französischen mercantile = kaufmännisch) war das
wirtschaftspolitische System im Zeitalter des Absolutismus (16. – 18. Jahrhundert). Der Merkantilismus zielte auf einen den ständischen Feudalismus
überwindenden einheitlichen politischen Raum in Form eines Nationalstaates.
Hauptantrieb der wirtschaftlichen Maßnahmen war der staatliche Geldbedarf,
der infolge der Unterhaltung stehender Heere und eines Berufsbeamtentums
enorm gestiegen war und die Erschließung neuer lückendeckender Finanz-
quellen erforderlich machte. Die allgemeine Besteuerung im Staatswesen war
geboren.

Physiokraten   Quesnay lehnte jeden Eingriff in das Wirtschaftsgeschehens ab. Auch in der
Wirtschaft sollte eine natürliche Ordnung herrschen. Die von Quesnay maß-
geblich beeinflusste ökonomische Reformbewegung der **Physiokraten** übertrug die Vorstellung von einer allem menschlichen Leben innewohnenden
Harmonie auf die Wirtschaft und forderte dementsprechend eine freie Entfaltung der natürlich angelegten Ordnungsstrukturen. Zentraler Gedanke des
Physiokratismus war der, dass allein die landwirtschaftliche Produktion pro-
duktiv sei. Handel, Handwerk (später Industrie) und Grundbesitzer seien nur
in der Lage, die Erzeugnisse der Landwirtschaft – hierzu zählte Quesnay auch
Bergbau, Jagd und Fischfang – zu verteilen, weiterzuverarbeiten oder zu kon-
sumieren. Vermehrung der Produktion konnte sich nur als Folge gesteigerter
landwirtschaftlicher Produktion ergeben. Der Reichtum eines Landes ergab
sich aus jenem Überschuss, genannt **„produit net"**, der nach Abzug aller
Erzeugungskosten übrig blieb. Durch kluge Spar- und Vorratsmaßnahmen
sollte stets die zukünftige Produktion gewährleistet sein. Steuerliche Eingriffe
in diesen „Vorschuss" mussten unterbleiben. Als einzige direkte Steuer war
die Einkommensteuer zugelassen. Quesnay forderte zumindest ansatzweise
eine Begleitung der freien Entfaltung des Wirtschaftsprozesses durch entsprechende reformpolitische Vorstellungen. Dies verstörte zwangsläufig zunächst
viele Monarchisten. Der Absolutismus sollte nach Quesnay allerdings nicht
abgeschafft sondern lediglich effektiver in den Gesamtzusammenhang der

Gesellschaft eingebunden werden. Die Erbmonarchie sollte bestehen bleiben, da nur der absolute Souverän in der Lage sei, alle partikularen Interessen zusammenzufassen, das Gemeinwohl des Staatsgebildes zu gewährleisten und Freiheit und Eigentum des einzelnen Bürgers zu schützen. Der Monarch sollte aber selbst an die natürlichen Ordnungsstrukturen gebunden sein.

Das wissenschaftliche Wirken von François Quesnay wird vom heutigen Stand zwiespältig bewertet. Er war der erste, der volkswirtschaftliche Abläufe in ein Gesamtbild gefasst hat. Dies machte ihm zu einem Vordenker der Wirtschaftswissenschaften. Sein Einfluss sank jedoch unter dem Eindruck, den Adam Smith mit seinem Werk vom „Wohlstand der Nation" machte. Wissenschaftlich wird François Quesnay bis heute vorgehalten, dass er in der Landwirtschaft die einzige Quelle des nationalen Reichtums sah, während er Handwerker und Manufakturen als „sterile Klassen" betrachtete.

Ein Gesamtbild

2.3 Textbeispiel

Tableau Économique

La nation est réduite à trois classes de citoyens : la classe productive, la classe des propriétaires et la classe stérile.

La classe productive est celle qui fait renaître par la culture du territoire les richesses annuelles de la nation, qui fait les avances des dépenses des travaux de l'agriculture, et qui paye annuellement les revenus des propriétaires des terres. On renferme dans la dépendance de cette classe tous les travaux et toutes les dépenses qui s'y font jusqu'à la vente des productions à la première main, c'est par cette vente qu'on connaît la valeur de la reproduction annuelle des richesses de la nation.

La classe des propriétaires comprend le souverain, les possesseurs des terres et les décimateurs. Cette classe subsiste par le revenu ou produit net de la culture, qui lui est payé annuellement par la classe productive, après que celle-ci a prélevé, sur la reproduction qu'elle fait renaître annuellement, les richesses nécessaires pour se rembourser de ses avances annuelles et pour entretenir ses richesses d'exploitation.

La classe stérile est formée de tous les citoyens occupés à d'autres services et à d'autres travaux que ceux de l'agriculture, et dont les dépenses sont payées par la classe productive et par la classe des propriétaires, qui eux-mêmes tirent leurs revenus de la classe productive.

Pour suivre et calculer clairement les rapports de ces différentes classes entre elles, il faut se fixer à un cas quelconque, car on ne peut établir un calcul positif sur de simples abstractions.

Supposons donc un grand royaume dont le territoire porté à son plus haut degré d'agriculture, rapporterait tous les ans une reproduction de la valeur de cinq milliards, et où l'état permanent de cette valeur serait établi sur les prix constants qui ont cours entre les nations commerçantes, dans le cas où il y a constamment une libre concurrence de commerce, et une entière sûreté de la propriété des richesses d'exploitation de l'agriculture (1).

Le Tableau économique renferme les trois classes et leurs richesses annuelles, et décrit leur commerce dans la forme qui suit.

CLASSE productive	CLASSE des propriétaires	CLASSE stérile
Avances	Revenu	stérile
annuelles de cette classe, montant à deux milliards (2) qui ont produit cinq milliards, sont en produit net Ou revenu	de deux milliards pour cette classe, il s'en dépense un milliard en achats à la classe productive et l'autre milliard en achats à la classe stérile.	de cette classe de la somme d'un milliard qui se dépense par la classe stérile en achats de matières premières à la classe productive.

Quelle:http://socserv.mcmaster.ca/econ/ugcm/3113/quesnay/tabeco.htm

2.4   Weiterführende Literatur

- Gömmel, Rainer; Klump, Rainer: Merkantilisten und Physiokraten in Frankreich. Geschichte der Volkswirtschaftlichen Lehrmeinungen, Darmstadt 1994
- Kuczynski, Martin (Hg.) : Tableau économique, Berlin (Ost) 1965
- Meek, Ronald: The Economics of Physiocracy, London 1962
- Pribram, Karl: Geschichte des ökonomischen Denkens, Frankfurt/M. 1992

2.5   Internetquellen

- http://dispatch.opac.d-nb.de/DB=4.1/REL (?PPN=118743163) im Katalog der Deutschen Nationalbibliothek
- http://socserv.mcmaster.ca/econ/ugcm/3113/quesnay/tabeco.htm

Bildquelle

http://www.portrait.kaar.at/Wirtschaftswissenschaftler/image17.html (25.07.2007)

3 Johann Joachim Becher (1635 – 1682)

Universalgelehrter,
Wirtschaftstheoretiker und -praktiker

3.1   Lebensweg

In Speyer
geboren

Johann Joachim Becher wurde am 6. Mai 1635 in Speyer geboren. Wie beispielsweise **François Quesnay**, kann er als Universalgelehrter in der Übergangsgesellschaft des 17. und 18. Jahrhunderts nach dem Dreißigjährigen Krieg und hin zur Zeit der Aufklärung bezeichnet werden. Nur einige seiner Professionen waren die des Alchemisten, des Arztes, des Wirtschaftstheoretikers und – so würde man ihn wohl heute bezeichnen – des Politikberaters.

Lehr- und
Wanderjahre

Er wuchs in ärmlichen Verhältnissen auf. Der Vater war protestantischer Geistlicher und verstarb früh. Bis 1650 besuchte er das Retscher-Gymnasium in Speyer. Ab 1650 begann er mit 15 Jahren seine Lehr- und Wanderjahre durch ganz Deutschland aber auch nach Holland, Italien und Schweden. Auf diesen Reisen übte er zum Lebensunterhalt die Tätigkeit als Heilgehilfe aus.

Johann Joachim Becher setzte sich schon während dieser Lehr- und Wanderjahre u.a. mit den Schriften des Philosophen und Mathematikers **René Decartes (1596 – 1650)** und von des französischen Mathematikers und Musiktheoretikers **Marin Mersenne (1588 – 1648)** auseinander.

Ab 1652 studierte Becher Medizin, Chemie und Theologie in Mainz. 1660 wird Becher Professor für Medizin in Mainz sowie Leibarzt des Mainzer Kurfürsten. Zugleich war er als Berater des Hanauer Grafen Friedrich Casimir aktiv und betrieb in dessen Auftrag die Entwicklung einer Kolonie im damaligen Hanauisch-Indien in Südamerika. Dieser erste große ökonomische Beratungsauftrag endete jedoch in einem Desaster, nämlich im wirtschaftlichen Ruin der Grafschaft Hanau.

1664 ging Becher als Hofmedicus und Mathematicus an den Kurfürstlichen Hof nach München, wo er noch im gleichen Jahr ein großes Laboratorium auf Kosten der bayerischen Regierung eröffnete. Als Universalgelehrter beschäftigte er sich z.B. auch damit, Teer und Leuchtgas aus Steinkohle zu gewinnen. Er verbesserte Wassermühlen zur Seidenverarbeitung und erwarb sich Verdienste um die Einführung des Kartoffelanbaus in Deutschland.

Im Jahr 1666 wurde Becher als kaiserlicher Hofrat und Mitglied des Kommerzkollegiums nach Wien berufen, wo er Pläne für Manufakturen entwickelte, die Errichtung der österreichisch-indischen Handelsgesellschaft betrieb und den Handel mit Holland entwickelte.

Goldmachen

In dieser Zeit entwickelte er auch ein Verfahren zum „Goldmachen". Mit Hilfe der Zugabe von Silber und anderen geheimen Zutaten zum Schwemmsand des Wiener Beckens gelang ihm die Transmutation in Gold. Sein „Immerwährendes Sandbergwerk" fand aber keine Geldgeber. Erst um 1934 wurde wieder versucht, die Goldsande großtechnisch auszubeuten. Die Tragik liegt bei ihm darin, dass er nicht erkennen konnte, dass das Gold schon fein verteilt im Sand vorliegt und nicht durch die alchemistische Prozedur entsteht.

Die Projekte Bechers am kaiserlichen Hof in Österreich dürften erhebliche Mittel verschlungen haben und waren mit hohen Risiken beschattet. So baute er beispielsweise eine kaum rentable Seidenmanufaktur auf und verfolgte erneut Pläne für Kolonien in Guyana.

„Sein Erfindungsgeist hat sich nicht nur in der Konstruktion von Uhren, Mühlen, Verkehrsmittel, Rechen- und Übersetzungsmaschinen erschöpft, er hat auch – neben einer Vielzahl anderer Ideen – die Erschließung von ganzen Landstrichen durch Kanäle, die Entwicklung der Fürstentümer durch die Einrichtung von Fabriken oder die Förderung der Seidenraupenzucht sowie die Veredlung von Rohprodukten aus den Kolonien propagiert" (Becher-Gesellschaft 30.07.2007).

Erfindungsgeist

Im Jahr 1676 erhielt Becher ein kaiserliches Privileg zur Errichtung eines Werkhauses, in dem Arbeitslose und Unterprivilegierte Beschäftigung fanden. Zu dem Werkhaus zählten z.B. eine Seiden- und Wollmanufaktur, eine Glashütte, eine Werkstatt für Majolicgeschirr und Hausgeräte, eine Verkaufsgalerie aber auch Unterkunftsmöglichkeiten für die Arbeiter. Da Bechers Gönner Graf von Sinzendorf keine staatlichen Mittel hierfür bereitstellen wollte, kam es zum Zerwürfnis und Becher verließ den Wiener Hof.

Kaiserliches Privileg

Ab 1676 lebte er in München, Würzburg, Haarlem (Holland) und London, wo er sich mit der Theorie und vor allem der effizienten Nutzung von Bergwerken beschäftigte sowie seine Goldgewinnungsversuche aus Sand vorantrieb.

Effiziente Nutzung von Bergwerken

Nicht zuletzt war Becher auch in den Gebieten der theoretischen Chemie tätig und formulierte die Sätze, welche **Georg Ernst Stahl (1660 – 1734)** zur Ausbildung der Phlogistontheorie benutze.

Auf Druck seines früheren Gönners von Sinzendorf musste Becher allerdings 1680 nach England ausweichen.

Die letzten Jahre seines Lebens verbrachte Becher in England (London, Cornwall, Wight), wo er sich intensiv mit Bergwerksfragen beschäftigte und vom englischen König mehrere Patente erteilt bekam. Insbesondere wurde ihm ein königliches patent für die Entdeckung der Kohlevergasung und Erfindung des Leuchtgases verliehen.

Johann Joachim Becher starb 1682 in London.

3.2   Wissenschaftliches Vermächtnis

Merkantilismus

Die Lebenszeit Johann Joachim Bechers liegt im Zentrum des wirtschaftsge-
schichtlichen Zeitalters (17. und 18. Jahrhundert), das wir heute als **Merkantilismus** bezeichnen. „Der Merkantilismus gilt als der Beginn von Wirtschaftspolitik
und Wirtschaftstheorie im modernen Sinne. Könige und Fürsten in den meistens
absolutistisch regierten Territorialstaaten gründen Manufakturen, privilegieren
Handelskompanien und beginnen, bewusst gestaltend in die Wirtschaft einzugreifen, um ,ihren' Staat wirtschaftlich (…) zu stärken und ihre Macht und ihren
Reichtum (…) zu mehren. Gelehrte befassen sich mit Außenwirtschaft(...) und
Steuer- und Infrastrukturpolitik (…) oder den Schwankungen des Geldwerts"
(Kruber 2001, S.79). Viele der damals völlig neuen Denkansätze wirken bis in
die heutige Zeit fort.

Politischer
Diskurs

Über die Lebenszeit Johann Joachim Bechers hinaus sind vor allem seine Beiträge zur Wirtschaftstheorie und -politik von Bedeutung. Als Bechers ökonomisches Hauptwerk gilt sein **„Politischer Diskurs"**, der 1688 erstmals erschien. In
seiner Widmung des Buches an den österreichischen, kaiserlichen Minister Graf
Sinzendorf stellte er fest, dass sein Buch eine Handreichung für die praktische
Wirtschaftspolitik des Landes sein soll. Deren oberstes Ziel hatte nach Becher
darin zu bestehen, die Bevölkerungszahl zu erhöhen. In der Zeit nach dem 30
jährigen Krieg war dies sicher anders als etwa 100 Jahre später in der Betrachtung des englischen Ökonomen **Thomas Robert Malthus (1766 – 1834)** noch
eine dringende Aufgabe, denn der Staat sollte nicht in seiner bloßen auf der Zahl
der Menschen beruhenden Existenz bedroht werden. Dazu bedurfte es der Entwicklung der Produktivkräfte des Landes um der Bevölkerung Beschäftigung
und Einkommen zu verschaffen (vgl. Kruber 1/2001, S. 80). Anders als viele
seiner Zeitgenossen wandte sich Becher dagegen, die Vielzahl damals existie-
render „ unproduktiver Menschen" wie Bettler, Waisen und arbeitsloses „wand-
rend Gesind" einfach aus dem Land zu jagen. Er verlangte vielmehr, diesen
Menschen Arbeit zu geben, damit sie ihren Lebensunterhalt selber verdienen
konnten und „der Gemein nutzen" (Becher 1668, S. 207). Damit vertrat er eine
durchaus fortschrittliche „Arbeitsmarktpolitik". Die Beschäftigungsmaßnahmen
waren im Übrigen aus Bechers Sicht staatlich zu finanzieren. Er forderte eine
neue Form der so genannten **Arbeitshäuser.** Diese waren – oft unter der
Bezeichnung Zuchthaus – im 17. Jahrhundert verbreitete Einrichtungen, um
Arbeitslose nutzbringend zu beschäftigen. Hierzu forderte er allerdings auch,
dass diese Menschen vom Staat zu finanzieren seien, was damals auf völliges
Unverständnis stieß.

Wirtschafts-
theorie

Eine zentrale Rolle in Bechers Wirtschaftstheorie spielen die consumption und
richtige Proportionen in der Wirtschaft. Die drei Wirtschaftszweige Landwirtschaft (einschl. Bergbau), Handwerk (einschl. Manufakturen) und Handel (einschl. Verlagswesen) müssen zusammen wirken und sind aufeinander angewiesen.
Arbeitsteilige Produktion und Verteilung im Wirtschaftskreislauf (Becher ver-

wendet diese Begriffe nicht, beschreibt aber anschaulich den Sachverhalt) kann nur ergiebig sein, wenn die Proportionen der drei Wirtschaftszweige so aufeinander abgestimmt sind, „dass einer dem anderen die Nahrung in die Hand spielt." Die Verbindung der Wirtschaftszweige ist durch die gegenseitige Nachfrage aus der consumtio interna, dem inländischen Volkseinkommen, gegeben. Die im richtigen Verhältnis zueinander stehende und einander ergänzende Nachfrage der Bauern, Handwerker und Händler lässt die einen erzeugen, was die anderen erarbeiten und die dritten so „distribuieren", dass Bauern und Handwerker ihrerseits Nahrung finden und ihren Bedarf decken können.

Die Ergiebigkeit des Wirtschaftsprozesses wird durch drei Entartungserscheinungen gestört: durch das Monopol, das Polypol und das Propol. Ein Monopol besteht, „wenn ein Glied der Gemeind das allein an Nahrung hat, wovon viele andere leben könnten." Der Monopolist verdrängt andere Produzenten vom Markt, er verknappt und verteuert die Waren, vermindert den Verbrauch und erschwert bzw. verhindert so das Wachstum der Bevölkerung. Im Falle des Polypols teilen sich zu viele, „wovon nur etliche leben können." `Monopol`

Zu viele Anbieter konkurrieren auf dem Markt, ruinöse Konkurrenz lässt die Menschen in diesem Wirtschaftszweig verarmen, ihre zu geringe Nachfrage schwächt die consumption der Gemeind. „Mit einem Wort/ das Monopolium ist der Populirung eines Lands zu wider/ in dem es nur einem gibt/ wovon viele leben könnten: und das Polypolium ist der Nahrung eines Orts zu wider/ in deme es allen dieses zulässet/ worvon nur etliche sich ehrlich zur Nothturft ernehren können/ beydes ist/ wie erwiesen/ einer Gemeind sehr schädlich/ dann es werden dadurch alle drey Stände verdorben/ und ruinirt: wann nur ein Bauer im Land/ ein Handwercksmann und Kauffmann in der Stadt wäre/ so wärs ein Monopolium, und desertes Land und Stadt. Wann hingegen mehr Bauern/ als Land vorhanden/ mehr Handwercksleut als Arbeit/ mehr Kaufleut als consumption in der Gemeinde seynd/ so wärs ein polypolium, und durch beede die Gemeinde bald ruinirt werden" (Becher 1668, S. 29f.). `Ruinöse Konkurrenz`

Mehr noch als Monopol und Polypol, deren schädliche Wirkungen für Becher eindeutig sind, beschäftigt ihn das Propol. Der Begriff Propol bezeichnet ursprünglich das Vorkaufsrecht städtischer Behörden auf Waren, die von fremden Händlern angeboten werden, um zu verhindern, dass diese Waren unter dem in der Stadt geltenden Preis verkauft werden und die lokalen Produzenten geschädigt werden. Becher dehnt diesen Begriff auf alle Arten von Handelsbeschränkungen aus, insbesondere auf Verabredungen auf Seiten der Verkäufer oder der Käufer, die die Preise übermäßig steigern oder drücken. Heute würden wir von Kartellen und anderen Formen der Wettbewerbsbeschränkung sprechen. Das Propol behindert durch die Verzerrung der Preise „den freien Lauf der Geschäfte" und stört die richtigen Proportionen der consumption" (Kruber 1/2001, S.80f.). `Propol`

Glücklicher   Seine nationalökonomischen Vorstellungen fügen sich zusammen in einem
Menschen   politischen Konzept, das mit dem Ziel glücklicher Menschen in einem volkrei-
                 chen Land versucht, Wissenschaft und technische Erfindungskraft durch sinn-
                 volle Arbeitsteilung und Wettbewerb in den Dienst der Gemeinschaft zu
                 stellen. Der Staat sollte sich nach dieser Vorstellung nicht nur darauf beschrän-
                 ken, seine Aufgaben (ordnungspolitisch) durch Gesetze zu erfüllen; er sollte
                 sich auch selber aktiv im Wirtschaftsleben betätigen: in der Bildung und Aus-
                 bildung junger Menschen, in der Förderung der technischen Entwicklung ebenso
                 wie in Kauf- und Arbeitshäusern zur Gewährleistung eines preisgünstigen
                 Angebots von Arbeit und Waren (Becher-Gesellschaft 30.07.2007).

Mit diesen theoretischen wie staatspraktischen Überlegungen bereitete Johann
Joachim Becher als erster Deutscher seiner Zeit vielen theoretischen Grundlagen heutiger Kreislauftheorien Theorien zu Wettbewerb und Konzentration
sowie der Beschäftigungspolitik den Weg.

3.3   Textbeispiel

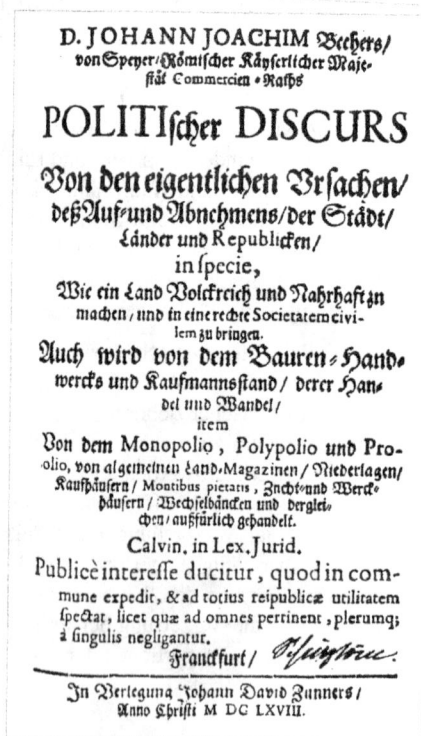

3.4   Weiterführende Literatur   Literatur

*   Becher, Johann Joachim: Politischer Diskurs. Reprint der 1. Auflage 1668, Düsseldorf 1990

*   Dünnhaupt, Gerhard: Johann Joachim Becher (1635-1682). In: Personalbibliographien zu den Denkern des Barock. Band 1, Stuttgart 1990, S.428-457

*   Kruber, Klaus-Peter: Johann Joachim Becher. Merkantilistischer Ökonom, Wirtschaftspädagogik und Alchimist (1635-1682). In: Unterricht Wirtschaft, H.5, 1/2001, S.79-83

3.5   Internetquellen

*   Johann Joachim Becher aus Wikipedia, der freien Enzyklopädie. http://de.wikipedia .org/wiki/Johann_Joachim_Becher

*   www.Johann-Joachim-Becher-Gesellschaft.de

*   http://www.hfv-speyer.de/rei/jjbg/becher.htm (Johann-Joachim Becher-Gesellschaft & Stiftung)

*   www.wiener-gasometer.at/de/personen/johann_joachim_becher

Bildquelle

http://www.hfv-speyer.de/rei/jjbg/becher.htm (30.07.2007)

4 Jean-Baptiste Say (1767 – 1832)
Befürworter des Liberalismus als Theoretiker und Unternehmer

4.1   Lebensweg

Lyon   **Jean-Baptiste Say** wurde am 5. Januar 1767 in Lyon geboren. Die Vorfahren
Says waren vor der französischen Hugenottenverfolgung in die Schweiz geflo-
hen. Die Familie kehrte Mitte des 18. Jahrhunderts nach Frankreich zurück.
Der Vater war als Kaufmann im Textilgewerbe tätig.

Say und seine drei Geschwister erhielten eine Erziehung, die von der aufkom-
menden Aufklärung geprägt war. Im Privatunterricht wurde Jean-Baptiste Say
insbesondere in naturwissenschaftlichen Fächern gefördert. Erste berufliche
Erfahrungen als kaufmännischer Gehilfe sammelte er im elterlichen Betrieb,
der vom Vater wegen einer ungünstigen Geschäftsentwicklung von Lyon nach
Paris verlegt wurde.

England   1785 wurde Say von seinen Eltern gemeinsam mit seinem Bruder Horace die
Möglichkeit eröffnet, seine kaufmännischen Kenntnisse in England fortzusetzen. England befand sich derzeit in einem Umbruch, der Frankreich noch
nicht erreicht hatte, der beginnenden industriellen Revolution. Die dadurch
verursachten technischen, gesellschaftlichen und ökonomischen Veränderungen hinterließen bei Say einen tiefen Eindruck. Nicht zuletzt durch seine in
England erworbenen Sprachkenntnisse war es ihm möglich, das im damaligen
Frankreich noch unübersetzte Werk von **Adam Smith**, „Wealth of Nation"
(1776), zu lesen, was bei ihm ein nachhaltiges Interesse an nationalökonomischen Fragen weckte.

Nach Abschluss seiner kaufmännischen Ausbildung und der Rückkehr nach
Frankreich im Jahre 1787 nahm Say zunächst eine Stelle bei einer Versicherung an.

Französische   Die beginnende französische Revolution veranlasste Say 1789, zunächst Texte
Revolution   zur Pressefreiheit zu veröffentlichen. 1792 war er Herausgeber einer Zeitschrift,
die er zur Publikation erster ökonomischer Beiträge nutzte, welche von Adam
Smiths „Wohlstand der Nationen" inspiriert waren. Say war ein begeisterter
Revolutionsbefürworter und Freiwilliger im ersten Koalitionskrieg 1792. Die
Gewaltherrschaft der radikalen Jakobiner unter **Maximilien de Robespierre
(1758 – 1794)** lehnte Say jedoch ab.

1792 wurde Say Sekretär des damaligen Finanzministers **Étienne Clavière
(1735 – 1793)**, der den vergeblichen Versuch unternahm, die inflationäre
Wirtschaftsphase Frankreichs in der Revolutionszeit einzudämmen. 1793 heiratete Jean-Baptiste Say.

Chefredakteur   Ab 1794 war Say mehrere Jahre als Chefredakteur für das kritische Journal La
Décade de philosophique tätig, welches sich mit Philosophie, Literatur und
Politik befasste.

1799 wurde er Mitglied des Tribunats im Finanzausschuss unter dem Konsulat **Napoleon Bonapartes I. (1769 – 1821)** ernannt. In dieser Zeit entsteht auch das zentrale ökonomische Werk von Jean-Baptiste Say „**Traité d´economie politique**", das 1803 erschien und ihn weit über Frankreich hinaus berühmt machte. „Say legte in dieser Abhandlung in einfachen, verständlichen Worten dar, wie Reichtum entsteht, verteilt und verbraucht wird" (Hoffmann 2/1996, S. 51). Das Buch umfasste auch das berühmt gewordene **Say'sche Theorem**, nach dem jedes Angebot seine eigene Nachfrage schafft. Wesentlich beschäftigte sich Say in dieser Publikation mit dem Thema Staat und seiner Steuer- und Abgabenpolitik. Ihm stand der Ökonom skeptisch gegenüber. Seiner Auffassung nach versprachen weniger Steuern und Abgaben letztlich eine höhere Einnahmemenge für den Staat, als eine Abgabenlast, da diese für die Investitionstätigkeit und damit die Nachfragemöglichkeiten der Wirtschaftssubjekte einschränke.

Als Napoleon Bonaparte I. von der Publikation des Mitgliedes des Finanzausschusses Jean-Baptiste Say Kenntnis nahm, kam es zur Konfrontation. Napoleons Realpolitik war auf den Krieg ausgerichtet und verlangte nach hohen Steuern und Abgaben, nach staatlichen Interventionen und Protektionismus. Dieser Staat war keineswegs am **Laissez-faire**, am Nichteingreifen des Staates in das Wirtschaftsgeschehen ausgerichtet, wie dies damals von den „neuen" Ökonomen wie Adam Smith und Jean-Baptiste Say gefordert wurde. Napoleon versuchte auf den Inhalt des Werkes Einfluss zu nehmen, scheiterte jedoch daran, dass Say dazu nicht bereit war. Das Erscheinen einer zweiten Auflage wurde somit durch napoleonische Zensur verhindert. Erst 1815 – nach der Abdankung Napoleons – erschien die zweite (erweiterte) Auflage.

Im Jahr 1806 verlor Say auf Veranlassung der napoleonischen Herrschaft sein Amt als Tribun im Finanzausschuss. In der Folge ließ sich Say im nordfranzösischen Pas-de-Calais nieder, wo er sich in Auchy les Hesdin eine erfolgreiche Baumwollfabrik mit englischen Maschinen aufbaute. Die Baumwollfabrik erreichte eine ansehnliche Größe und beschäftigte zeitweise mehrere hundert Mitarbeiter. Nach einigen Jahren verkaufte Say jedoch seine Anteile am Unternehmen und wechselte erneut nach Paris, wo er sich bald als Börsenspekulant betätigte. Die französische Revolution (1814), die damit verbundene Wiedereinsetzung des vertriebenen Herrschergeschlechts der Bourbonen und der damit verbundene Kampf gegen die Neuerungen der französischen Revolution, bedeutete für Say eine Desillusionierung. Er erwog sogar eine Auswanderung in die USA. Immerhin hielt Thomas Jefferson Says Werk für „shorter, clearer and sounder" als das von Adam Smith. Aus Altersgründen, er war damals 47 Jahre alt, entschied sich Say schließlich gegen die USA.

Marginalien:
Das Say'sche Theorem

Napoleon

Baumwollfabrik

Jean-Baptiste Say fügte sich schließlich der politischen Situation in Frankreich und nahm sogar im Auftrag der Regierung eine Studienreise nach England, wo er unter anderem von **David Ricardo (1772 – 1823)** kennen lernte und das englische Wirtschaftssystem studieren konnte. Ziel der Reise war unter anderem die Erforschung des Einflusses der Kriege auf die Wirtschaft.

Im Jahr 1815 wurde Say Mitglied der französischen Akademie der Wissenschaften. Zeitgleich erschien sein Catéchisme d'économie politique, in der Say in knapper Frage- und Antwortform die Grundzüge seiner Lehre skizziert (s.a. Textbeispiel). In der Folge wurde Say zunehmend als Dozent für ökonomische Vorlesungen nachgefragt. 1819 wurde Jean-Baptiste Say auf den Lehrstuhl „Économie industrielle" am Conservatoire des Arts Métiers in Paris berufen, den er bis 1832 innehatte. In diese Zeit fiel auch ein intensiver Briefwechsel zu ökonomischen Fragen mit **Thomas Robert Malthus**.

1830 wurde Jean-Baptiste Say auf einen für ihn eingerichteten Lehrstuhl für politische Ökonomie am berühmten Collège de France berufen, den er bis zu seinem Tode am 15. November 1832 innehatte.

4.2 Wissenschaftliches Vermächtnis

Jean-Baptiste Say dominierte die theoretische Diskussion um die politische Ökonomie im Frankreich des 19. Jahrhunderts nachhaltig. Sein Werk war durch die liberale Wirtschaftslehre von Adam Smith geprägt und auf die Situation Frankreichs übertragen. Dabei bezog er konsequent seine praktischen Erfahrungen im kaufmännischen Bereich als Anschauungsbeispiele in seine Forschung und Lehre mit ein. An die Stelle der von ihm abgelehnten Mathematisierung der Volkswirtschaftslehre setzte er praktische nachvollziehbare Beispiele. Say teilte die skeptische Haltung von Adam Smith gegenüber dem Staat und seinem Machtanspruch. Stattdessen forderte er dessen weitestgehende Zurückhaltung und die Selbstverantwortung der Individuen. Gleichwohl war der Staat für Say als Monopolist im Bereich der Münzprägung unverzichtbar. Jean-Baptiste Say kann als Vordenker der Angebotstheorie in der Wirtschaftswissenschaft gelten. Das nach ihm benannte Say'sche Theorem verneint Nachfrageschwächen in der Wirtschaft, da die Produktion von Gütern (Schaffung des Angebots) das Einkommen schaffe, mit dem Nachfrage erzeugt werde. Im Kern des Theorems steht folgende Aussage: „Wer am Markt irgendein Gut anbietet, tut dies aus keinem anderen Grund als dem, dass er Einkommen erzielen und damit irgendwelche anderen Güter kaufen will" (Suntung 2001, S. 96).

Tritt ein Marktteilnehmer als Nachfrager auf, so muss er zuvor etwas produziert haben. Umgekehrt tritt jemand, der etwas produziert hat, mit seinem Lohn automatisch als Nachfrager auf. Nach Say ist es somit die Produktion, die die Nachfrage nach Produkten öffnet. Wenn jemand weniger gekauft hat, dann nur, weil er zuvor weniger Profit gemacht hat. Die Bezahlung der Produkte erfolgt nach Auffassung Says ebenfalls mit Produkten: Geld kommt nur die Funktion als Mittel zum Austausch der Produkte zu. Damit fand Say zugleich die Erklärung für wirtschaftliche Krisen. Da Geld nach ihm nur Tauschmittel ist, ist der Grund für Wirtschaftskrisen nicht in einer falschen Geldpolitik zu suchen. Der wirkliche Grund einer Wirtschaftsrezession sei in der Produktion zu finden (zu hohe Preise, falsche Produkte, ungenügende Qualität). Die Rezession zeige, dass die Proportionen des Warenangebots nicht stimmen. Gegenmaßnahmen, so Say, können nur in einer angebotsorientierten Wirtschaftspolitik bestehen.

Say betonte insbesondere die Rolle und Verantwortung des Unternehmers in der Volkswirtschaft („Der Unternehmer ist der einzige Schöpfer von Wohlstand, vorausgesetzt, der Staat hindert ihn nicht daran!") und erfand für die Ökonomie den Begriff des **„Entrepreneur"** (Unternehmer). Er betonte die unverzichtbare Funktion des Unternehmers bei der Koordinierung wirtschaftlicher Aktivitäten. Dabei haben Kapitalisten und Unternehmer unterschiedliche Aufgaben, nämlich einerseits Kapitalbereitstellung und andererseits Unternehmensführung. Oft sind diese Aufgaben nicht in einer Person vereint. Entscheidend für die Erhöhung der wirtschaftlichen Produktivität ist nach Say allein der Unternehmer.

Verantwortung des Unternehmers

Steuern bzw. die staatliche Steuerpolitik waren für Jean-Baptiste Say ein wesentlicher Hemmschuh für die Entwicklung der Volkswirtschaft. Seine Argumentation wird bis heute von vielen Steuerkritikern genutzt. Er beschrieb die Folgen einer falschen Steuerpolitik wie folgt: Wer zu hoch belastet werde, könne weniger Geld ausgeben. Sinke die Nachfrage, sinke auch die Produktion – und das lasse die Steuereinnahmen der Regierung schrumpfen. Umgekehrt heißt das: Senkt der Staat den Steuersatz, steigen Produktionsvolumen und Steuereinnahmen.

Staatliche Steuerpolitik

Ein weiterer Aspekt der Arbeit von Say ist in seiner Ablehnung der Arbeitswertlehre von David Ricardo zu sehen. Er verwarf die Auffassung, dass der Wert eines Gutes von der zu seiner Herstellung notwendigen Arbeit abhängig sei. Er erkannte, dass eine Ware, die keinen Nutzen stiftet, auch keinen Wert hat, unabhängig davon, wie viel Arbeit für dieses Produkt aufgewendet wurde. Diese Erkenntnis brachte Say dazu, eine Theorie zu entwickeln, die den Wert eines Gutes durch dessen subjektiven Nutzen für seinen Käufer bestimmt sah.

Geld spielte in dem Theorem Says nur eine untergeordnete Rolle (siehe auch weiter oben). Wie andere Klassiker sah er Geld nur als „Schmiermittel" für die Wirtschaft, da es die „Tauschgeschäfte" unter den einzelnen Wirtschaftssubjekten vereinfacht. Nach seiner Auffassung wird ein Produzent von Gütern sein gesamtes Einkommen wieder zum Kauf von Gütern verwenden, ein „Horten" von Geld versprach keinen Zugewinn. Mit steigender Produktion steigt somit auch gleichzeitig die Nachfrage, was eine Überproduktion unmöglich macht. Geld sprach Say eine reine Tauschmittelfunktion zu. Wertaufbewahrungsfunktion sah er in Geld nicht. Zwar wird durch die Geldmenge das Preisniveau

Geld als „Schmiermittel"

beeinflusst, da aber Geld ein reines Tauschmittel darstellt, ist dies für ihn nicht von großer Bedeutung. Spätestens zu Beginn des 20. Jahrhunderts jedoch – im Zeitalter von Weltwirtschaftskrise und Massenarbeitslosigkeit – wurden die Defizite der Say'schen Theorie offenbar. Tatsächlich kann nämlich zwischen der Entstehung von Einkommen und dessen Verwendung, anders als Klassiker annahmen, geraume Zeit vergehen. Und Geld spielt in einer Volkswirtschaft eine viel komplexere Rolle, als Say erkannte. Mit diesen Erkenntnissen sollte **John Maynard Keynes (1883 – 1946)** das Say'sche Theorem vollständig in Frage stellen.

4.3   Textbeispiel

Jean-Baptiste Say , Catéchisme d'Économie politique (1815) S. 54f.

Chapitre XII.
De la Monnaie.

Table des matières

Qu'est-ce que la monnaie?

La monnaie est un produit de l'industrie, une marchandise qui a une valeur échangeable.

Une certaine quantité de monnaie, et une certaine quantité de toute autre marchandise, quand leur valeur est exactement pareille, sont deux portions de richesses égales entre elles.

D'où vient à la monnaie sa valeur?

De ses usages; c'est-à-dire qu'elle tire sa de la même source que quelque pro-duit que ce soit Le besoin qu'on en a fait qu'on y attache un prix et que l'on offre pour en avoir une certaine quantité de tout autre produit quelconque.

Ce n'est donc pas le gouvernement qui fixe la valeur des monnaies?

Non ; le gouvernement peut bien ordonner qu'une pièce de monnaie s'appel-lera un franc, cinq francs, mais il ne peut pas déterminer ce qu'un marchand vous donnera de marchandise pour un franc, pour cinq francs. Or, vous savez que la valeur d'une chose se mesure par la quantité de toute autre chose que l'on consent communément à donner pour en obtenir la possession.

Vous dites que la monnaie tire sa valeur de ses usages ; cependant elle ne peut servir à satisfaire aucun besoin.

Elle est d'un fort grand usage pour tous ceux qui sont appelés à effectuer quelque échange ; et vous avez appris (chap. XI) les raisons pour lesquelles les hommes sont tous obligés d'effectuer des échanges, par conséquent de se servir de monnaie.

Comment la monnaie sert-elle dans les échanges?

Elle sert en ceci, que lorsque vous voulez changer le produit qui vous est inutile, contre un autre que vous voulez consommer, il vous est commode, et le plus souvent indispensable de commencer par changer votre produit superflu en cet autre produit appelé monnaie, afin de changer ensuite la monnaie contre la chose qui vous est nécessaire.

Pourquoi l'échange préalable contre de la monnaie est-il commode et souvent indispensable?

Pour deux raisons : en premier lieu, parce que la chose que vous voulez donner en échange diffère le plus souvent en valeur de la chose que vous voulez recevoir. Si la monnaie n'existait pas et que vous voulussiez échanger une montre de quatre louis contre un chapeau d'un louis, vous seriez obligé de donner une valeur quatre fois supérieure à celle que vous recevriez. Que si vous vouliez seulement donner le quart de votre montre, vous ne le pourriez sans détruire sa valeur tout entière, ce qui serait encore pis. Mais si vous commencez par changer votre montre contre quatre louis, vous pouvez alors donner le quart de la valeur de votre montre pour avoir un chapeau, et conserver les trois autres quarts de la même valeur pour l'acquisition de tout autre objet. La monnaie, comme vous le voyez, vous est utile pour cette opération.

Quel est le second motif qui fait désirer de se procurer de la monnaie?

Une marchandise autre que la monnaie pourrait se proportionner, en quantité, à la valeur de la chose que vous souhaitez vendre. Vous pourriez avoir une quantité de riz pareille en valeur à la montre dont vous voulez vous défaire, et vous pourriez donner en riz une quantité équivalente à la valeur du chapeau que vous voulez acquérir ; mais vous n'êtes pas certain que le marchand de chapeau ait besoin du riz que vous pourriez lui offrir, tandis que vous êtes certain qu'il recevra volontiers la monnaie dont vous vous êtes rendu possesseur.

Literatur **4.4   Weiterführende Literatur**

- Hoffmann, Jan: Jean-Baptiste Say. Alles pendelt sich ein. In: Piper, Nicolaus: Die großen Ökonomen. Leben und Werk der wirtschaftswissenschaftlichen Vordenker, 2. Aufl., Stuttgart 1996, S. 50-54

- Krelle, Walter: Jean-Baptiste Say. In: Starbatty, John (Hrsg.): Klassiker des ökonomischen Denkens, Band 1, Von Platon bis John Stuart Mill, München 1989, S. 172-187

- Say, Jean-Baptiste : Abhandlung über die National-Oekonomie oder einfache Darstellung der Art und Weise, wie die Reichtümer entstehen, vertheilt und verzehrt werden („Traité d'économie polititique") (Repr. d. Ausgabe Halle 1807), Dillenburg 1999

- Say, Jean-Baptiste: Catéchisme d'Economie Politique ou Instruction Familière qui montre de quelle façon les Richesses sont produites, distribuées et consumées dans la Société. Seconde édition refondue et argumentée de Notes en faveur des personnes qui veulent approfondir davantage les principes de cette science, Paris 1815

- Say, Jean-Baptiste: Traité d'économique politique on simple exposition de la manière dont se forment, se distribuent et se consument les richesses (1803/1830) Paris, Catéchisme d'économique politique, Paris 1815

- Suntung, Ulrich von: Die unsichtbare Hand. Ökonomisches Denken gestern und heute, 2. Aufl., Berlin 2001

4.5   Internetquellen

- Centre de Recherche Jean-Baptiste Say : Universität Paris Dauphine (http://www.dauphine.fr/CRJBS/)

- http://de.wikipedia.org/wiki/Jean-Baptiste_Say

- Institut Jean-Baptiste Say: Université de Paris XII (http://www.univ-paris 12.fr/87690396/fiche_7000A_payelibre/

- Jean-Baptiste Say auf VWLer.de (http://www.zeit.de/archiv/1999/22/199922 .biblio-serie_3_s.xml)

Bildquelle

Institut Jean-Baptiste Say, Université Paris12 Val-de-Marne (Bâtiment I2 – 1er étage), 61, avenue du Général de Gaulle, 94010, Créteil cedex (22.03.2007))

5 Johann Heinrich von Thünen (1783 – 1850)

Entwickelte eine grundlegende Theorie des Standortes der Landwirtschaft

5.1   Lebensweg

Sohn einer **Johann Heinrich von Thünen**, einer der bedeutendsten deutschen National-
Bauerfamilie ökonomen des 19. Jahrhunderts, wurde am 24. Juni 1733 in Canarienhausen
(heute Wangerland/ Ostfriesland) als Sohn einer wohlhabenden Bauerfamilie
geboren. Er interessierte sich früh für die ökonomisch erfolgreiche Führung von
Gutsbetrieben. Dementsprechend durfte er ab 1799 zunächst an der von **Lucas
Andreas Staudinger (1770 – 1842)** begründeten ersten landwirtschaftlichen
Lehr- und Erziehungsanstalt einen Pachthof in Groß Flottbeck bei Hamburg lernen. 1801 studierte von Thünen am Landwirtschaftlichen Lehrinstitut in Celle
bei **Albrecht Daniel Thaer (1752 – 1828)**. Dort wurde er u.a. mit der Theorie
und Praxis der Fruchtwechselwirtschaft konfrontiert, die in der damaligen Landwirtschaft große Ertragssteigerungen und zugleich eine schonendere Bodennut-
zung ermöglichte. Im Anschluss studierte er zwei Semester Agrarwissenschaft
in Göttingen.

Im Jahr 1806 heiratete von Thünen die mecklenburgische Gutsbesitzertochter
Helene Sophie Johanna Berlin und pachtete mit ihr zunächst einen Gutshof
(Tellow bei Teterow). Sein Ziel war es, die erworbenen agrarökonomischen
Kenntnisse in der Praxis zu erproben und weiter zu entwickeln. Dies war aller-
dings auf einem Pachtbetrieb aus seiner Sicht nur bedingt möglich.

Bewirtschaffung 1809 erwarb er deshalb das 465 ha große Gut Tellow in der Nähe von Rostock.
seines Betriebes Neben der Bewirtschaffung seines Betriebes beschäftigte sich von Thünen mit
Fragen zur Entstehung der Getreidepreise. Die heute in der Landwirtschaft
selbstverständliche **Buchführungs- und Kostenrechnungsarbeit** war in der
damaligen Zeit noch weitgehend unbekannt. Von Thünen stellte diesen Aspekt
der Agrartätigkeit in den Vordergrund. „(...) er bestand darauf, höchstpersön-
lich alle Bücher zu führen: Pedantisch notierte er, was ihn die Herstellung und
Lieferung von Holz, Roggen oder Butter gekostet hatten. (...) Von Thünens
‚Erbsenzählerei' war kein Selbstzweck. Der Landwirt und Ökonom war auf
der Suche nach der optimalen Nutzung landwirtschaftlicher Fläche – eine der
wichtigsten Fragen seiner Zeit. Deutschland, zu Beginn des 19. Jahrhunderts
noch stark agrarisch geprägt, steckte im Umbruch: Die Zeiten der bäuerlichen
Selbstversorgung gingen zu Ende, die wachsenden Bevölkerungen in den
Städten verlangte nach immer neuen Produkten vom Lande, im Export wink-
ten zusätzliche Gewinne. Die ehemaligen Rittergüter im Agrarstaat Preußen
zum Beispiel machten glänzende Geschäfte mit dem Getreidehunger Englands" (Fasse 1999, S.1).

Der isolierte Neben seiner landwirtschaftlichen Praxis war Thünen auch wissenschaftlich
Staat tätig. Seine so genannte **„Tellower Buchführung"** bildete die Grundlage für
sein Hauptwerk: **„Der isolierte Staat** in Beziehung auf Landwirtschaft und
Nationalökonomie", mit dem er die landwirtschaftlichen Standorte- und Inten-
sitätslehren begründete. Das Werk wurde 1826 in Hamburg veröffentlicht. Im

heutigen Sinne müsste man allerdings das Zusammentragen aller Kosten des Unternehmens und deren Berücksichtigung bei der Preisgestaltung als Kostenrechnung bezeichnen.

Mittels rationeller Bewirtschaftungsmethoden und bodenverbessernder Maßnahmen gelang es ihm, die landwirtschaftlichen Erträge seines Mustergutes zu steigern. Von Thünen stütze sich dabei auf genaue Beobachtungen der Natur, seine landwirtschaftlichen Versuche und die detaillierte Tellower Buchführung, in der er sorgfältig alle Daten der Gutswirtschaft verzeichnete. Die zusammengetragenen Erkenntnisse flossen in eine Vielzahl von Veröffentlichungen ein.

Bewirtschaftungsmethoden

Seine Publikationen sowie der konkrete Nutzen seines Mustergutes für die Landwirtschaft in Mecklenburg und über die Landesgrenzen hinaus, insbesondere aber die gewaltige Resonanz auf das Werk „Der isolierte Staat (...)" brachten Johann Heinrich von Thünen 1830 die Ehrendoktorwürde der Universität Rostock ein. Der unmittelbar auf die Praxis bezogene Anteil der Arbeit von Thünens brachte in der Region große Vorteile. So führte er zusammen mit seinem Gutsnachbarn **Carl Pogge (1763 – 1831)** neue Bewirtschaftungsverfahren ein, die Mustercharakter für viele Interessenten hatte. Seiner Überzeugung, den Boden nachhaltig und ressourcenschonend zu nutzen, verdankt Tellow den Aufstieg zum Mustergut und von Thünen den Ruf eines über die Landesgrenzen hinaus geschätzten Ratgebers in landwirtschaftlichen Fragen.

Nachhaltig und ressourcenschonend

Johann Heinrich von Thünen war stets auch ein politischer Mensch, der um die Umsetzung seiner Ideen bemüht war. Dabei war er nur auf den ersten Blick ein konservativer Landjunker.

Im Jahr 1818 wurde er Mitglied des Mecklenburgischen Patriotischen Vereins und von 1836 bis 1838 dessen zweiter Hauptdirektor. Obwohl er stets eine ablehnende Haltung gegenüber revolutionären Veränderungen an den Tag legte und sich stets monarchietreu gab, so hatte er doch bereits 1844 „(...) die nationale Einheit Deutschlands als eine wichtige Frage angesehen. Er sprach sich für einen föderativen Staat mit selbständigen Einzelstaaten und freiem inneren Verkehr aus, der gegen das Ausland eine staatliche Einheit bilden sollte. Thünen hatte das durch die französische Julirevolution von 1830 errichtete bürgerlich konstitutionelle System begrüßt, und es „als ein Triumph der fortgeschrittenen Bildung, dass das Volk, die Macht in den Händen habend, sich selbst freiwillig den gesetzlichen Schranken unterwirft, ohne seiner Allgewalt nur einen Augenblick Missbrauch zu machen, bezeichnet. Für Thünen bildete eine begrenzte Volkssouveränität das gesellschaftspolitische Ideal" (Buchsteiner 2007, S. 3).

Monarchietreu

Im Jahr 1842 erschien die zweite, vermehrte und verbesserte Auflage des „Isolierten Staates" in Rostock. 1844 wurde er Mitglied der Mecklenburgischen Naturforschenden Gesellschaft zu Rostock, 1848 Ehrenmitglied des Mecklenburgischen Patriotischen Vereins. Der revolutionäre Prozess, der nach

Zweite Auflage

dem Ausruf der Republik in Frankreich nach Deutschland im Februar 1848 übergegriffen war, zeigte von Thünen ambivalent. Einerseits sah er „(...) keine Rettung für Deutschlands Einheit und Selbständigkeit, als in der Wahl des Königs von Preußen zum Erbkaiser" (Thünen Archiv 20.3.1848). Andererseits ließ er im gleichen Jahr ein Gewinnbeteiligungsmodell für die Arbeiter des Tellower Musterhofs in Kraft treten. Es nahm damit Elemente der späteren Sozialversicherung vorweg. Im Juni 1848 wurde er Ehrenbürger der Stadt Teterow. Ebenfalls 1848 wurde Thünen als Ersatzmann für den Abgeordneten der Frankfurter Nationalversammlung **Johann Pogge (1793 – 1854)** gewählt.

Natürlicher Arbeitslohn   1850 veröffentlichte Thünen den zweiten Teil des „Isolierten Staates", in dem er der Frage nach dem **„natürlichen Arbeitslohn"** nachgeht (siehe auch wissenschaftliches Vermächtnis).

Am 22. September 1850 starb Johann Heinrich von Thünen in Tellow.

5.2 Wissenschaftliches Vermächtnis

Erfahrung als Landwirt   Das wissenschaftliche Hauptwerk von Thünen ist **„Der isolierte Staat"**. Er beantwortet darin die Frage nach dem Preis-Kosten-Verhältnis in einem rentabel funktionierenden landwirtschaftlichen Unternehmen. „Aus seiner Erfahrung als Landwirt wusste er, dass seine Erlöse von einer optimalen Nutzung der Landflächen und den Transportkosten abhingen. Um seine Gedanken ausschließlich auf diese zwei Variablen zu konzentrieren, reduzierte von Thünen die restlichen Einflüsse auf einen homogenen – isolierten – Staat: Ein kreisrundes, völlig flaches Land ohne Außenbeziehungen und einer alles dominierenden Stadt in der Mitte. Es gibt nur Getreide als einziges landwirtschaftliches Produkt, und dessen Preis ist vorgegeben. Die Wirtschaft im Umland müsste sich bei ökonomischen Verhalten so anordnen, dass jede Branche einen optimalen Gewinn einfährt:

Transportkosten   Die Transportkosten sind direkt proportional von der Entfernung zur Stadt und dem Gewicht der Ware abhängig. Der Preis pro ha (Lagerente) nimmt mit Entfernung zur Stadt ab. Der Mindestpreis einer Ware errechnet sich also aus der Lagerente und den Transportkosten und den fixen Produktionskosten – der Gewinn ist dann der Unterschied zwischen Mindestpreis und dem fixen Marktpreis.

Lagerente   Die **Lagerente** als zentraler Begriff in der Argumentation von Thünen ist als Äquivalent zum Bodenwert zu verstehen. Sie entspricht der maximal möglichen Summe, die ein landwirtschaftlicher Produzent für die Nutzung einer Fläche bezahlen könnte ohne Verlust zu machen.

Sie lässt sich für ein gegebenes Gut mit der folgenden Gleichung bestimmen:

$$L = Y(P\ C)\ YDF$$

Dabei ist:

- L : örtlich erzielbare/bezahlbare Lagerente (in €/km²)
- Y : Anbauertrag (in t/km²)
- P : Marktpreis der Feldfrucht (in €/t)
- C : Erzeugungskosten der Feldfrucht (in €/t)
- D : Entfernung zum Markt (in km)
- F : Transportkostentarif (in €/t*km)

So würde z.B. die Lagerente eines Produktes mit einem Ertrag von 1.000 t/km², das auf dem zentralen Markt 100 €/Tonne einbringt, wohingegen seine Produktion 50 €/t und sein Transport 1 € je Tonne und km kostet, im Zentrum der Stadt 50.000 €/km² (5 cent/m²) betragen, in 10 km Entfernung nur noch 40.000 €/km² und in einer Entfernung von 30 km nur noch 20.000 €/km². Entsprechend der mit zunehmender Entfernung zum Marktort fallenden Lagerente wird somit auch die Zahlungsbereitschaft eines jeden Landwirtes für landwirtschaftliche Flächen sinken und sich schließlich in den Bodenpreisen niederschlagen.

Von Thünen folgerte, dass sich beispielsweise der Getreideanbau nur in einer bestimmten Entfernung zur Stadt lohnte: Entweder werden in der Nähe der Stadt die Kosten für den Boden zu hoch oder mit zunehmender Entfernung die Transportkosten, nämlich dann, wenn es ein anderes Produkt gibt, das entweder günstiger zu produzieren oder preiswerter zu transportieren ist. Ab einer Maximalentfernung zum Marktort (Stadt) wird dann die Produktion eines bestimmten Gutes unrentabel, weil entweder der Gewinn auf '0' sinkt oder der Gewinn eines anderen Produktes höher ist, denn die Berechnungen nahm Thünen für unterschiedlich flächenintensive landwirtschaftliche Produkte (Fleischvieh, Holz, Getreide, aber auch Eier, Milch usw.) vor: Für jedes Produkt gibt es einen bestimmten Abstand zur Stadt, in der sich die Produktion lohnt. Da Thünen die Transportkosten direkt auf den Marktort bezog („Luftlinie"), ergeben sich kreisrunde Abgrenzungen zwischen den einzelnen Landnutzungszonen – Die **Thünschen Ringe**.

Entfernung zur Stadt

Die Thünschen Ringe

Treten nämlich die Produzenten mehrerer landwirtschaftlicher Produkte in Konkurrenz zueinander, „sortieren" sich ihre Standorte konzentrisch relativ zum Marktort entsprechend der Steilheit/dem Verlauf ihrer Lagerentenkurven: Ein Produkt, dessen Ertrag je Flächeneinheit zwar gering, dessen Marktpreis je Gewichtseinheit jedoch hoch und dessen Transportkosten je Gewichts- und Distanzeinheit ebenfalls hoch sind (z.B. Holz), kann daher beispielsweise nahe am zentralen Markt höhere Lagerenten erzielen als ein Produkt mit niedrigeren Transportkosten.

Konkurrenz

Lagerente
"Die Lagerente als Möglichkeit zur Zahlung höherer Renten für die Nutzung einer gegebenen Menge an Produktionsfläche ist der Indikator für die ‚Konkurrenzfähigkeit' der Produkte relativ zum zentralen Marktort".

Von Thünen kann wie dargestellt als einer der Begründer der ökonomischen Methodik der isolierten Abstraktion gelten.

Agrarkapi-
talismus
"Die praktischen Aspekte in von Thünens Arbeit haben wesentliche Grundlagen für den Übergang von der feudalen Selbstversorgungswirtschaft zum Agrarkapitalismus gelegt, und seine Methoden der exakten Kostenrechnung sind bis heute von Bedeutung. Doch vor allem war von Thünen die erste betriebliche Standorttheorie gelungen und eine ökonomische Lehre vom Raum. Erstmals sagte er voraus, nach welchen Regeln Flächen auch dann unterschiedlich genutzt werden können, wenn sie gar keine natürlichen Unterschiede aufwiesen" (Fasse 2007, S.1.f).

Entlohnung der
Arbeitskräfte
In seinem "Isolierten Staat" (genauer im 1850 veröffentlichten zweiten Teil) ging von Thünen auch dem Problem der angemessenen Entlohnung der Arbeitskräfte nach, wandte diese Erkenntnisse aber zugleich in der Praxis des Mustergutes Tellow an. Früh erkannte Johann Heinrich von Thünen die Brisanz der sozialen Frage, insbesondere die der gerechten Entlohnung. Er sprach von dem **"naturgemäßen Arbeitlohn".** Die Formel für **"naturgemäßen Arbeitslohn"** (A) bestimmt diesen als die **Wurzel aus Existenzminimum (a)** und **Arbeitsprodukt (p)**

$$A = \sqrt{ap}$$

Tellower Praxis
In der Tellower Praxis setzte er die Entwicklung in Gang, die viele Elemente der späteren Sozialgesetzgebung in Deutschland vorwegnahm. Er beteiligte u.a. die Arbeiter am jährlichen Gewinn des Gutes. Mit dem 60. Lebensjahr konnten sie über das verzinst angelegte Geld frei verfügen.

5.3   Textbeispiele

"In unserer Zeit aber, wo die Arbeiter mehr und mehr zum Bewusstsein über die Lage und ihre Rechte gelangen und künftig mit unwiderstehlicher Macht an der Gestaltung des Staates und der Gesellschaft teilnehmen werden – jetzt wird die Frage über die naturgemäße Verteilung des

Einkommens zu einer Lebensfrage
für das Fortbestehen der Staaten
und der bürgerlichen Gesellschaft."

Johann Heinrich von Thünen: „Der isolierte Staat" 2. Teil, S. 62

Der isolierte
Staat

„Thue das, was Dir,
wenn alle Andem ebenso
handeln, zum Heil gereichen
würde, und bringe willig die
Opfer, die dies Princip fordert,
wenn Andere dasselbe nicht
befolgen."

an Christian
Dietrich von
Buttel

Johann Heinrich von Thünen an Christian Dietrich von Buttel,
Tellow 4. April 1832

5.4 Weiterführende Literatur

Literatur

- Buchsteiner, Ilona: Johann Heinrich von Thünen und die Revolution von 1848. In:.www.uni-rostock.de (08.04.2007)
- Buchsteiner, Ilona: Johann Heinrich von Thünen „...das ernste praktische Leben fordert die Tätigkeit des Mannes...". Chronik eines Lebensweges, Friesland 2004
- Fasse, Markus: Standort Scholle. Johann Heinrich von Thünen: Der isolierte Staat. Die Zeit 1999. In: http://www.zeit.de/archiv/1999/24/199924 .thuenen.xml (08.04.2007)
- Hippauf, Renate: Johann Heinrich von Thünen. Ein Lebensbild, Rostock 2000
- Schwarre, Reinhard: Lucas Andreas Staudinger – Thünens Lehrer und Freund.
- In: Hamburgische Geschichte- und Heimatblätter, Bd. 13, Heft 1, 1992, S.1- 12
- Thünen Archiv im Universitätsarchiv Rostock, Bl 212a: Johann Heinrich von Thünen an Helene von Buttel, 20.03.1848
- Viereck, Günther: Johann Heinrich von Thünen. Ein Klassiker der Nationalökonomen im Spiegel der Forschung, Hamburg 2006

5.5   Internetquellen

- Homepage der Thünengesellschaft: www.thuenen.de
- Thünen- Archiv im Universitätsarchiv Rostock: www.uni-rostock.de
- http://de.wikipedia.org/wiki/Johann_Heinrich_von_Thuenen.08.04.2007

Bildquelle:

http://www.portrait.kaar.at/Wirtschaftswissenschaftler/image40.htm
(09.04.2007)

6 Thomas Robert Malthus (1766 – 1834)

Zeigte Zusammenhänge von Überbevölkerung und dem Wachstum von Volkswirtschaften auf

6.1   Lebensweg

wohlhabenden
Familie

Thomas Robert Malthus wurde als sechstes Kind einer wohlhabenden Familie des englischen Landadels am 14. Feburar 1766 in Surrey geboren. Sein Vater, Daniel Malthus, war prägend für die Entwicklung von Thomas Robert Malthus, denn er legte großen Wert auf eine aufgeklärte, intellektuelle Atmosphäre in seinem Hause. Zu den Bekannten zählten Menschen wie **Jean-Jacques Rousseau (1712 – 1778)** und David Hume. Als Sprössling einer wohlhabenden Familie wurde er von ausgesuchten Hauslehrern und dem Vater erzogen. Als Anhänger des seinerzeitigen aufklärerischen Gedankenguts – insbesondere Rousseaus – lehrte der Vater großen Wert auf eine hervorragende Erziehung. Die Geisteshaltung des Vaters kann als aufgeklärt antiklerikalisch beschrieben werden. Thomas Robert übernahm diese Haltung keineswegs, was an seinem späteren Studium der Theologie und seiner Tätigkeit als Theologe abzulesen ist.

Cambridge

Im Jahr 1784 trat Malthus in das Jesus College in Cambridge ein, wo er eine umfassende wissenschaftliche Bildung in den Bereichen Geschichte, Literatur, alte und neue Sprachen, Philosophie und Mathematik erhielt. Gegen den Wunsch des Vaters studierte er anschließend Theologie und empfing 1797 die Ordination. Zugleich war Malthus aber weiterhin wissenschaftlich engagiert und wurde so 1793 zum Fellow des Jesus College gewählt. Er wandte sich insbesondere sozialökonomischen Fragestellungen zu und wurde publizistisch tätig. Seine Überlegungen drehten sich um die Möglichkeiten, soziale Reformen in England durchzusetzen. Die Ursache dafür darf wohl darin gesehen werden, dass Malthus als Pfarrer Zeuge des Elends der Landbevölkerung und ihres schnellen Wachstums wurde. Das in den höheren Schichten beliebte Los des Landleben verwarf er als „romantic nonsense" und bezeichnet den Alltag der Menschen als „constant battle for the necessities of life" (Schlösser 4/2000, S.71).

soziale Reformen

„In dieser Zeit beginnen hitzige Debatten mit dem Vater über die Möglichkeiten, soziale Reformen zu verwirklichen und eine vollkommene Gesellschaft zu schaffen. Anlass ist die Schrift „Political Justice" von Godwin (...) sowie eine nachfolgende Artikelserie im „Enquirer", in denen das kapitalistische System für die Armut der Arbeiterschaft verantwortlich gemacht wird. Godwin plädierte für Enteignungen und sagt voraus, dass die Verteilung des Besitzes unter die Bedürftigen Armut, Ungerechtigkeit und Leiden beenden würde.

Malthus teilt seines Vaters Zustimmung zu diesen Thesen nicht. Zunächst nur zur Klärung der eigenen Position betreibt Malthus ein vertieftes Literaturstudium und fasst seine eigenen Ansichten schriftlich zusammen" (Schlösser 4/ 2000, S.71).

Essay on the
Prinziple of
Population

Im Jahr 1793 erschien die Publikation von Thomas Robert Malthus' **„Essay on the Prinziple of Population"**, der bis 1834 sechs Auflagen beschieden waren und den Verfasser schlagartig berühmt machten. „Malthus tritt in diesem Werk als scharfer Kritiker der ökonomischen Klassik und deren Hauptvertreter Adam Smith auf. Er war darin dem neuen aufgeklärten, realistisch-pessimistischen Geist verpflichtet, der die harmonischen Systeme eines Leibniz (1665 – 1735) oder Smith grundsätzlich in Frage stellte. Malthus demaskierte jegliche sich auf Prosperität und Fortschrittsglauben abstützende, optimistische Weltsicht. Seine Spitze galt dem streckenweise naiven Zukunftsoptimismus eines W. Godwin (1756 – 1836), M. J. Condorcet (1743 – 1794), Marquis de Mirabeau (1749 – 1791) oder J.-B. Say (1767 – 1832). Malthus applizierte als erster Erkenntnisse und Beobachtungen aus der Biologie im Bereich der Ökonomie und wurde so zum Begründer der Demographie. Er erklärte soziologische und ökonomische Tatsachen mittels biologischer Prinzipien und arbeitete geistesgeschichtlich Charles Darwin (1809 – 1882) und dem Sozialdarwinismus vor. Das berühmteste Gesetz von Malthus, das so genannte Bevölkerungsgesetz, besagt, dass die Bevölkerung in geometrischer Reihe (z.B. 1, 2, 4, 8, 16, 32...), die Nahrungsmittel hingegen in arithmetischer Reihe (z.B. 1, 2, 3, 4, 5, 6...) zunehmen, was im Laufe der Zeit zu einem enormen Bevölkerungsüberhang und somit zu Armut und Elend führt, wenn frühzeitig nichts dagegen unternommen wird" (Biographisch-Bibliographisches Kirchenlexikon, Leu, U.B. , S.1).

Empirische Erfahrungen

Die empirischen Erfahrungen von Malthus beschränkten sich keineswegs nur auf sein unmittelbares Umfeld. Vielmehr unternahm er ausgedehnte Reisen u.a. nach Russland, Schweiz, Frankreich und Deutschland, aber auch in den skandinavischen Raum. In Reisetagebüchern hielt er seine Beobachtungen und Bewertungen z.B. hinsichtlich Gesetzen, Armut und Reichtum der Bevölkerung sowie der jeweiligen Auswirkungen auf die ökonomische Entwicklung der besuchten Länder fest.

Professor für historische und politische Ökonomie

Im Alter von 38 Jahren heiratete Malthus Harriet Eckersall, mit der er vier Kinder hatte. 1805 erreichte ihn die Berufung zum Professor für historische und politische Ökonomie am College der East India Company in Hertfordshire, wo er bis zu seinem Tod blieb. Seine Studenten bildeten eine anspruchsvolle Klientel. Sie waren hauptsächlich Angestellte der East India Company, die auf Führungspositionen der Verwaltung in Indien ausgebildet wurden. Im Rahmen seiner volkswirtschaftlichen Studien kommunizierte Malthus besonders intensiv mit seinem späteren Freund **David Ricardo**.

Political Economy Club

Bereits zu Lebzeiten kam Malthus zu großen Ehren: Er war Mitglied des „Political Economy Club" (1821), wo auch David Ricardo und **James Mill (1773 – 1836)** verkehrten, der „Royal Society of Literature" (1824), der Königlichen Akademie der Wissenschaften in Berlin und der französischen „Academie des Sciences Morales et Politiques" (1833).

Armengesetze

Thomas Robert Malthus war von seiner psychischen Ausrichtung kein optimistischer Mensch, was sich insbesondere in seinen Theorien zur Bevölkerungsentwicklung niederschlug. Seine pessimistische Grundhaltung führte ihn auch zur Ablehnung der so genannten **„Armengesetze"** in England, in denen

über staatliche finanzielle Unterstützungen die untersten Einkommensklassen
bzw. Bevölkerungsschichten gefördert werden sollten. Er hielt dies auf Grund
seiner Erfahrungen für sinnlos, da diese Menschen sich auch mit etwas Geld
nicht aus ihrer Misere befreien könnten, ja dass sie letztlich an ihrem Elend
selbst schuld seien. Dies machte ihn sowohl bekannt, aber eben auch bei den
Betroffenen sowie den Sozialreformern verhasst.

Armut „Malthus machte keinen Hehl daraus, dass er kein Verständnis für die Forderungen der Armen nach einem vorkapitalistischen Lebensstandard, der kein Leben
in elenden Bedingungen mit sich brachte, hatte und es als naturgegeben ansah,
dass ein großer Teil der Bevölkerung sich seinem Schicksal, einem Leben in
Armut, durch die seiner Meinung nach ‚naturgegebenen' wirtschaftlichen
Umstände verursacht, zu stellen hatte. Malthus schlug vor, Sozialleistungen
komplett einzustellen und stattdessen das Lebensniveau der Unterschichten
durch Maßnahmen zur Bevölkerungskontrolle sicherzustellen. Malthus empfahl
eine Bildungsoffensive für die unteren Schichten, da eine Hebung des allgemeinen Bildungsstandards zur Reduktion der Geburtenrate führen würde.

Todfeind der Malthus entwickelte sich konsequent vom Nationalökonomen zum Todfeind
Armen der Armen. Seine Gedanken über die sittliche Verderbtheit und die persönliche Schuld der Armen sind auch noch heute populär.

Armengesetz Der anglikanische Geistliche sah in der Armut etwas ‚Gutes', denn persönlich
von 1834 profitierte er von ihr, da er sich auf Grund seiner Theorien der Bewunderung
von Seiten der herrschenden liberalen Bourgeoisie sicher sein konnte. Seiner
Theorie folgte auch bald die praktische Nutzanwendung. Vollstrecker seiner
Theorien war die ‚Royal Commission'. So erfolgte die Verschärfung des
workhouse test, einer Prüfung, die Bestandteil eines neuen Armengesetzes von
1834 wurde: jeder, der öffentliche Unterstützung in Anspruch nehmen musste,
hatte ins *workhouse* zu gehen und dort hart zu arbeiten. Unterstützung fand
nur, wer sich als arbeitsunfähig erwies. Es wurde auch festgelegt, dass der
niedrigste Lohn für freie Arbeit (als *independent labour* bezeichnet) die Ober-
grenze für die Unterstützung sein sollte. Dieses Prinzip wurde als *less eligible*-
Prinzip bezeichnet. Die Bestimmungen und der von den *workhouses* ausge-
henden Abschreckungseffekt diente nur dem einzigen Zweck: der Durchsetzung der Lohnarbeit und dem Dumping der Löhne".

Der Widerstand der Menschen der unteren Bevölkerungsschichten sowie der
gesellschaftlichen Reformer wurde beinahe zwangsläufig auch durch die Forderungen von Malthus geschürt, die ein weiteres Bevölkerungswachstum verhindern sollten:

„Als effiziente Präventivmaßnahme zum Schutz vor Überbevölkerung schlägt Malthus moralische Enthaltsamkeit (moral restraint) vor: Kein Geschlechtsverkehr vor der Ehe, späte oder keine Heirat unter Ablehnung aller künstlichen Präventivmittel, wobei deren Gebrauch einer allfälligen Überbevölkerung immer noch vorzuziehen wäre(...). Man verübelte ihm die moralische Bevormundung sowie seine Ansicht, dass nur reiche Leute Kinder haben sollten, da sie über die erforderlichen materiellen Grundlagen verfügten. Die weite Akzeptanz dieser Meinung in Regierungskreisen führte zur Verlangsamung der dringend notwendigen Reformen auf dem Gebiet der Armengesetze. Es erstaunt daher nicht, dass die Sozialisten wie auch **Karl Marx (1813 – 1883)** schlecht auf Malthus zu sprechen waren. Da Malthus die Auswirkungen des technischen Fortschritts massiv unterschätzte und die mathematischen Grundlagen seiner Modelle mangelhaft sind, gelten seine Thesen nur beschränkt" (Biographisch-Bibliographisches Kirchenlexikon, Leu, U.B. S.1).

zum Schutz vor
Überbevölkerung

Thomas Robert Malthus starb, als Wissenschaftler hoch geehrt, überraschend an einem Herzinfarkt Weihnachten 1834.

6.2 Wissenschaftliches Vermächtnis

Die von Thomas Robert Malthus vorgelegten volkswirtschaftlichen Theorien sind vielfältig. Auch wenn sie teilweise widerlegt sind bzw. durch die tatsächliche historische Entwicklung sich anders gestalteten als Malthus dies annahm, werden sie doch bis heute immer wieder in abgewandelter Form politisch genutzt. Dies gilt insbesondere für die **Bevölkerungstheorie**, die Malthus 1798 in „Essay on the Principle of Population" veröffentlichte.

Bevölkerungs-
theorie

„Malthus veröffentlichte seine Bevölkerungstheorie 1798 im Buch *Essay on the Principle of Population*. Dort steht die Überbevölkerung als Problem einer sich entwickelnden Ökonomie und Gesellschaft im Zentrum seiner Überlegungen. Malthus geht davon aus, dass das Bevölkerungswachstum exponentiell steige, die Nahrungsmittelproduktion in derselben Zeit aber nur linear. Dies folgt aus einfachen mathematischen Überlegungen. Wenn ein Paar 44 Kinder hat und diese wieder vier Kinder pro Paar, so wächst die Bevölkerung immer schneller, die Bevölkerung verhält sich wie Zinseszinsen. Eine Steigerung der Lebensmittelproduktion folgt aber nicht dem gleichen Prinzip. Durch verbesserte Bewässerung steigt die Produktivität um 20%. Dieser Zuwachs erzeugt aber keinen weiteren Zuwachs mehr. Diese Annahme gilt nur, wenn das Bevölkerungswachstum nicht gebremst wird durch Kriege, Krankheiten, Familienpolitik usw. Die erheblichen sozialen Probleme seiner Zeit betrachtete Malthus in erster Linie als Folgen einer zu großen Bevölkerung. Seine Theorie hatte zu seiner Zeit großen Einfluss auf die Sozialwissenschaften, stellte sich aber letztlich zumindest für die heutige industrialisierte Gesell-

Überbevölkerung

schaft als falsch heraus. Trotz der Widerlegung seiner Annahmen wird in der wissenschaftlichen Diskussion seine Theorie immer wieder aufgegriffen, da sie zum ersten Mal die grundlegenden bis heute ungelösten Fragen im Kontext der globalen Grenzen des Wachstums (siehe Wirtschaftswachstum und *Club of Rome*) des anhaltenden Bevölkerungswachstums und der begrenzten Tragfähigkeit der Erde thematisiert hat"

Auch die Auffassungen von Malthus zum Umgang mit der Armut werden noch heute diskutiert, geben sie doch die Möglichkeit, die Verantwortung auf die Betroffenen selbst abzuwälzen.

Jegliche Armen-unterstützung abschaffen

„Malthus trat dafür ein, jegliche Armenunterstützung abzuschaffen, weil sie seiner Auffassung nach gegen die Interessen der Armen selbst arbeitete. In der Unterstützung der Armen sah er nichts anderes als eine Subventionierung des Bevölkerungswachstums, die nichts anderes als Armut ‚produziere'. Der strenge Moralist warf der Armenunterstützung vor, sie nehme den unteren Klassen das Motiv zur Eigenverantwortung und bestärkte ihre Bedenkenlosigkeit.

Als einzige Lösungsmöglichkeit der Sozialen Frage seiner Zeit nannte Malthus einen verantwortlichen Umgang mit dem Sexualtrieb. Sein Gegenspieler Godwin sah Sexualität als ‚niedrig' und als ‚bestialisches Erbe' der Gattung Mensch an, das in einer perfekten Gesellschaft absterben würde. Im Unterschied zu Godwin war in Malthus Sicht Sexualität etwas Positives und stellte eine wesentliche Grundlage ehelichen Zusammenlebens dar. Verantwortlicher Umgang mit Sexualität lief für ihn darauf hinaus, dass nur jene Menschen Kinder zeugen dürfen, die auch in der Lage waren, sie zu ernähren. Ehelosigkeit, Hinausschieben der Eheschließung und Enthaltsamkeit waren Malthus Empfehlungen" (Schlösser 4/2000, S.72 f.).

Kritisch kann an Malthus Theorien heute angemerkt werden, dass sie bis heute öffentlichkeitswirksame Szenarien (siehe Club of Rome; Die Grenzen des Wachstums) ermöglichen und politischen Intentionen dienen können.

Prognosen

Detmar Doering stellte hierzu fest: „Kaum eine Bewegung des linkes/grünen Spektrums kommt heute ohne malthusianische Szenarien aus. ‚Der Club of Rome' fing in den siebziger Jahren damit an, indem er fälschlich die Verdreifachung des Energieverbrauches bis zum Jahr 2000 vorhersagte. Fast alle Prognosen über die Abnahme des Regenwaldes, die Zunahme der Weltbevölkerung oder die Verknappung von Nahrung, die seither präsentiert wurden, erwiesen sich bald als ebenso falsch wie die der African Wildlife Foundation von 1989, dass es 1999 keine Elefanten mehr geben werde. Wenn es hierzulande heißt, dass ‚die Arbeit ausgehe', was staatliche Programme nötig mache, ist genau jene statische Denkweise am Werk, die Malthus auszeichnet" (Doering 2007, S.2).

Gesamt-gewichtung

Zur Bedeutung von Thomas Robert Malthus für die Entwicklung der Wissenschaft kommt Jürgen Schlösser zu folgender Gesamtgewichtung: „Malthus

wandte sich gegen eine Einstellung, die man heute als ‚Machbarkeitsglauben'
oder ‚Sozialtechnologie' bezeichnen würde. Er kritisierte die Auffassung, man
könne eine komplexe politische und ökonomische Wirklichkeit durch direkte
Zugriff so gestalten, dass eine perfekte Gesellschaft geschaffen würde. (...)
Das besondere an Malthus Beitrag war indessen, dass er die Debatte nicht, wie
zu seiner Zeit üblich, in der Sprache von Religion, Philosophie oder Politik
eröffnete, sondern auf dem Feld der Ökonomie.

Malthus untersuchte die Schranken, welche die Natur der menschlichen Entwicklung setzt. Damit beeinflusste er auch Wissenschaftler anderer Disziplinen,
wie zum Beispiel Charles Darwin. In die Wirtschaftswissenschaft führte er
genaue Beobachtung, Statistik, und theoretische Strenge ein: Ökonomie war für
ihn eine empirische, keine deduktive Wissenschaft. Mit der Prägung des Begriffes ‚effektive Nachfrage' und seiner Auffassung, dass ökonomische Krisen auf
einen Mangel an Nachfrage zurückgingen, wurde Malthus zu einem Vorläufer
keynesianischen ökonomischen Denkens" (Schlösser 4/2000, S. 73).

6.3   Textbeispiele

„Dass die Bevölkerung die dauernde Neigung hat, sich über das Maß der vorhandenen Lebensmittel hinaus zu vermehren, und dass sie hierdurch auf ihren
notwendigen Niveau erhalten wird, wird sich aus einem Rückblick auf die verschiedenen Gesellschaftszustände, in denen der Mensch existiert hat, klar ergeben. Aber ehe wir diesen Rückblick vornehmen, wird der Gegenstand
vielleicht in einem helleren Lichte erscheinen, wenn wir uns darüber vergewis-
sern, wie das natürliche Wachstum der Bevölkerung sich gestalten würde,
wenn es sich in vollkommener Freiheit entfalten könnte, und welches Maß
der Vermehrung der Naturprodukte unter den günstigsten Bedingungen der
Bestätigung menschlichen Fleißes erwartet werden kann. (...) In den nordame-
rikanischen Staaten, wo die Subsistenzmittel reichlicher und die Sitten der Völ-
ker reiner, die Hemmnisse früher Heiraten seltener waren als in irgendeinem
der modernen europäischen Staaten, verdoppelte sich mehr als anderthalb Jahr-
hunderte hindurch die Bevölkerung jedes Mal in weniger als 25 Jahren. (...)

Nach einer von Euler unter Zugrundelegung einer Sterblichkeit von 1 unter
36 berechneten Tabelle würde die Verdoppelungsperiode nur 12 – 15 Jahre
betragen, wenn die Geburten zu den Todesfällen im Verhältnis von 3 zu 1
stünden...Um aber vollkommen sicher zu sein, dass wir uns durchaus im
Bereiche der Wahrheit befinden, wollen wir die langsamste dieser Vermeh-
rungsraten wählen, eine Rate, hinsichtlich derer alle in Betracht kommen-
den Zeugnisse übereinstimmen und die zu wiederholten Malen als ein
Ergebnis ausschließlich natürlicher Fortpflanzung festgestellt worden ist.

Bevölkerungs-
gesetz

Es kann also ruhig erklärt werden, dass sich die Bevölkerung, wenn sie nicht gehemmt wird, alle 25 Jahre verdoppelt, oder in geometrischer Reihe zunimmt. Die Rate, die man der Vermehrung der Naturprodukte zugrunde legen darf, wird nicht so leicht zu bestimmen sein darüber aber können wir vollkommen sicher sein, dass die Rate ihrer Zunahme auf einem begrenzten Gebiete ganz verschieden von derjenigen der Bevölkerung sein muss. Tausend Millionen werden in 25 Jahren durch die Vermehrungskraft der Bevölkerung gerade so leicht verdoppelt wie ein Tausend. Aber die Nahrung zu Erhaltung des Zuwachses der größeren Zahl ist durchaus nicht mit derselben Leichtigkeit zu erlangen.

(...) In England und Schottland ist die Agrarwissenschaft fleißig studiert worden, und es gibt in diesem Lande immer noch viel unbebauten Boden... Gibt man zu, dass durch die bestmögliche Politik und große Ermunterung des Ackerbaus der Durchschnittsertrag der Insel in den ersten 25 Jahren verdoppelt werden könnte, so ist wahrscheinlich ein größeres Wachstum zugestanden, als vernünftigerweise erwartet werden könnte.

Man darf aber unmöglich annehmen, dass der Ertrag in den nächsten 25 Jahren vervierfacht werden könnte....es muss denen, die auch nur die geringste Erfahrung in landwirtschaftlichen Fragen besitzen, einleuchten, dass im Verhältnis zur Ausdehnung des Ackerbaus der mögliche Zuwachs zu dem früheren Durchschnittserträge, anstatt abzunehmen, was er sicherlich tun würde, derselbe bleibe, und dass der Ertrag dieser Insel alle 25 Jahre um ebenso viel wachse als sie gegenwärtig hervorbringt...Nimmt man die ganze Erde anstatt dieser Insel, so würde eine Auswanderung natürlich ausgeschlossen sein. Angenommen, dass die gegenwärtige Bevölkerung tausend Millionen betrage, so würde die Vermehrung des Menschengeschlechts in folgender Weise vor sich gehen: 1, 2, 4, 8, 16, 32, 64, 128, 256, und die der Lebensmittel wie: 1, 2, 3, 4, 5, 6, 7, 8, 9. In zwei Jahrhunderten würde die Bevölkerung zu den Lebensmitteln im Verhältnis von 256 zu 9 stehen; in drei Jahrhunderten von 4096 zu 13; und in 2000 Jahren würde es beinahe unmöglich sein den Unterschied zu berechnen."

Quelle: Malthus, T.R.: Eine Abhandlung über das Bevölkerungsgesetz. Band 1, Jena 1924, 1. Kapitel

Armengesetz

„Um der häufig wiederkehrenden Bedrängnis der Armen abzuhelfen, sind Gesetze erlassen worden, um ihre Unterstützung zu erzwingen, und in der Einführung eines allgemeinen Systems dieser Art hat sich England besonders hervorgetan. Es ist aber zu befürchten, dass es, obgleich es die Größe des Missgeschicks der einzelnen etwas gemildert haben mag, das Übel viel weiter verbreitet hat.

Es wird oft besprochen und stets als etwas höchst erstaunliches angeführt, dass es trotz der ungeheuren Summe, die in diesem Lande alljährlich für die Armen eingehoben wird, soviel Not unter ihnen gibt. Manche glauben, sie müsse zu Privatzwecken unterschlagen werden, andere, die Kirchenvorsteher und Armenpfleger verbrauchten den größten Teil zu Gastereien...

Angenommen, durch eine Subskription der Wohlhabenden stiegen die 18 Pence oder 2 Schillinge, die die Leute jetzt verdienen, auf 5 Schillinge. Man könnte vielleicht glauben, dass sie dann bequem leben und täglich ein Stück Fleisch zu Mittag essen könnten. Aber dies würde ein ganz falscher Schluss sein. Die Überweisung von täglich 3 Schillingen mehr an jeden Arbeiter würde die Fleischquantität im Lande nicht vergrößern. Es gibt jetzt nicht genug zu einer mäßigen Portion für alle. Was würde also die Folge sein? Die Konkurrenz der Käufer auf dem Fleischmarkte würde den Preis rasch von 8 oder 9 Pence pro Pfund auf 2 oder 3 Schillinge hinauftreiben, und die Ware würde nicht unter viel mehr verteilt werden, als gegenwärtig. Wenn ein Artikel rar ist und nicht an alle verteilt werden kann, wird jener sein Besitzer, der das stärkste Anrecht nachweisen kann, d.h. der das meiste Geld bietet. Wäre anzunehmen, die Konkurrenz der Fleischkäufer daure noch lange genug, um die jährliche Züchtung einer größeren Anzahl Vieh herbeizuführen, so könnte das nur auf Kosten des Getreides geschehen, was ein sehr unvorteilhafter Tausch sein würde, denn man weiß genau, dass das Land dann nicht die gleiche Bevölkerung ernähren könnte...“

Eine Abhandlung über das Bevölkerungsgesetz, 2. Band, 3. Buch, 5. Kapitel

„(...) Das andere ist die unvermeidliche und notwendige Armut und das Elend, auf die jedes Gleichheitssystem in kurzem hinauslaufen muss, infolge der anerkannten Neigung des Menschengeschlechts, sich rascher zu vermehren als die Subsistenzmittel, es sei denn, eine solche Vermehrung werde durch Mittel verhindert, die unendlich grausamer sind als jene, die der Einführung des Privateigentums entspringen und der von Gott und der Natur jedem Mann auferlegten sittlichen Verpflichtung, für seine Kinder zu sorgen. (...)

Privateigentum und Ungleichheit

Ein Zustand, in welchem die Ungleichheit der Lebenslage den natürlichen Lohn für ein gutes Betragen darstellt und weit und breit die Hoffnung, in der Gesellschaft zu steigen, die Furcht, in ihr zu sinken, einflößt, ist ohne Frage am besten geeignet, die Energie und die Fähigkeiten des Menschen zu entwickeln, und die Übung und den Fortschritt menschlicher Tugend zu fördern.“

Eine Abhandlung über das Bevölkerungsgesetz, 2. Band, 3. Buch, 3. Kapitel

Literatur   ## 6.4   Weiterführende Literatur

- Doering, Detmar: Der Urgroßvater der Grünen. Cicero-Magazin für politische Kultur. Zitat nach http://www.cicero.de/97.php? Ress_id=6&item= 407&do=comment von 16.02.2007-04-15

- Holmsten, Georg: Rousseau, Jean- Jacques, Reinbek bei Hamburg 1972

- Malthus, Thomas Robert: Eine Abhandlung über das Bevölkerungsgesetz, 2 Bände, Jena 1924 und 1925

- Malthus, Thomas Robert (übersetzt von Barth, Christian M), München 1977

- Meadows, Denais u.a.: Die Grenzen des Wachstums. Bericht des Club of Rome zur Lage der Menschheit, Hamburg 1973

- Pressat, Roland: Population, London 1970

- Schlösser, Hans Jürgen: Thomas Robert Malthus. Erziehung und intellektueller Hintergrund. In: Unterricht Wirtschaft, H.4., 2000, S.70-73

Internetquellen   ## 6.5   Internetquellen

- Biographisch-Bibliographisches Kirchenlexikon. Leu, U.B., http://www.bautz.de/bbkl/m/malthus.shtml

- www.brittanica.com (Thomas Robert Malthus, Encyclopaedia Brittanica)

- www.brockhaus.de (Thomas Robert Malthus)

- Thomas Robert Malthus. Aus: wikipedia, der freien Enzyklopädie, http://de.wikipedia.org/wiki/Thomas_Robert_Malthus

Bildquelle:

http://portrait.kaar.at/wirtschaftswissenschaftler/image 16.html (24.04.07)

7 David Ricardo (1772 – 1823)
Begründer der Theorie der komparativen Kosten

7.1   Lebensweg

17 Kinder Der Brite **David Ricardo** wurde als Sohn jüdischer Eltern am 18. April 1772 als drittes von insgesamt 17 Kindern in London geboren. Sein Vater Abraham Israel Ricardo und sein Onkel waren Börsenmakler. Diesen Weg sollte der junge Ricardo später ebenfalls einschlagen. Er stammte aus sehr wohlhabender Familie und wurde von Privatlehrern erzogen. Ein reguläres Studium an einer der Universitäten Englands hatte er jedoch nie absolviert.

Makler Mit 14 Jahren begann er unter der Führung seines Vaters seine berufliche Ausbildung, heute würde man sagen als Makler, an der Londoner Börse. Seine berufliche Tätigkeit war finanziell so erfolgreich, dass er sich mit nur 25 Jahren aus dem Geschäftsleben zurückziehen und sich seinen eigentlichen Interessen widmen konnte.

Dem waren im Privatleben Ricardos, der bis dahin stets unter dem seiner Ansicht nach vorhandenen Mangel einer breiten Bildung litt, grundlegende familiäre Konflikte vorangegangen. Das Verhältnis zu seinem Vater hatte sich bis hin zum Bruch mit der Familie entwickelt.

Glauben Ricardos Vater als Mann mit Charakter beschrieben. Kritiklos habe er sich den Sitten und dem strengen Glauben der sephardischen Juden unterworfen und verlangte das gleiche von seinen Kindern. Zweifel an seinen Überzeugungen kannte er nicht. Schon bei Davids Geburt stand für ihn fest, dass aus seinem Sohn ein Händler wird. Später entwickelte der Junge eine Neigung zu den Naturwissenschaften, die ihm der Vater mit Gewalt austrieb.

Todsünde Mit 21 Jahren brach Ricardo mit dem Patriarchen durch einen für den strenggläubigen Vater ungeheuerlichen Akt. Er entschloss sich dazu, die Quäkerin, die Tochter eines Arztes namens Priscilla Ann Wilkinson zu heiraten. Die Verbindung mit dieser im weitesten Sinne christlichen Frau war aus Sicht sephardischer Juden eine Todsünde. Nach Streitereien wurde von Seiten seiner Familie das Totengebet über ihn gesprochen und sein Name seither im Kreise der Verwandten nicht mehr erwähnt. Damit hatte Ricardo sich nicht nur aus der Firma und dem Elternhaus, sondern auch aus der jüdischen Gemeinde herauskatapultiert.

Nach der Hochzeit 1493 machte sich Ricardo mit einem Kapital von 800 Pfund selbstständig. Da es erst wenige Aktiengesellschaften gab, lag das Geschäft der Börsenmakler damals hauptsächlich im Handel mit Staatsanleihen, deren Kurse mit den politischen und militärischen Erfolgen des Landes schwankten.

Unabhängige Broker Auf sich allein gestellt gelangte es Ricardo nach kurzer Zeit von Firmenkonsortien große finanzielle Mittel zu erhalten, die er als unabhängiger Broker an der Londoner Börse anlegte. Innerhalb weniger Jahre hatte Ricardo ein Millionenvermögen erworben, sodass er sich im Alter von nur 25 Jahren ganz aus dem Geschäftsleben zurückziehen konnte, um, seinem Wunsch entsprechend, das vermisste breite Wissen zu erwerben.

Im Eigenstudium interessierte er sich für die Bereiche Mathematik, Chemie sowie für Mineralogie, richtete sich ein Labor ein, legte sich eine Sammlung von Mineralien zu und experimentierte mit der Elektrizität.

Eigenstudium

Vor allem aber begann sich David Ricardo nun auch für die Volkswirtschafts-lehre (Nationalökonomie) als Wissenschaftler zu interessieren. Er las **Adam Smiths** „Wohlstand der Nationen" und eine „Abhandlung über das Bevölke-rungsgesetz", deren Autor, **Thomas Robert Malthus,** er später kennen lernte. Die intensiven Auseinandersetzungen mit den damals führenden Ökonomen bewegte David Ricardo dazu, auch aufgrund seiner praktischen ökonomischen Erfahrungen, selbst publizistisch tätig zu werden.

David Ricardos erster Anteil, anonym abgedruckt im Morning Chronicle über den Preis des Goldes, erregte zunächst wenig Aufsehen. Er behandelte darin ein großes volkswirtschaftliches Problem dieser Zeit, nämlich die Frage des Tauschwertes des Pfund Sterling, der im Jahre 1777 auf 3,811 Pfund Sterling pro Unze Gold festgesetzt worden war. Bereits 1797 konnte jedoch die Bank of England den Tauschwert nicht mehr aufrecht halten, sodass in Großbritan-nien das Preisniveau anzusteigen begann, was die meisten Ökonomen auf einen durch die Auswirkungen der napoleonischen Kriege bedingten Nachfrage-geanstieg zurückführten. Ricardo verteidigte seinen Standpunkt, dass der Preisanstieg auf das Absinken des Außenwertes der Sterlingnoten zurückzu-führen sei, in weiteren Pamphleten.

Preis des Goldes

Darüber hinaus forderte er die Rückkehr zum 1797 Goldstandard und kriti-sierte die Geldpolitik der Bank of England, die nicht den Aktionären zugute käme. Im Jahre 1810 veröffentlichte Ricardo ein diesbezügliches Pamphlet namens „The high Price of Bullion", welches bereits im April 1811 die vierte Auflage erreicht hatte. Der Grund für das große öffentliche Interesse war die Tatsache, dass einen Monat nach der Veröffentlichung der englische Abgeord-nete Francis Horner einen Antrag in das Unterhaus einbrachte, der exakt auf der Grundlage von Ricardos Aufsatz eine Untersuchung der Gründe für die Inflation und die Entwertung des Papiergeldes forderte. Dieser Untersu-chungsausschuss bestätigte fast alle von Ricardos Positionen.

Geldpolitik der Bank of England

Bleibenden Wert hat die Studie, weil sie ihren Autor als Mitbegründer der „**Quantitativen Geldtheorie**" ausweist. Laut dieser Lehre besitzt ein Land stets so viel Geld, wie es für seinen Bedarf nötig hat. Dabei trifft eine bestimmte Geldmenge auf eine bestimmte Warenmasse. Aus dem Verhältnis zwischen Geld und Waren ergibt sich der Preis. Eine Veränderung der Geldmenge verur-sacht eine Veränderung der Preise. Zirkuliert wenig Geld, fallen die Preise. Ist viel Geld im Umlauf, steigen sie. Eine besondere Rolle spielt noch, mit welcher Geschwindigkeit das Geld zirkuliert. Werden mit einem Hunderteuroschein, der bisher zehnmal in einer bestimmten Zeit den Besitzer gewechselt hat, plötzlich

Quantitativen Geldtheorie

zwölf Geschäfte gemacht, so kommt dieser Vorgang praktisch einer Erhöhung der Geldmenge gleich. Folge: Die Preise steigen. Werden hingegen mit dem Hunderteuroschein statt zehn nur acht Geschäfte gemacht, dann fallen die Warenpreise. Auf diesen Kerngedanken bauen heute die so genannten „Monetaristen" wie **Milton Friedman (1912 – 2006)** ihre verfeinerten Theorien auf. Er empfiehlt, die Geldmenge knapp zu halten (etwa durch hohe Zinsen), um so die Inflation zu bremsen.

James Mill

Die Schriften von Ricardo brachten ihm das Interesse und die Freundschaft des britischen Philosophen James Mill und von Thomas Robert Malthus ein. Der für Ricardo von der wissenschaftlichen Entwicklung her wichtigere Freund war James Mill. Er trieb Ricardo an, sich intensiver mit ökonomischen Problemen auseinander zu setzen und seine Erkenntnisse zu publizieren. James Mill selbst verfocht die „**Lehre von der Nützlichkeit**" (**Utilitarismus**) und rief nach einer Wohlfahrtsgesellschaft, die so handeln soll, dass dabei das größtmögliche Glück für die größtmögliche Zahl von Menschen herauskommt. Die Utilitaristen legen, wie schon erwähnt, weniger Wert auf edle Motive als auf gute Ergebnisse. Folgt man ihrer Logik, dann müsste man den westlichen Kapitalismus dem (ehemaligen) östlichen Sozialismus vorziehen. Denn im Kapitalismus sind, nach gängiger Auffassung, zwar die Motive (persönliches Gewinnstreben) weniger ehrenwert als im Sozialismus. Dafür aber bringt der Kapitalismus die besseren Ergebnisse (allgemeiner Wohlstand).

Im Jahr 1809 erwarb David Ricardo das Gut Gatcombe Park in der Grafschaft Gloucester, wo er mit seiner Familie – er hatte sieben Kinder – den größten Teil des Jahres verbrachte. Damit war er in jene Klasse aufgestiegen, der er wenig später den geistigen Krieg erklärte: in die der Grundbesitzer.

Politik

1814 schlug **James Mill** seinem Freund Ricardo vor, nicht nur theoretisch sondern auch praktisch auf die Politik einzuwirken und sich in das britische Unterhaus wählen zu lassen. Der Plan zeigt die gravierenden Unterschiede der damaligen Politik zur heutigen Demokratie auf. Ricardo sollte sich in das britische Unterhaus wählen lassen, indem er einen vollkommen verwahrlosten Wahlbezirk „kaufen" solle. Zunächst lehnte Ricardo ab, ließ sich aber einige Jahre später überzeugen und wurde mit nur zwölf Stimmen aus dem ärmlichen Wahlbezirk Portarlington in das britische Parlament (Unterhaus) gewählt. Dort war er sehr aktiv, hielt nachweislich 126 Reden und engagierte sich u.a. in der Frage der Abschaffung des Kornzolls sowie gegen den hohen Getreidepreis, genauer die seiner Auffassung nach viel zu hohe Profitrate der Großgrundbesitzer.

Wissenschaftler und Privatperson

Das ambivalente Verhalten von Wissenschaftler und Privatperson Ricardo wird allerdings im Folgenden deutlich:

1816 veröffentlichte Ricardo zu diesem Thema den „Essay on the Influence of the Price of Corn on the Profits of Stock", in dem er überzeugend eine Landrententheorie entwickelt, die ihn mit einem Schlag zu einem der meistzitierten Autoren im Bereich der politischen Ökonomie und noch reicher als zuvor machte: Im Jahre 1815 verkaufte er alle Aktien und erwarb statt dessen sieben große Landgüter.

Zu Beginn der 20er Jahre des 19. Jahrhunderts beteiligte Ricardo sich an der damaligen Zentralbankdiskussion und forderte die Schaffung einer von der Regierung unabhängigen Nationalbank, die die Bank of England ablösen sollte. Die kriegsbedingte Vergrößerung der Geldmenge durch gesteigerte Notenausgabe würde so ein für alle mal verhindert.

Unabhängige Nationalbank

David Ricardo starb überraschend und nach kurzer Krankheit an einer Infektion der Ohren am 11. September 1823.

7.2 Wissenschaftliches Vermächtnis

In den nachfolgenden Ausführungen können naturgemäß nur einige ausgewählte Bereiche des umfangreichen ökonomischen Werkes skizziert werden. Angesprochen werden die Überlegungen zur Geldtheorie und zur Landrente.

David Ricardo kann als einer der Väter der modernen Geldtheorie bezeichnet werden. Um das Jahr 1810 wurde in Großbritannien Notengeld nur von privaten Banken ausgegeben. Es stellte dann neben der Funktion als Zahlungsmittel zugleich einen Anspruch des Besitzers an die Bank auf Auszahlung des Gegenwertes in Gold dar. Teile des Bankensystems, insbesondere in Schottland, machten jedoch Konvertibilitätsrestriktionen geltend. Private Banken konnten danach für einen festgelegten Zeitraum den Umtausch von Banknoten in Gold verweigern, wenn dadurch ihre Goldreserven gefährdet wurden. Der Sinn dieser Regelung bestand darin, zu verhindern, dass sich beispielsweise mehrere Banken gegen einen unliebsamen Konkurrenten verbündeten, dessen Banknoten horteten, um dann gleichzeitig den Umtausch der Noten in Gold zu fordern. Der „Erfolg" wäre die Zahlungsunfähigkeit der betreffenden Bank, ihr Bankrott, gewesen.

Geldtheorie

Im Jahre 1797 gab es in der Folge der napoleonischen Kriege Gerüchte, Frankreich bereite die Invasion der britischen Inseln vor, was zu einer regelrechten „Geldflucht" führte: Halter von Papiergeld begannen in Massen ihre Banknoten gegen Gold einzutauschen, so dass die Konvertibilität durch die Regierung zum Schutz der Bank of England kurzzeitig ausgesetzt wurde. Als die Regierung die Konvertibilität nicht direkt wiederherstellte, entwickelte sich eine heftige Debatte um den Sinn und Unsinn dieser Regelung, wobei Ricardo selbst zu den Befürwortern des Goldumtauschrechts gehörte. Der Grund für seine Haltung lag darin, dass Ricardo Gold und Silber einen angeborenen Wert zuordnete, der sich einerseits durch deren Seltenheit, andererseits durch den zur Förderung nötigen Arbeitsaufwand und das in den Minen gebundene Kapital bestimmte. Ausgehend von dieser Sichtweise entwickelte Ricardo als erster eine Quantitätsgleichung des Geldes: „Man stellte die Masse der Güter aller Art in einer Gleichung der Geldmenge multipliziert mit der Geschwindigkeit ihres Umlaufes gegenüber. Ist dies nicht in allen Fällen der Regulator der Preise?" Jede Geldmenge könne von einem funktionierenden Wirtschaftssystem absorbiert werden, die Realkapitalrenditen blieben aber von einem Anwachsen der Geldmenge unbeeinflusst. Eine Erhöhung der Geldmenge hätte aber einen Anstieg der Güterpreise zur Folge, besonders wenn es sich um nicht in Gold konvertierbares Geld handele. Händler würden versuchen, Handelswechsel aus dem Ausland zu erwerben, um ausstehende Verpflichtungen zu begleichen. Im Falle einer reinen Goldwährung würden ausländische Exporteure ihre Handelswechsel in England gegen Gold tauschen, so dass Gold praktisch ins Ausland abwandert.

Aus diesen Gründen empfahl Ricardo ein Konvertibilitätssystem mit einem fixen Umtauschkurs von Banknoten in Gold, denn so könnten englische Importeure zum Fixkurs Gold zur Begleichung ihrer Verpflichtungen von der Bank of England erwerben und es ins Ausland schicken. Abweichungen im Wechselkurs würden sich bald auf ein neues Gleichgewicht einpendeln, genauso wie die Preise im Inland.

Bodenrente   Die Überlegungen Ricardos zur Bodenrente (Synonym: **Landrente**) resultierten aus folgender Ausgangssituation.

Die damaligen britischen Grundbesitzer verwalteten ihre Güter in der Regel nicht selbst, sondern sie verpachteten ihr Land und bezogen dafür eine Rente. Über das Wesen dieser Bodenrente machte sich Ricardo bald Gedanken. Er schrieb: „Das Interesse der Gutsbesitzer richtet sich stets gegen die Interessen jeder anderen Klasse der Gesellschaft" – also gegen die der Arbeiter und Kapitalisten. Nach Ricardos Ansicht ergibt sich das Einkommen Rente aus der unterschiedlichen Beschaffenheit der Böden. Das heißt: Je stärker eine Bevölkerung wächst, umso mehr ist sie gezwungen, immer schlechtere Böden für ihre Versorgung nutzbar zu machen. Schließlich muss sogar der Boden herangezogen werden, auf dem kaum etwas wächst und der nur mit äußerster Mühe zu bewirtschaften ist – wie zum Beispiel die Äcker in den Gebirgen. Mithin bringen fruchtbare Böden mehr Getreide bei geringeren Arbeitskosten.

Differentialrente   Der Preis für ein Pfund Mehl ist aber einheitlich. Oder anders: Das Mehl von guten Äckern ist genauso teuer oder billig wie das von schlechten. Das liegt daran, dass der Preis für Getreide und andere landwirtschaftliche Produkte stets vom schlechtesten Boden bestimmt wird. Folglich erhält auch der Besitzer eines kargen Bodens weniger Rente als der eines fruchtbaren. Denn der erste hat ja bei der Produktion des Getreides mehr Kosten als der letztere, während der Verkaufspreis beider Produkte gleich ist. Und weil sich die Höhe der Rente aus der unterschiedlichen Beschaffenheit der Böden ergibt, bezeichnete sie Ricardo als **„Differentialrente"**. Im Gegensatz zur Arbeit gehöre sie nicht zu den Ursachen des Preises, sondern sie seien dessen Folge.

Nachdem er das Gesetz der Grundrente erkannt hatte, machte sich der Ökonom auf die Suche nach den Bestimmungsgründen des Lohns und des Kapitals. Wie jede Ware, so unterliegt auch die Ware Arbeitskraft dem Gesetz von Angebot und Nachfrage. Ist die Nachfrage nach Arbeit groß, steigen die Löhne. Nimmt die Nachfrage ab, fallen sie.

Im Prinzip aber richtet sich der Lohn, den der Arbeiter für seine Tätigkeit erhält, nicht nach dem Gesetz von Angebot und Nachfrage. Sondern der Lohn ist „der Preis, der nötig ist, die Arbeiter instand zusetzen, sich zu erhalten und ihr Geschlecht fortzupflanzen". Anders ausgedrückt: Die Höhe des Lohns hängt von den Lebensmittelpreisen ab. Sie liegt beim Existenzminimum, wenn das Angebot an Arbeitskräften zum Beispiel infolge einer Überbevölkerung größer ist als die Nachfrage nach menschlicher Arbeit. Als die eigentlichen Leidtragenden bei der Verteilung des volkswirtschaftlichen Ertrages machte Ricardo die Kapitalisten aus. Denn: Durch die Zunahme der Bevölkerung müssen immer schlechtere Böden urbar gemacht werden. Dadurch gehen die Lebensmittelpreise nach oben, weil sie sich ja am schlechtesten Boden orientieren. Mit den Lebensmittelpreisen steigen zugleich die Löhne, die an das Existenzminimum gekoppelt sind. Wenn aber die Löhne klettern, nimmt der Profit der Unternehmer ab. Eine fallende Profitrate wiederum bietet keinen Anreiz, Kapital zu investieren. Und wird kein Kapital investiert, ist der wirtschaftliche Fortschritt bedroht.

Lebensmittel-preise

Ein bis heute zentraler Beitrag zur Entwicklung der modernen Volkswirtschaft-theorie ist die 1817 entstandene Theorie der komparativen Kosten. David Ricardo war ein glühender Verfechter des freien Kräftespieles auf dem internationalen Markt (Freihandel). So wehrte er sich vehement im Parlament, als die britischen Grundbesitzer Schutzzölle gegen günstiges Getreide aus dem Ausland forderten. Er sah im Freihandel die wichtigste Voraussetzung dafür, dass die Nationen ihre spezifischen Vorzüge in den internationalen Handel einbringen konnten.

Theorie der kom-parativen Kosten

Die Vorteile der internationalen Arbeitsteilung legte Ricardo an dem legendären Beispiel der beiden Handelsnationen England und Portugal dar: Wenn diese beiden Länder in eine Handelsbeziehung miteinander treten, und z.B. England Tuch nach Portugal exportiert sowie Wein aus Portugal importiert, wird jedes Land einen Anreiz haben, sich auf die Produktion desjenigen Gutes zu spezialisieren, bei dem es einen so genannten komparativen Kostenvorteil hat, also bei dessen Produktion es relativ weniger Arbeit zur Produktion der für den Export nötige Menge aufwenden muss, als der Handelspartner. Unter einem komparativen Kostenvorteil verstand Ricardo Vorteile bei der nationalen Produktion eines Gutes durch höhere Arbeitsproduktivität bedingt durch bessere Ausstattung mit Maschinen oder Produktionstechniken. Das Modell Ricardos, bestehend aus zwei Gütern und zwei Ländern, baute zwar auf der

Internationale Arbeitsteilung

Annahme der Immobilität des Faktors Arbeit auf, d.h. dass Tuchhersteller England nicht verlassen, um billiger in Portugal zu produzieren, bildet jedoch heute noch den Kern der Außenhandelstheorie. Ricardos Modell soll hier in leicht abgewandelter Form dargestellt werden: Zunächst sei angenommen, die Produktionsbedingungen für Tuch und Wein stellen sich folgendermaßen dar: Um eine Einheit Stoff zu produzieren sind in England 50 Arbeiter nötig und 25 in Portugal. Zur Produktion einer Einheit Wein braucht man in England 200 Arbeiter, aber in Portugal 25. Portugal besitzt bei der Produktion von Tuch und Wein also eine absoluten Vorteil, so dass es ein attraktiver Standort für den Export englischen Kapitals ist. Bei der Produktion von Wein ist jedoch der Produktionsvorteil Portugals größer als der Englands, denn dort wird nur ein 25/200-stel des Arbeitseinsatzes benötigt wie in England, wohingegen bei Tuch ein 25/50-stel, also die Hälfte, an Arbeit eingesetzt werden muss. Würde ein portugiesischer Produzent 25 seiner Arbeiter aus der Tuchherstellung abziehen und sie Wein produzieren lassen, so würde er eine Einheit Tuch weniger, aber eine Einheit Wein mehr produzieren können. Wenn aber zur gleichen Zeit ein englischer Produzent 100 seiner Arbeiter anstelle von Wein Tuch produzieren lässt, so würde er eine halbe Einheit weniger Wein, aber zwei Einheiten mehr an Tuch erhalten. Im Ganzen gesehen kann man also sagen, dass die Höhe der Handelsgewinne vom Ausmaß der Spezialisierung abhängt. Wie diese im Detail auf die beiden Länder aufgeteilt werden, liegt jeweils am Preisverhältnis der beiden Güter. Werden beide im Verhältnis 1:1 getauscht, würde der ganze Gewinn an England gehen, wohingegen bei einem Preisverhältnis zwischen Tuch und Wein von 4:1 der Gewinn Portugal zufallen würde. Ricardo fasst prägnant zusammen: „Die Arbeit von 100 Engländern kann man nicht durch 80 Engländer erhalten, aber das Produkt der Arbeit von 100 Engländern kann man für das Produkt der Arbeit von 80 Portugiesen erhalten."

Außenhandels-   Ricardos **Außenhandelsmodell** stellt bis heute den Kern der volkswirtschaft-
modell   lichen Außenwirtschaftstheorie dar.

Textbeispiel

David Ricardo bediente sich einer recht abstrakten Formelsprache, bei der es auf jedes Wort ankommt. Er nahm an, dass sein Hauptwerk – „Grundsätze der politischen Ökonomie und der Besteuerung" – allenfalls 25 Menschen begriffen hätten. Ähnlich ironisch äußerte sich der amerikanische Nobelpreisträger Paul A. Samuelson: „Zu schwer für die unteren Semester."

Tauschwert   Der Leser möge sich hierzu am folgenden Textauszug zum „**Tauschwert der**
der Arbeit   **Arbeit**" ein eigenes Urteil bilden.

„Sogar auf jener frühen Stufe, auf die sich Adam Smith bezieht, ist für einen Jäger ein geringes Kapital – möglicherweise von ihm selbst angefertigtes und angesammeltes – notwendig, um ihm das Erlegen seines Wildes zu ermöglichen. Ohne irgendeine Waffe können weder Biber noch Hirsche zur Strecke gebracht werden, und daher wird der Wert dieser Tiere nicht allein durch die zu ihrer Erlegung notwendige Zeit bestimmt, sondern auch durch die zur Beschaffung des Kapitals des Jägers erforderliche Zeit und Arbeit, also der Waffe, mit deren Hilfe ihre Erlegung bewerkstelligt wurde. Nehmen wir an, die zur Tötung des Bibers erforderliche Waffe ist mit Hilfe von wesentlich mehr Arbeit hergestellt worden als die andere, zur Tötung des Hirsches notwendige, wegen der größeren Schwierigkeit, sich jenem Tier zu nähern und der sich daraus ergebenden Notwendigkeit, genauer zu treffen. Natürlich wird ein Biber mehr wert sein als zwei Hirsche, und zwar nur deshalb, weil insgesamt mehr Arbeit für seine Tötung notwendig ist. Oder angenommen, die gleiche Menge Arbeit ist für die Anfertigung beider Waffen notwendig, jedoch sind sie von sehr verschiedener Lebensdauer. Von dem dauerhaften Gerät wird nur ein kleiner Teil des Wertes auf die Ware übertragen, aber ein erheblich größerer Teil des wertes des weniger dauerhaften wird in der Ware, zu deren Produktion es beitrug, enthalten sein.

Alle zu Erlegung des Bibers und des Hirsches erforderlichen Geräte mögen einer bestimmten Klasse Menschen gehören und die bei ihrer Erlegung aufgewandte Arbeit von einer anderen Klasse geleistet werde; selbst dann werden die relativen Preise im Verhältnis zu der jeweils sowohl für die Bildung des Kapitals als auch für die Erlegung der Tiere aufgewendeten Arbeit stehen. Bei unterschiedlichen Bedingungen von Überfluss oder Mangel an Nahrungsmitteln und lebensnotwendigen Konsumgütern können diejenigen die den gleichen Kapitalwert für die eine oder andere Verwendung bereitstellten, die Hälfte, ein Viertel oder ein Achtel des Produkts erhalten, während der Rest als Lohn denjenigen ausgezahlt wird, die die Arbeit leisteten. Aber diese Verteilung kann den relativen Wert dieser Ware nicht beeinflussen; ob der Kapitalprofit höher oder geringer, ob er 50, 20 oder 10 Prozent, oder ob der Arbeitslohn hoch oder niedrig ist, alles das wirkt gleichmäßig bei beiden Arten der Verwendung. Wenn wir nun annehmen, dass sich die verschiedenen Berufe der Gesellschaft erweitern, dass einige Boote und Fischereigeräte, andere Samen und die primitiven Geräte, die man ursprünglich in der Landwirtschaft verwendete, liefern, dann gilt immer noch derselbe Grundsatz, dass der Tauschwert der erzeugten Waren sich nach dem Verhältnis der zu ihrer Produktion verwendeten Arbeit bemisst, und zwar nicht nur nach der in allen den Geräten und Maschinen enthaltenen, die für das Ergebnis der speziellen Arbeit, bei der sie eingesetzt wurden, erfolgreich sind."

David Ricardo: „Grundsätze der politischen Ökonomie und der Besteuerung", 350 Seiten, Europäische Verlagsanstalt, Frankfurt/M. 1979, S. 20ff.

Literatur 7.3 Weiterführende Literatur

- Bundeszentrale für politische Bildung (Hg.): Informationen zur politischen Bildung 183, Wirtschaft 5: Internationale Wirtschaftsbeziehungen, Bonn 1991
- Koesters, Paul-Heinz: Ökonomen verändern die Welt. Lehren, die unser Leben bestimmen, 4. Aufl., Hamburg 1984
- Pitsoulis, Athanassios: David Ricardo. In: Unterricht Wirtschaft, Heft 6, 2001, S. 64 ff.
- Ricardo, David: Ökonomische Klassik im Umbruch: theoret. Aufsätze von David Ricardo. Hrsg. von Bertram Schefold. 1. Aufl., Frankfurt am M. 1986
- Ricardo, David: Über die Grundsätze der politischen Ökonomie und der Besteuerung, 2.durchges. Aufl., Berlin 1979
- Weatherall, David J: David Ricardo. A Biography. The Hague, Nijhoff 1976

Internetquellen 7.4 Internetquellen

- http://cepa.newschool.edu/~het/profiles/ricardo.htm

Bildquelle

http://www.portrait.kaar.at/Wirtschaftswissenschaftler/image21.html
(11.07.2007)

8 Karl Heinrich Marx (1818 – 1883)

Analysierte die Grundlagen des Kapitalismus

8.1   Lebensweg

Rabbinerfamilie **Karl Heinrich Marx** wurde am 5. Mai 1818 in Trier geboren. Seine Eltern waren der Anwalt Heinrich Marx (ursprünglich Hirsch Mordechai), welcher von 1777 bis 1838 lebte, und die Kaufmannstochter Henriette (Pressburg) Marx, welche von 1788 bis 1863 lebte. Als drittes von neun Kindern der Rabbinerfamilie konvertierte er im Alter von 6 Jahren gemeinsam mit seiner Familie zum Protestantismus, da der Vater als Jude das Amt als Justizrat nicht weiterführen durfte.

Abitur Sein Abitur legte Marx am Friedrich-Wilhelm-Gymnasium in Trier im Jahre 1835 ab. In den folgenden Jahren studierte er Rechtswissenschaften in Bonn und Berlin, später verlegte er seine Studien auf die Bereiche Geschichte und Philosophie. Bereits 1841 promovierte Marx „in absentia" an der Universität Jena mit einer Arbeit: „Differenz der demokritischen und epikureischen Naturphilosophie".

Dialektik Insbesondere in Berlin knüpfte er Kontakte zur so genannten junghegelianischen bzw. linkshegelianischen Bewegung, einer locker organisierten Gruppierung. Diese Gruppe bildete sich in der zweiten Hälfte der 1830er als eine der vielen Diskussionszirkeln, wie sie als Reaktion auf die damals in Preußen herrschenden repressiven geistigen und politischen Verhältnisse entstanden. Den Höhepunkt ihrer Aktivität erreichte die Gruppe zwischen 1840 und 1843. In dieser Zeit radikalisierten und politisierten sich die Positionen. Zunehmende interne Differenzen hatten ihren Zerfall zur Folge, ab 1845 war sie praktisch nicht mehr existent. Von Hegel übernahm die Gruppe die Dialektik, wandte sich aber gegen den bei Hegel systemimmanenten Konservativismus. Ziel war die Überwindung der politischen und sozialen Zustände in Deutschland. Zur Gruppe gehörten unter anderem **David Friedrich Strauß (1808 – 1874), Ludwig Andreas Feuerbach (1804 – 1872)** und **Bruno Bauer (1809 – 1882)**. Auch wenn **Max Stirner (1806 – 1856)**, Karl Marx und **Friedrich Engels (1820 – 1895)** den Linkshegelianern zeitweise sehr nahe standen, folgte in den Jahren 1844 und 1845 herbe Kritik ihrerseits. Stirner kritisierte und verspottete Feuerbach und Bauer als inkonsequent, woraufhin Marx gemeinsam mit Engels weitere Kritik sowohl an Bauer und seinen Anhängern in „Die heilige Familie" als auch an Feuerbach und Stirner in „Die deutsche Ideologie" 1845/46 übte. Erwähnenswert ist diese Zeit insbesondere deshalb, weil sie den Historischen Materialismus als Grundlage der späteren ökonomischen Studien von Marx schuf.

Zu radikal Für die eigentlich gewünschte Universitätskarriere als zu radikal eingestuft, übernahm Marx im Oktober 1842 die Leitung der „Rheinischen Zeitung für Politik, Handel und Gewerbe" in Köln, welche von da an einen radikal oppositionellen Standpunkt vertrat und schonungslos soziale Missstände anprangerte. Da sie die preußische Zensur allerdings regelmäßig unterlief, wurde sie im April 1843 verboten.

Im Jahre 1843 heiratete Marx die vier Jahre ältere Jenny von Westphalen, die die Schwester seines Schulfreundes Edgar Freiherr von Westphalen war, in der Kreuznacher Pauluskirche. Auch wenn sie die ärmlichen Lebensumstände der Familie zunehmend bedrückten und Depressionen ihrerseits auslösten, unterstützte Jenny von Westphalen Marx in seinem gesamten Wirken, indem sie seine Korrespondenz und die Reinschrift seiner Ideen und Werke übernahm. Von den sieben gemeinsamen Kindern, die aus der Ehe hervorgingen, überlebten das zehnte Lebensjahr nur die Töchter Jenny Caroline Longuet, geborene Marx (1844 – 1883), Laura Marx Lafargue (1845 – 1911) und Eleanor Marx (1855 – 1898). Hinzu kam ein unehelicher Sohn namens Frederick, den er gemeinsam mit seiner aus Deutschland stammenden Haushälterin Helene Demuth hatte. Erst kurz vor seinem Tod bekannte Friedrich Engels dies, der bis dato die Vaterschaft offiziell übernommen hatte.

1844 verfasste Marx die „Ökonomisch-philosophischen Manuskripte", die jedoch unvollständig blieben. Sie gelten als sein erster Entwurf eines ökonomischen Systems, der zugleich die philosophische Inspiration deutlich macht. Marx entwickelt dort erstmals ausführlich seine an Hegel angelehnte Theorie der **„entfremdeten Arbeit"**. Gemeinsam mit Friedrich Engels erarbeitete er das Werk „Die heilige Familie" von 1845, welche den Beginn einer langen Freundschaft, eines ständigen Briefwechsels und einer weiteren engen Zusammenarbeit bezeugte.

Entfremdete Arbeit

Neben der gemeinsamen Arbeit mit Engels in dieser Zeit arbeitete Marx gleichzeitig an dem in Paris erscheinenden deutschen Wochenblatt „Vorwärts!", welches sich aus sozialistischer Sicht gegen den Absolutismus der deutschen Länder wandte. Die Folge war die Ausweisung aus Frankreich auf Verlangen Preußens. Marx siedelte deshalb Anfang 1845 nach Brüssel über, Engels folgte ihm. Als die preußische Regierung auch die Ausweisung aus Brüssel verlangte, gab Marx die preußische Staatsbürgerschaft auf.

Vorwärts

Eine wesentliche Plan von Marx und Engels war die Bildung einer proletarischen Partei. Deshalb gründeten sie Anfang 1846 das Kommunistische Korrespondenz-Komitee mit dem Ziel der inhaltlichen Einigung und des organisatorischen Zusammenschlusses der revolutionären Arbeiter.

Bildung einer proletarischen Partei

1847 veröffentlichte Marx „Das Elend der Philosophie" als Kritik an **Pierre Joseph Proudhon (1809 – 1865)** ökonomischen Theorie und der kapitalistischen Gesellschaft überhaupt. Außerdem schrieb er gelegentlich Artikel für die Deutsche-Brüsseler-Zeitung. Als der vom Schneidergesellen Wilhelm Weitling initiierte sozialistische Bund der Gerechten, dem Marx und Engels 1847 beitraten, sich zum Bund der Kommunisten wandelte, verfassten beide das **„Manifest der Kommunistischen Partei"** (1848) als dessen Parteiprogramm. Dieses erschien bis heute mit rund 1.200 Nachdrucken in nahezu allen Schriftsprachen der Welt und der Bund der Kommunisten stellte die Keimzelle aller späteren Kommunistischen Parteien dar.

Manifest der Kommunistischen Partei

Träumereien
Im September 1850 wurden Marx und Engels aus dem Bund ausgeschlossen, weil sie mit der Gründung einer eigenen Zentralbehörde in Köln gegen die Statuten verstoßen hatten und die übrigen Mitglieder ihnen „halbgelehrte politische Träumereien" vorwarfen.

Organ der Demokratie
Während der französischen Februarrevolution 1848 wurde Marx verhaftet und aus Belgien ausgewiesen. Zunächst kehrte er nach Paris zurück, ging aber nach dem Ausbruch der deutschen Märzrevolution nach Köln. Dort war er einer der Führer der revolutionären Bewegung in der preußischen Rheinprovinz und gab die „Neue Rheinische Zeitung „Organ der Demokratie" heraus. Nach der Niederschlagung der Revolution von 1848/1849 wurde die Zeitung verboten und Marx selbst zum Staatenlosen erklärt.

Exil
Nach einem kurzen Aufenthalt in Paris emigrierte Marx mit seiner Familie ins Exil nach London. Diese Zeit war von finanziellen Schwierigkeiten geprägt, die Marx nur mittels seiner journalistischen Tätigkeit und der Unterstützung vor allem von Engels überlebte. Diese Unterstützung ermöglichte ihm insbesondere in den letzten Jahren, sich ganz seiner wissenschaftlichen Arbeit zu widmen. „Marx nahm diese Freundesgabe mit dem Bewusstsein entgegen, sie reichlich verdient zu haben" (Fetscher 1999, S. 145).

Internationale Agitation
Politisch widmete er sich der internationalen Agitation für den Kommunismus und erarbeitete die endgültige Positionen seiner Kritik des Kapitalismus. Es erschienen die Werke „Klassenkämpfe in Frankreich 1848 bis 1850" und im Anschluss „Der achtzehnte Brumaire des Louis Bonaparte" (1852). Von 1852 bis zum Einsetzen des Sezessionskriegs in Amerika 1861 war Marx Londoner Korrespondent des New York Tribune und jahrelang deren Redakteur für Europa. Seine erschienenen Artikel sind umfassende Analysen der politischen und ökonomischen Lage einzelner europäischer Länder.

Kritik der politischen Ökonomie
In der Folge entstanden Marx' ökonomischen Hauptwerke. 1859 erschien die erste systematische Darstellung der Marx'schen ökonomischen Grundgedanken: „Zur Kritik der politischen Ökonomie". Mit der Detail-Ausführung des Gesamtplans jedoch noch unzufrieden, begann er erneut mit seiner Arbeit. Als Folge erschien der erste der drei Bände seines Hauptwerks **„Das Kapital"** 1867, die Bände zwei und drei veröffentlichte Engels erst nach dem Tode von Marx.

IAA
Während seiner Arbeit am Kapital wurde Marx gleichzeitig auch wieder in der Arbeiterbewegung aktiv. 1864 beteiligte er sich federführend an der Gründung und Gestaltung der Internationalen Arbeiter-Assoziation (IAA), der so genannten Ersten Internationale. Er entwarf die Statuten und das grundlegende Programm, die „Inauguraladresse der Internationalen Arbeiter-Assoziation", unter denen so disparate Sektionen wie deutsche Kommunisten, englische Gewerkschafter und französische Proudhonisten zusammenwirkten. Im Zusammenhang mit Deutschland stand für Marx immer die Gründung einer revolutionären sozialistischen Partei im Vordergrund. Dies gelang mit der von Wilhelm Liebknecht

SPD
1869 gegründeten „Sozialdemokratischen Arbeiterpartei", welche sich 1875 mit

den Lassalleianern zur „Sozialistischen Arbeiterpartei Deutschlands" vereinigte,
der späteren „Sozialdemokratischen Partei Deutschlands" (SPD). Auch nach der
Auflösung der Ersten Internationale 1876 blieb Marx in Kontakt mit fast allen
europäischen und amerikanischen Arbeiterbewegungen.

Marx wird als Mensch voller Widersprüche beschrieben. Charaktereigenschaften wie Ehrgeiz, Strebsamkeit, Fleiß und ein an Hochmut grenzendes Selbst-
bewusstsein sollen ebenso Teil seiner Persönlichkeit gewesen sein, wie das
Mitgefühl für leidende Menschen, die Liebe zu seinen Kindern und zu seiner
Frau. Er war bewandert in den Bereichen der klassischen Antike, der englischen,
französischen, spanischen, deutschen und später auch russischen Literatur. Entsprechend seiner hohen philosophischen und volkswirtschaftlichen Bildung
fehlte es ihm an gleichwertigen Gesprächspartnern, auch Engels schloss er dabei
nicht aus. Seine Tochter Eleanor beschreibt ein anderes Bild. Für sie waren seine
grenzenlos gute Laune, seine Sympathie, seine Güte, seine Geduld und der lie-
bevolle Umgang mit Kindern seine wichtigsten Charaktereigenschaften. Interessant aus der heutigen Sicht ist folgende Anekdote: „Mehrfach ist von Marx
berichtet worden, dass er sich Ende der 1870er Jahre von den französischen so
genannten ‚Marxisten' distanzierte, die Engels als diejenigen verspottete, denen
die materialistische Geschichtsauffassung nur als Vorwand diene, ‚Geschichte
nicht zu studieren.'

Marx wollte auf keinen Fall mit diesen in Verbindung gebracht werden und
legte wert auf die Feststellung: ‚Ich kann nur eins sagen, dass ich kein Marxist
bin!'" (Aus: Anekdoten von Karl Marx, S. 101).

Die Zeit nach 1876 wurde durch die Kränklichkeit Marx geprägt, die ihn auch
daran hinderte, sein Hauptwerk zu vollenden. Bereits 1881 starb seine Frau
Jenny Marx, 1883 die gleichnamige Tochter. Die beiden ihn überlebenden
Töchter beendeten ihr Leben durch Freitod. Marx selbst verstarb am 14. März
1883 im Alter von 64 Jahren in London. Das als Hauptwerk angesehene
„Kapital", dessen erster Band 1867 erschien, beruht nicht zuletzt auf einem
Artikel von Engels in den Deutsch-Französischen Jahrbüchern von 1844, den
„*Umrisse[n] zu einer Kritik der Nationalökonomie*". Die Bände zwei und drei
des *Kapitals* wurden erst posthum von Engels aus den Manuskripten von
Marx zusammengestellt. Auf dem Gedenkstein, den die Kommunistische Partei Großbritanniens 1954 auf dem „Highgate Cemetery" errichtete, ist über-
setzt zu lesen: **„Arbeiter aller Länder vereinigt Euch!"**

Seitenrandspalte:

Charakter-
eigenschaften

Kein Marxist

Hauptwerk

8.2 Wissenschaftliches Vermächtnis

Eine Beurteilung des wissenschaftlichen Vermächtnisses von Marx muss sich
verschiedenen Problemen stellen. Zum einen ist eine exakte Abgrenzung des
Marxschen Werkes durch eine sich gegenseitig beeinflussende Zusammenarbeit mit Friedrich Engels kaum möglich.

Wissenschaftli-
cher Sozialismus
Zum anderen lässt sich das Marxsche Werk nur bedingt von den mit ihm ver-
bundenen politischen Wirkungen trennen. Mit der Verknüpfung der Analyse
von Kapitalismus und der Ausarbeitung eines von Engels später so propagierten **„Wissenschaftlichen Sozialismus"** polarisierte das Marx'sche Werk in
seiner späteren dogmatisierten Form die Diskussion und bildete eine wesentliche legitimative Grundlage der sozialistischen Staaten. Hier wurde in ihm der
„geniale Wissenschaftler und Revolutionär der Arbeiterklasse" (Lange 1982)
gesehen und Marx als Messias einer materialistischen, scheinbar wissenschaftlich gestützten Eschatologie gefeiert, während im Gegenzug seine Thesen als höchstens historisch interessant, aber allesamt als widerlegt und „nicht
nur unförmig aufgebläht, sondern auch in eine unnötig komplizierte sprachli-
che Form gekleidet" erlebt wurden (Löw 1982). Letztere Sicht wird durch
eine nur als rüde zu bezeichnende „Abrechnung" mit seinen wissenschaftlichen Vorgängern durch Marx in seinen Werken selbst verstärkt. Das Bekennt-
nis zu oder gegen Marx bildete nun ein wesentliches Element des Kalten
Krieges und auch die Wiederentdeckung Max Webers in der Bundesrepublik
vollzog sich nicht zuletzt unter der Prämisse der Aufstellung eines bürgerlichen Gegenpols.

Grenzen
Hinzu kommt eine Umfänglichkeit der betrachteten Probleme, welche einer
Analyse des Marxschen Werkes an dieser Stelle zwingend Grenzen setzen
muss. Nicht berücksichtigt werden kann die für das Verständnis von Marx
wichtige Phase seiner Auseinandersetzung mit der neuhegelianischen Philosophie, seiner zugrunde liegenden dialektischen Methode und einem mit Gesetz-
mäßigkeit ausgestattetem Geschichtsbild. Die Analyse des wissenschaftlichen
Vermächtnisses beschränkt sich deshalb auf die als wesentlich angesehenen
Werke „Das Kapital" und das aus politischer Sicht bedeutsame „Manifest".

Das Kapital. Kritik der politischen Ökonomie

Erste Roh-
entwürfe
Bereits 1857/58 entstanden erste Rohentwürfe für eine Kritik der politischen
Ökonomie, mit dem Ziel, in sechs Bänden grundlegende Kategorien der kapitalistischen Gesellschaft herauszuarbeiten: das Kapital, das Grundeigentum,
die Lohnarbeit, den Staat, den Außenhandel und den Weltmarkt. Vorausgegan-
gen waren die fragmentarischen Arbeiten *„Bastiat und Carey"* und die so
genannte *„Einleitung"* (beide 1857). Elemente dieser Entwürfe finden sich
aber auch zum Beispiel in den *„Ökonomisch-philosophischen Manuskripten"*
oder den *„Umrissen zu einer Kritik der Nationalökonomie"* aus dem Jahre
1844. 1867 erschien schließlich Band 1 des Kapitals mit dem Titel „Der Pro-
duktionsprozeß des Kapitals". Die Bände 2 („Der Zirkulationsprozeß des
Kapitals" 1893) und 3 („Der Gesammtprocess der kapitalistischen Produktion") wurden posthum veröffentlicht. Das *„Kapital"* und hier insbesondere
Band 1 zählt bis heute zu den meistverkauften und meistdiskutierten Werken
weltweit.

Ziel der Darstellung war die Analyse und Kritik der als Kapitalismus gekennzeichneten Gesellschaft und gleichzeitig der in ihr betriebenen Nationalökonomie als wissenschaftliche Fachrichtung.

Marx beginnt die Analyse der kapitalistischen Gesellschaft mit der Analyse des sie bestimmenden Grundelementes, der **Ware**. In ihr ist der geplante Gesellschaftsentwurf bereits im Ansatz enthalten, sie bildet das Atom, auf das sich Kapitalismus reduzieren lässt. Dies mag in seiner Absolutheit zum Beispiel einer modernen systemischen Sichtweise nicht genügen birgt aber als Analyseinstrument ein hohes wissenschaftliches Potenzial.

Ware ist dabei für Marx jedes irgend geartete Ding, das aufgrund von ihm innewohnenden Eigenschaften ein menschliches Bedürfnis befriedigen kann. Waren besitzen deshalb einen an dieser Fähigkeit und nur an ihr zu messenden **Gebrauchswert**. Konsum ist die Nutzung des Gebrauchswertes der Waren. Demgegenüber stellt sich der **Tauschwert** der Ware als eine relative Koordinate dar, welche sich ursprünglich aus dem Verhältnis der Gebrauchswerte ermessen lies. Der Tauschwert einer Ware verselbständigt sich nun im Austausch mit anderen Waren. Er ermöglicht den Vergleich nicht vergleichbarer Warenwerte und erlaubt den Zugriff auf in ihr steckende Arbeit. Dinge, welche nur der eigenen Befriedigung dienen, sind damit zwar Gebrauchswert, aber keine Ware. Erst im Tausch offenbart sich der Warencharakter, indem der Tauschwert bestimmt wird. Dinge ohne irgendeinen gearteten Gebrauchswert besitzen somit auch keinen Tauschwert.

Gebrauchswert

Tauschwert

Eine Größe für den Tauschwert stellt die im Produktionsprozess der Ware befindliche **Arbeit** dar. Gemeint ist hier jedoch nicht die individuelle Arbeit, sondern die in der Ware steckende durchschnittliche, von Marx einfache Durchschnittsarbeit genannt. Diese kann man innerhalb von Gesellschaften theoretisch ermitteln und sie dient als grundlegendes Maß für Arbeit. Steigt die Produktivkraft innerhalb der Gesellschaft, so steigt damit nicht automatisch der Tauschwert der repräsentierten Arbeit, wohl aber der produzierte Gebrauchswert der hergestellten Warengüter pro Arbeit. Mit dem Tausch von Waren entwickelt sich dann – schon aus Gründen der Vereinfachung – eine besondere Warengattung, die Äquivalentform, heraus, die ein gegenseitiges Gewichten der einzelnen Tauschwaren vereinfacht. Diese als Äquivalentform genutzte Ware, zum Beispiel Gold, entwickelt sich in einem Rationalisierungsprozess zum **Geld**, einem letztendlich abstrakten Wertmaß. Menschliche Arbeit tritt nun in Form eines abstrahierten Tauschwertes auf. Gleichzeitig stellt Geld auch ein Äquivalent für den Preis dar, welcher sich vom Wert unterscheiden kann. Auch der Preis der Ware ist ein Äquivalent der in der Ware steckenden Arbeit. Er unterliegt jedoch auch anderen Einflussfaktoren. Schließlich besitzen ebenso nicht durch Arbeit produzierte Dinge einen Preis und werden somit zur handelbaren Ware; kein Objekt mit Gebrauchswert kann sich um eine Einordnung in diese Äquivalenz drücken, nicht Ehre, nicht Loyalität oder beispielsweise Liebe.

Arbeit

Nutzen des
Geldes

Der Nutzen des Geldes liegt nun in seiner Eigenschaft als Basis für den Warentausch. Da es einen äquivalenten Wert zum Warenwert darstellt, kann es gegen jedes tauschbare Objekt gehandelt werden. Es dient als Mittler zwischen nichtvergleichbaren Waren, fördert die Warenzirkulation und ermöglicht erst einen nicht am persönlichen Gebrauchswert hängenden Handel. Der so klassische Warentausch lautet Ware gegen Geld und wieder gegen Ware. Gleichzeitig bildet sich aber ein zweiter Kreislauf heraus: Geld gegen Ware gegen Geld. Nun stellen beide Kreisläufe nur Teilketten eines Tauschhandels dar und man könnte meinen, dies sei eine nur technische Gewichtung. Dem ist allerdings nicht so. Bedeutet der erste Tauschabschnitt die Herstellung von Waren mit dem Ziel der Bedürfnisbefriedigung durch eingetauschte Waren, so legt der zweite Kreislauf das Gewicht auf die Vermehrung des Geldes an sich – und nur solche Kreisläufe, in denen die Geldsumme am Ende größer ist, erscheinen hier als sinnvoll. Legt eine Gesellschaft bewusst den Fokus auf diesen Aspekt des Geldkreislaufs, ordnet hier also den höheren Wert zu, wandelt sich das Geld zu **Kapital**, wird aus dem Geldbesitzer der typische Kapitalist und dient der Kreislauf nicht mehr der Bedürfnisbefriedigung, sondern nur noch dem Selbstzweck.

Arbeitsmarkt

Marx erkannte die logischen Probleme dieser Argumentation. Aus sich heraus kann es nicht zu einem Wertzuwachs innerhalb des Kreislaufes kommen. Den Ausweg aus diesem Problem sah Marx im Arbeitsmarkt. Hier ist der als doppeltfrei charakterisierte Arbeiter – frei seine Arbeitskraft zu verkaufen und frei von Besitz an lebenssichernden Waren als Folge eines historischen Prozesses – Teil eines Kontraktes mit dem Kapitalbesitzer. Dieser kauft die Arbeit gegen das Äquivalent einer täglichen Erhaltung der Arbeitskraft des Arbeiters ein. Jedoch schafft dieser die Produktion der kostendeckenden Gebrauchswerte in einem Teil der verkauften Zeit. Danach wandelt sich der Wertbildungsprozess zum Verwertungsprozess, es wird Mehrwert produziert. Für Marx ein besonderes Glück für den Käufer der Arbeitskraft, aber durchaus kein Unrecht gegen den Verkäufer. Dies geschieht innerhalb der Warenzirkulation, durch den Kauf der Arbeitskraft und gleichzeitig aber auch außerhalb, da der Verwertungsprozess Teil der Produktion ist. Kapital ist also ein „sich selbst verwertender Wert".

Aufbauend auf diese Beobachtung folgt nun die Analyse von Kapitalformen (konstant und variabel) und der Begriffsbestimmung der Mehrwertrate als das Verhältnis von Mehr- zu notwendiger Arbeit – kurz: das begriffliche Instrumentarium um ein dynamisches System des Kapitalismus zu kreieren.

Konkurrenz

Einen wesentlichen Eckpfeiler bildet dabei die Konkurrenz, in welchen sich Produzenten in ihrem Bestreben der Kapitalgewinnung durch Produktion und Handel von bedürfnisbefriedigenden Gebrauchsgütern und einem begrenzten Markt automatisch befinden. Kombiniert man dies mit dem Bestreben, die Mehrwertsrate zu steigern, so kann man folgende Tendenzen prognostizieren: die Akkumulation von Kapital in den Händen weniger und damit die Polarisation der Gesellschaft und eine Steigerung von Arbeitsproduktivität und -intensität. In Bezug auf die Steigerung der Produktivität stellt neben der Verlängerung der Arbeitszeit und dem Drücken des Preises für Arbeit unter ihren Wert die Mechanisierung ein wesentliches Moment der Entwicklung dar. In ihrer Folge sinkt der Anteil der Beschäftigten und der gleichzeitig vorhandene Überfluss am Arbeitsmarkt wirkt sich wieder auf die Preissetzung für Arbeit aus. Trotzdem sinkt, so Marx, der Mehrwert bezogen auf das gesamte eingesetzte Kapital, da mit dem Ersatz von mehrwertfähiger menschlicher Arbeit das Verhältnis von eingesetztem Kapital zum erwirtschafteten Mehrwert steigt. Alle bürgerlichen ökonomischen Theorien würden sich letztlich nur mit der Lösung dieses letztlich unlösbaren Problems beschäftigen und deshalb scheitern. Folgen dieser prinzipiellen Unlösbarkeit wären strukturelle Krisen, welche innerhalb des Systems nicht vollständig zur Auflösung gebracht werden könnten. Das Modell einer kapitalistischen Gesellschaft sei deshalb tendenziell instabil und mit der Konsequenz eines naturwissenschaftlichen Gesetzes erreiche die Zentralisation der Produktionsmittel und die Vergesellschaftung der Arbeit den Punkt, an dem sie unverträglich mit der kapitalistischen Hülle werden, welche dann gesprengt würde.

Die wenigen im Konkurrenzkampf übrig gebliebenen Kapitaleigner würden dann selbst durch die Arbeiter enteignet werden, da sie dann ein Hemmnis der Produktion darstellen würden. Der ansonsten häufig vorkommende Begriff Revolution fällt in diesem Zusammenhang allerdings nicht explizit und es werden auch keine Patentrezepte zur Lösung des Problems gegeben. Ebenso wenig wird Kapitalismus als Verschwörung Weniger, also als Dichotomie von Gut und Böse begriffen, denn auch der Kapitalist sieht sich denselben Gesetzen untergeordnet wie der Arbeiter. Er besitzt vereinfacht nur die Wahl zwischen „Abstieg" oder der erfolgreichen Bewältigung des Konkurrenzkampfes durch Akkumulation.

Revolution

Interessanterweise bietet dieses Modell, wenn man es von seinem Absolutheitsanspruch befreit hat, gerade in der von Marx erlebten Wirklichkeit, aber auch als Analysemittel zum Beispiel in der Beobachtung von Globalisierungsprozessen immer noch genügend Anreize zu seiner kritischen Verwendung und kann in Kombination mit der Weberschen Kapitalismusthese Wirkung in der Bildung von Erklärungsmustern für eine historische Beschreibung des europäischen Kapitalismus zeigen. Und nicht zuletzt besitzt die Auseinandersetzung mit der als zwingend angesehenen Tendenz der Aneignung des Mehrwerts durch Wenige ein zutiefst verantwortliches Moment, das auf eine nur im Formalen zu vollziehende Trennung von Wissenschaft und Politik hinweist. Und schließlich wird der als Nationalökonom klassifizierte Marx auf Grund seiner Gesellschaftsanalyse auch von der modernen Soziologie neben Weber und Durkheim zu deren Gründervätern gezählt.

Historische Beschreibung des europäischen Kapitalismus

Das Manifest der Kommunistischen Partei

Parteiprogramms
Der 1847 in London abgehaltene Kongress des vom Anspruch her internationalen, geheimen Bundes der Kommunisten beauftragte Karl Marx und Friedrich Engels mit der Ausarbeitung eines theoretisch fundierten Parteiprogramms. Es erschien 1848 in London in deutscher Sprache und wurde bald darauf auch in andere Sprachen übersetzt. Die Bedeutung des Manifestes liegt in seiner Zielgruppe. Es stellt das erste in Allgemeinsprache aber gleichzeitig zumindest vom Anspruch her wissenschaftlich konzipierte Programm der kommunistischen Parteien dieser Welt dar, das nachweislich auch entsprechend dieser selbstgestellten Aufgabe kommuniziert wurde. Es nimmt dabei wesentliche Elemente des Kapitals in einer vereinfachten, programmatischen Form vorweg und formuliert im Gegensatz zum Kapital aber in seiner Aufgabe als Parteiprogramm die politischen Ziele und Mittel des Proletariats im Klassenkampf.

Bourgeois und Proletarier
Das Manifest selbst gliedert sich in vier Abschnitte. Im ersten Abschnitt „Bourgeois und Proletarier" erfolgt nach der Feststellung der Existenz einer kommunistischen Bewegung eine historische Analyse der bisherigen als Klassengesellschaften charakterisierten sozialen Ordnungen mit der Erkenntnis, die Geschichte der bisherigen Gesellschaften sei eine Geschichte der Klassenkämpfe. Diese seien prinzipiell den Stufungen von Geschichte entsprechend zu unterscheiden, ihnen gemein sei jedoch ein wesentliches Klassifizierungsmerkmal, das in der rational gestalteten bürgerlichen Gesellschaft mit ihren immensen und geradezu revolutionären wirtschaftlichen Entwicklungen am deutlichsten hervortrete: der Besitz an Produktionsmitteln. Der Übergang zwischen diesen Gesellschaftsordnungen sei dabei stets revolutionär. Mit der Herausbildung und dem Zusammenwachsen der Bourgeoisie als ökonomischer Klasse entstehe damit auch die Notwendigkeit der Einigung des Proletariats für den bevorstehenden Klassenkampf. Ziel dieses Kampfes ist die gewaltsame Enteignung der Bourgeoisie in einer proletarischen Revolution. Mittel zum Zweck ist die Assoziation der Arbeiter.

Proletarier und Kommunisten
Der zweite Abschnitt „Proletarier und Kommunisten" beschreibt die Stellung der Kommunisten innerhalb der Arbeiterklasse. Dabei bildeten diese keine besondere Partei, sondern nur die Entschiedensten, die Ersten unter Gleichen, welche sich aufgrund der rigorosen Unterordnung unter die Gesamtziele der Arbeiterklasse und die Anerkennung der historischen Aufgabe kennzeichnen würden. Ziel sei nicht die Zerstörung der Gesellschaft an sich, sondern die Zerstörung der bürgerlichen Gesellschaft. Bürgerliche Freiheiten, wie die Religionsfreiheit, stellen für das Manifest nur die Freiheit zu deren gegenseitigen Konkurrenz dar. Die bürgerliche Aufhebung von Beschränkungen entfällt, da wiederum klassifizierende Schranken prinzipiell abgeschafft werden sollen. Dies betrifft beispielsweise die Stellung der Frau, welche in ihrer Rolle als gleichberechtigte Arbeiterin anerkannt wird. Folge sei die Auflösung der bürgerlichen Familie mit der ihr typischen Rollenverteilung der Geschlechter. Für die damalige Zeit war dies allein schon ein revolutionärer Schritt. Ziel der kommunistischen Assoziation sei

die Ablösung der bürgerlichen Eigentumsverhältnisse in einem durchaus als „ökonomisch unzureichend und unhaltbar" scheinenden Prozess, welcher dann in der Aufhebung der Klassengegensätze und damit der sozialen Ungerechtigkeit gipfele.

Im dritten Abschnitt „Sozialistische und kommunistische Literatur" erfolgt die programmatische Abgrenzung zu konkurrierenden sozialistischen Modellen, ein vierter Abschnitt behandelt die „Stellung der Kommunisten zu den verschiedenen oppositionellen Parteien". Dies betrifft beispielsweise in Deutschland ein als möglich erachtetes Zweckbündnis mit bürgerlichen Parteien gegen 1848 noch vorhandene feudale Strukturen. *Sozialistische und kommunistische Literatur*

Das Werk schließt mit dem als Motto für die Kommunistischen Parteien übernommenen „Proletarier aller Länder, vereinigt euch!" *Proletarier aller Länder, vereinigt euch*

8.3   Textbeispiele

Aus dem Jahre 1845 sind die so genannten „Thesen über Feuerbach" überliefert, in denen sich ein wichtiger Grundsatz marxscher Weltsicht und der Grundlage einer Verknüpfung von wissenschaftlicher Analyse und Politik findet. *Thesen über Feuerbach*

2. Die Frage, ob dem menschlichen Denken gegenständliche Wahrheit zukomme – ist keine Frage der Theorie, sondern eine *praktische* Frage. In der Praxis muß der Mensch die Wahrheit, i.e. Wirklichkeit und Macht, Diesseitigkeit seines Denkens beweisen. Der Streit über die Wirklichkeit oder Nichtwirklichkeit des Denkens – das von der Praxis isoliert ist – ist eine rein *scholastische* Frage.

8. Alles gesellschaftliche Leben ist wesentlich praktisch. Alle Mysterien, welche die Theorie zum Mystizism[us] veranlassen, finden ihre rationelle Lösung in der menschlichen Praxis und in dem Begreifen dieser Praxis.

11. Die Philosophen haben die Welt nur verschieden *interpretiert*, es kommt drauf an, sie zu *verändern*.

Aus dem Manifest der Kommunistischen Partei von 1848 *Manifest*

Ein Gespenst geht um in Europa – das Gespenst des Kommunismus. Alle Mächte des alten Europa haben sich zu einer heiligen Hetzjagd gegen dies Gespenst verbündet, der Papst und der Zar, Metternich und Guizot, französische Radikale und deutsche Polizisten.

Wo ist die Oppositionspartei, die nicht von ihren regierenden Gegnern als kommunistisch verschrien worden wäre, wo die Oppositionspartei, die den fortgeschritteneren Oppositionsleuten sowohl wie ihren reaktionären Gegnern den brandmarkenden Vorwurf des Kommunismus nicht zurückgeschleudert hätte? Zweierlei geht aus dieser Tatsache hervor.

Der Kommunismus wird bereits von allen europäischen Mächten als eine Macht anerkannt.

Es ist hohe Zeit, daß die Kommunisten ihre Anschauungsweise, ihre Zwecke, ihre Tendenzen vor der ganzen Welt offen darlegen und dem Märchen vom Gespenst des Kommunismus ein Manifest der Partei selbst entgegenstellen. [...]

Das Proletariat wird seine politische Herrschaft dazu benutzen, der Bourgeoisie nach und nach alles Kapital zu entreißen, alle Produktionsinstrumente in den Händen des Staats, d.h. des als herrschende Klasse organisierten Proletariats zu zentralisieren und die Masse der Produktionskräfte möglichst rasch zu vermehren.

Es kann dies natürlich zunächst nur geschehen vermittelst despotischer Eingriffe in das Eigentumsrecht und in die bürgerlichen Produktionsverhältnisse, durch Maßregeln also, die ökonomisch unzureichend und unhaltbar erscheinen, die aber im Lauf der Bewegung über sich selbst hinaustreiben und als Mittel zur Umwälzung der ganzen Produktionsweise unvermeidlich, sind.

Diese Maßregeln werden natürlich je nach den verschiedenen Ländern verschieden sein.

Für die fortgeschrittensten Länder werden jedoch die folgenden ziemlich allgemein in Anwendung kommen können:

1. Expropriation des Grundeigentums und Verwendung der Grundrente zu Staatsausgaben.

2. Starke Progressivsteuer.

3. Abschaffung des Erbrechts.

4. Konfiskation des Eigentums aller Emigranten und Rebellen.

5. Zentralisation des Kredits in den Händen des Staats durch eine Nationalbank mit Staatskapital und ausschließlichem Monopol.

6. Zentralisation des Transportwesens in den Händen des Staats.

7. Vermehrung der Nationalfabriken, Produktionsinstrumente, Urbarmachung und Verbesserung der Ländereien nach einem gemeinschaftlichen Plan.

8. Gleicher Arbeitszwang für alle, Errichtung industrieller Armeen, besonders für den Ackerbau.

9. Vereinigung des Betriebs von Ackerbau und Industrie, Hinwirken auf die allmähliche Beseitigung des Unterschieds von Stadt und Land.

10. Öffentliche und unentgeltliche Erziehung aller Kinder. Beseitigung der Fabrikarbeit der Kinder in ihrer heutigen Form. Vereinigung der Erziehung mit der materiellen Produktion usw.

Marx über den Verkauf der Arbeit in „Das Kapital", Bd. 1, 6. Abschn. Kap. 17.   Das Kapital

Auf der Oberfläche der bürgerlichen Gesellschaft erscheint der Lohn des
Arbeiters als Preis der Arbeit, ein bestimmtes Quantum Geld, das für ein
bestimmtes Quantum Arbeit gezahlt wird. Man spricht hier vom Wert der
Arbeit und nennt seinen Geldausdruck ihren notwendigen oder natürlichen
Preis. Man spricht andrerseits von Marktpreisen der Arbeit, d.h. über oder
unter ihrem notwendigen Preis oszillierenden Preisen.

Aber was ist der Wert einer Ware? Gegenständliche Form der in ihrer Produktion verausgabten gesellschaftlichen Arbeit. Und wodurch messen wir die
Größe ihres Werts? Durch die Größe der in ihr enthaltnen Arbeit. Wodurch
wäre also der Wert z.B. eines zwölfstündigen Arbeitstags bestimmt? Durch
die in einem Arbeitstag von 12 Stunden enthaltenen 12 Arbeitsstunden, was
eine abgeschmackte Tautologie ist.(21)

Um als Ware auf dem Markt verkauft zu werden, müßte die Arbeit jedenfalls existieren, bevor sie verkauft wird. Könnte der Arbeiter ihr aber eine
selbständige Existenz geben, so würde er Ware verkaufen und nicht Arbeit.

Von diesen Widersprüchen abgesehn, würde ein direkter Austausch von
Geld, d.h. vergegenständlichter Arbeit, mit lebendiger Arbeit entweder das
Wertgesetz aufheben [...] oder die kapitalistische Produktion selbst aufheben, welche grade auf der Lohnarbeit beruht. Was dem Geldbesitzer auf
dem Warenmarkt direkt gegenübertritt, ist in der Tat nicht die Arbeit, sondern der Arbeiter. Was letztrer verkauft, ist seine Arbeitskraft. Sobald seine
Arbeit wirklich beginnt, hat sie bereits aufgehört, ihm zu gehören, kann also
nicht mehr von ihm verkauft werden. Die Arbeit ist die Substanz und das
immanente Maß der Werte, aber sie selbst hat keinen Wert.

Im Ausdruck: "Wert der Arbeit" ist der Wertbegriff nicht nur völlig ausge-
löscht, sondern in sein Gegenteil verkehrt. Es ist ein imaginärer Ausdruck,
wie etwa Wert der Erde. Diese imaginären Ausdrücke entspringen jedoch
aus den Produktionsverhältnissen selbst. Sie sind Kategorien für Erschei-
nungsformen wesentlicher Verhältnisse. Daß in der Erscheinung die Dinge
sich oft verkehrt darstellen, ist ziemlich in allen Wissenschaften bekannt,
außer in der politischen Ökonomie.

8.4   Weiterführende Literatur

Die Werke von Karl Marx und Friedrich Engels sind in der 43-bändigen Ausgabe Marx-Engels-Werke (MEW), den so genannten Blauen Bänden des Dietz-Verlages editiert. Wesentliche Werke dieser Ausgabe sind im Internet unter der URL http://www.mlwerke.de/ digital einzusehen. Eine neuere, bisher unvollständige Ausgabe stellt die Marx-Engels-Gesamtausgabe (MEGA²) mit aktuell geplanten 114 Bänden dar, deren Edition mittlerweile der Berliner Akademie-Verlag besorgt.

Eine fortlaufend aktualisierte Literaturliste, welche den Zeitraum ab 1997 abdeckt, findet sich beispielsweise auf der Website des Berliner Vereins zur Förderung der MEGA-Edition e.V. (www.marxforschung.de) und im Biographisch-Bibliographischen Kirchenlexikon (www.bautz.de) unter dem Stichwort „MARX, Karl Heinrich".

- Fetscher, Iring: Marx, Freiburg 1999

- Giel, Christiane; Giel, Volker (Hrsg.): Ich kann nur eins sagen, daß ich kein Marxist bin. Anekdoten von Karl Marx, Berlin 1999

- Kurz, Robert: Marx lesen. Die wichtigsten Texte von Karl Marx für das 21. Jahrhundert, Frankfurt/M. 2006

- Marx, Karl Heinrich. Deutscher Ökonom, Philosoph und Politiker. In: Hesse, Helge: Ökonomen-Lexikon. Unternehmer, Politiker und Denker der Wirtschaftsgeschichte in 600 Porträts, Düsseldorf 2003, S. 221-223

- Müller, Anja: Die Bibel des Proletariats. Karl Marx: Das Kapital – Kritik der Politischen Ökonomie. In: Herz, Wilfried: Zeit-Bibliothek der Ökonomie: Die Hauptwerke der wichtigsten Ökonomen, Stuttgart 2000, S. 33-39

- Oishi, Takahisa: The Unknown Marx: Reconstructing a Unified Perspective, London, Sterling 2001

- Robeck, Johannes: Marx, Leipzig 2006

- Skousen, Mark: The Big Three in Economics: Adam Smith, Karl Marx and John Maynard Keynes, Armonk, New York, London 2007

- Starbatty, Joachim: Weltgeschichte mit Heilsplan. In: Piper, Nikolaus: Die großen Ökonomen. Leben und Werk der wirtschaftswissenschaftlichen Vordenker, 2. Aufl., Stuttgart 1996, S. 211 – 217

8.5   Internetquellen

- Glanz @ Elend: Magazin für Literatur und Zeitkritik: Karl Marx und Friedrich Engels in Zitaten, URL: http://www.glanzundelend.de/auswahl/marx-engelszitate.htm

- Karl-Marx-Forum (incl. Lexikon), URL: http://www.marx-forum.de/

- LeMO: Lebendiges virtuelles Museum Online: Karl Marx, Philosoph, Nationalökonom und Journalist, URL: http://www.dhm.de/lemo/html/biografien/MarxKarl/

- Marx-Gesellschaft e.V., URL: http://www.marx-gesellschaft.de/

- Marxists' Internet Archive, URL: http://marxists.catbull.com/

- Karl Marx: Das Kapital, Kurzfassung aller drei Bände, 2. verb. Aufl. Kommentiert und zusammengefasst von Wal Buchenberg (Audiobook, MP3/Ogg Vorbis), URL: http://www.archive.org/details/Marx-Kapital.

Bildquelle

http://www.dhm.de/lemo/objekte/pict/puck123/index.html

9 Marie-Ésprit Léon Walras (1834 – 1910)

Begründer der Nutzentheorie

9.1   Lebensweg

Normandie

Marie-Ésprit Léon Walras, so sein korrekter Name, war eine schillernde Persönlichkeit. In Evreux, in der Normandie, geboren, wuchs er in jungen Jahren durch die beruflichen Veränderungen seines Vaters in verschiedenen nordfranzösischen Städten und in Paris auf. Das unstete Leben wurde durch die Karriere des Vaters bestimmt, der es vom Lehrer bis zu einer Professur für Philosophie brachte. Gleichzeitig war dieser auch Autor mehrerer ökonomischer Werke.

Ecole Politechnique

Nach dem Besuch einer Volksschule in Caen und dem erfolgreichen Besuch des Gymnasiums in Douaie (beide Städte in der Normandie) bewarb sich Walras bei der angesehenen natur- und ingenieurwissenschaftlichen Hochschule „Ecole Politechnique" in Paris.

Ausgerechnet Mathematik, das Sachgebiet, das er später als Wirtschaftswissenschaftler souverän anwendete, wurde ihm zum Verhängnis: zweimal fiel er durch die Aufnahmeprüfung durch.

Idealist

Wie William Jaffé, der Biograph Léon Walras, herausfand, war der junge Walras ein Idealist, der hohe Ansprüche an die Menschheit stellte. Das machte ihn empfänglich für die Ideen der 1848er Revolution im Hinblick auf soziale Gerechtigkeit. Walras liebäugelte zunächst mit dem utopischen Sozialismus **Henri de Saint-Simons (1760 – 1825)**. Als man ihn allerdings aufforderte, sich dieser Bewegung anzuschließen, verweigerte er seine Zustimmung, weil er sich gegängelt fühlte. Er begründete seine Ablehnung damit, dass dieser Sozialismus zu unwissenschaftlich sei.

Paris

Im Paris jener Zeit war der „Nachhall der Revolution von 1848" noch deutlich zu spüren: Konventionen wurden gebrochen oder über Bord geworfen. Walras las Baudelaires, den ersten Dichter des modernen großstädtischen Individuums. Er war fasziniert vom Glanz und Elend des modernen Paris, ließ sich einen Bart wachsen und trug schulterlanges Haar. Nach dem Scheitern bei der Aufnahmeprüfung bewarb sich Walras an der „Ecole des Mines" in Paris, um ein Ingenieurstudium aufzunehmen. Er merkte sehr schnell, dass ihm das Ingenieurwesen nicht lag. Er vernachlässigte sein Studium und wandte sich der Literatur, Philosophie, Kunst- und Literaturkritik sowie der Wirtschafts- und Sozialwissenschaft zu. Durch dieses „Studium Universale" verkehrte Walras in intellektuellen Kreisen in Paris. Er versuchte sich auch als Romanautor. In dieser Phase schwankte er zwischen einer Zukunft als gesellschaftskritischer Schriftsteller oder Wissenschaftler.

Wenig gute Wirtschaftswissenschaftler

Die Abkehr ihres Sohnes von der Bergbauwissenschaft behagte Walras' Eltern überhaupt nicht. Der Vater konnte ihn schließlich zur Wissenschaft überreden: das väterliche Argument, es gebe genug Literaten, aber wenig gute Wirtschaftswissenschaftler, konnte Walras überzeugen. In gewisser Weise setzte er die väterlichen mit mathematischem Akzent geschriebenen ökonomischen Arbeiten fort (Walras Senior war ein Klassenkamerad von Cournot, dessen Name unauslöschlich mit der Preisbildung im Monopol verbunden ist). Walras versuchte zwischen 1859 und 1862 mit journalistischen ökonomischen Veröffentlichungen, u.a. im „Journal Economique", seinen Lebensunterhalt zu verdienen.

Mit einem kritischen Aufsatz über Proudhon (Proudhon vertrat sozialistische Ideen und beeinflusste später die Anarchisten) nahm Walras 1860 an einem Wettbewerb beim internationalen Steuerkongress in Lausanne teil und gewann den 4. Preis. Immerhin brachte ihm dies in der Fachwelt einige Aufmerksamkeiten ein.

Steuerkongress in Lausanne

Insgesamt hatte er aber wenig Glück mit seinen Veröffentlichungen. Seine mathematisch ausgerichteten Publikationen passten nicht in das Denken jener Zeit. Sämtliche französischen Lehrstühle für Wirtschaftswissenschaften waren mit orthodoxen Ökonomen besetzt und beeinflussten auch die Redaktionen von Fachzeitschriften (die Professoren verstanden Nationalökonomie als Teilgebiet der Politikwissenschaft).

Das Denken jener Zeit

Seit 1859 lebte Walras mit Célestine Aline Terbach „in wilder Ehe". Sie teilten sich aus finanziellen Gründen ein winziges Apartment. Erst 1869 ehelichte er seine Lebenspartnerin. Vom 1863 geborenen Zwillingspärchen überlebte nur Marie Aline. Nach der Hochzeit mit Célestine adoptierte Walras ihren Sohn George aus einer vorherigen unehelichen Beziehung.

Walras' wirtschaftliche Situation war nicht rosig. Seine Familie hatte wenig Geld. So versuchte er sich in jedem Beruf, der sich ihm anbot. Walras' Vater kannte den Sohn von **Jean-Baptiste Say** (**Say'sche Theorem**: „Jedes Angebot schafft sich seine eigene Nachfrage"; klassische Kernaussage der Neoliberalen), Horace Say, der Walras einen Posten in der Verwaltung der Eisenbahngesellschaft „Chemin de Fer du Nord" verschaffte. Später wurde er Mitglied im Direktorium einer Bank, musste aber nach deren Konkurs als Sekretär in eine Privatbank überwechseln.

Verwaltung der Eisenbahngesellschaft

1870 wurde Walras der Lehrstuhl für Politische Ökonomie an der Universität des Kantons Waadt (Vaud) in der Kantonshauptstadt Lausanne angeboten. Man erinnerte sich an seinen Wettbewerbsbeitrag von 1860. Die Bezahlung war allerdings eher schlecht. Deshalb gab Walras Privatunterricht, um sein Gehalt aufzubessern. Seine erste Frau Célestine starb 1879 nach dreijähriger schwerer Krankheit. Um die Behandlungskosten bezahlen zu können, musste sich Walras verschulden. Erst nach der Hochzeit mit der verwitweten Léonide Désirée Mailly im Jahre 1884 ging es ihm materiell etwas besser, weil seine zweite Frau eine Leibrente in die Ehe einbrachte. Nach dem Tod seiner Mutter im Jahr 1892 erhielt Walras eine Erbschaft von 100.000,00 Francs, mit der er seine Schulden begleichen und sich selbst eine eigene Leibrente erkaufen konnte.

Lehrstuhl für Politische Ökonomie

1892 ließ sich Walras aus gesundheitlichen Gründen – es war wohl ein Nervenzusammenbruch – für zwei Semester beurlauben, um neue Kräfte zu sammeln. Als er merkte, dass ihm die Auszeit in dieser Hinsicht nichts genutzt hatte, gab

Zurückgezogen

er das Lehramt ganz auf. Sein Nachfolger wurde **Vilfredo Pareto (1848 – 1923)**, der allerdings die mathematisch orientierte Arbeit Walras nicht fortführte. 1900 starb seine zweite Frau. Die letzten zehn Jahre seines Lebens lebte Walras völlig zurückgezogen in einem Dorf bei Lausanne (heute ein Ortsteil von Montreux). Als ihn eine Gruppe ausländischer Kollegen in Clarens besuchen wollte und dabei nach dem Weg fragte, soll ein Bauer zu den Gästen gesagt haben: „Ah, Sie meinen den alten Professor, der ständig seine eigenen Bücher liest und seine Fehler darin sucht" (so sein Biograph Jaffé). Walras arbeitete zwar weiter im Bereich der Wirtschaftstheorie (was seine umfangreiche Korrespondenz mit anderen Ökonomen belegt), widmete sich aber vermehrt seinen Hobbys, dem Angeln und Münzensammeln. Er starb im Jahre 1910.

9.2   Wissenschaftliches Vermächtnis

Quelle der Wertmessung

Die ersten Jahre seiner Professur waren für Walras die produktivsten. Er griff die Gedanken seines Vaters auf, dass die Knappheit der Güter und das Nutzendenken die **Quelle der Wertmessung** bildeten. Das Ganze sollte mit Hilfe mathematischer Methoden berechnet werden. Walras' bedeutendste Werke entstanden in den 1870er Jahren. 1874 erschien ein Aufsatz mit dem Titel „Prinzip einer mathematischen Theorie des Tausches". 1877 veröffentlichte Walras sein wichtigstes Werk „Mathematische Theorie der Preisbestimmung der wirtschaftlichen Güter". Ab 1874 nahm er auf der Suche nach Anerkennung (die er zu seinem Bedauern in Frankreich nie fand) zu sehr unterschiedlichen Wirtschaftswissenschaftlern seiner Zeit Kontakt auf. Darunter sind so illustre Namen wie Jevons, Cournot, Marshall, Menger, Wicksteed, Edgeworth, Wicksell und Pareto.

Subjektive Werttheorie

Walras' unbestrittener Verdienst ist die Entwicklung der **subjektiven Werttheorie**. Hier ist allerdings auch ein Wermutstropfen anzumerken: ohne die Arbeiten von Jevons und **Hermann Heinrich Gossen (1810 – 1858)** zu kennen, die fast die gleichen Gedanken im selben Zeitraum entwickelten, musste sich Walras nach seiner 1874 erfolgten Veröffentlichung dem Vorwurf des Plagiats stellen. Die vierjährige Fehde zwischen Jevons und Walras über das „Erstgeburtsrecht" wurde dadurch abrupt beendet, dass die Veröffentlichung der Erkenntnisse des Nobodies Hermann Heinrich Gossen durch den britischen Professor Adamson eindeutig bewies, dass Gossen allein der Entdeckerruhm gebühren würde. Ihm zu Ehren gingen die Gesetzmäßigkeiten der Nutzentheorie als **1. und 2. Gossen'sches Gesetz** in die Wirtschaftsgeschichte ein. Was waren die wesentlichen Gedankengänge?

Der empfundene subjektive Wert

Die Arbeitswertlehre der „Sozialisten" wurde in Frage gestellt. Nicht der vermeintlich objektive Wert eines Gutes durch die zu seiner Herstellung benötigte Arbeit war Preismaßstab (und damit Wertmaßstab), sondern der diesem Gut gegenüber empfundene subjektive Wert, der sich an der Nutzenstiftung dieses

Gutes orientierte. Dabei erfuhr ein knappes Gut eine höhere Wertschätzung als ein im Überfluss vorhandenes. Die erste Einheit eines Gutes stiftete den größten Nutzen: die erste Scheibe Brot schmeckte dem Hungrigen besonders gut, natürlich sättigte sie außerdem. Eine zweite Scheibe Brot wurde schon als nicht mehr ganz so wichtig empfunden. Mit jeder weiteren Scheibe nahm der jeweilige Nutzen ab, bis man sich übersättigt fühlte. Damit war das „Gesetz des abnehmenden Grenznutzens" geboren worden. Der Vergleich zweier und mehrerer Güter führte zu der Erkenntnis, dass die größte Nutzenstiftung dann erfolgt sei, wenn die letzte ausgegebene Geldeinheit für jede Güterverwendung den gleichen Grenznutzen erbringen würde. Eine Verbesserung wäre dann nicht mehr möglich. Damit war das zweite Gossen'sche Gesetz geboren worden.

Für Karl Marx und seine Epigonen war diese Verlagerung der Werteschöpfung von der Produzenten- auf die Konsumentenseite ein Angriff auf das „Proletariat", den einzigen Werte schaffenden Produktionsfaktor. Die „bürgerliche" Ökonomie nahm die Idee der Wertemessung durch Nutzenstiftung dankbar auf, suchte sie doch eine Antwort auf Marx.

Antwort auf Marx

Diese sollte sich nicht in Einzelkritik verlieren, sondern als geschlossenes System dem Marxschen Gedankengut gegenüber gestellt werden. Es bildeten sich „Schulen" der Grenznutzentheoretiker, in denen die „subjektive Wertlehre" ausgeformt wurde. Eine Hochburg war die Hochschule in Lausanne. Allen Schulen gemeinsam war das Ziel, die Gleichgewichtsbedingungen zu finden, die zu einer der Marktwirtschaft innewohnenden Harmonie führen würde (diese Harmonie war für die Klassiker ein unumstößlicher Glaubenssatz und die Grenznutzentheoretiker wollten diese Überzeugung erhärten). Walras' Verdienst war die mathematische Ausformulierung von Gleichungen, die beweisen sollten, dass eine Marktwirtschaft „gleichsam automatisch" zum Gleichgewicht tendiert. „Genauer: zu einer bestmöglichen („optimalen") Güterversorgung. Bedingung dafür ist, dass alle Personen, die am Wirtschaftsleben teilnehmen („Wirtschaftssubjekte") ungehindert ihre individuellen Interessen verfolgen und dass sich bei freier Konkurrenz die Preise ungehemmt dem Wechselspiel von Angebot und Nachfrage anpassen können" (Koesters 4/1984, S. 112).

„Wie konnten diese Ökonomen beweisen, dass die Resultate des freien Wettbewerbs nutzbringend und vorteilhaft waren, wenn sie diese Resultate gar nicht kannten?" (Strathern 2003, S. 229). Walras spielte mit dieser Frage auf die von den Klassikern vernachlässigte Messung des Verhaltens der Wirtschaftssubjekte an. Er unterzog das allgemeine wirtschaftliche Gleichgewicht einer umfassenden Analyse.

Die Resultate des freien Wettbewerbs

„Die Ergebnisse seiner Überlegungen wurden von zentraler Bedeutung für das gesamte ökonomische Denken. Einfach gesagt, wird auf einem Markt dann Gleichgewicht sein, wenn die Menge der Produkte, die die Verkäufer auf den Markt bringen, genau so groß ist wie die Menge, die die Konsumenten zum gängigen Preis zu kaufen bereit sind. Mit anderen Worten, wenn sich Angebot

Allgemeine Gleichgewicht

und Nachfrage ausgleichen. Das „allgemeine Gleichgewicht" ist dann erreicht, wenn dieses Gleichgewicht auf allen Märkten aller Volkswirtschaften zur gleichen Zeit zustande kommt, das heißt, wenn sämtliche Märkte geräumt sind.

Walras verglich den Vorgang gern mit einer Versteigerung, bei der alle Produzenten ihre waren zum Verkauf anbieten und alle Konsumenten bereit sind zu kaufen. Die Produzenten teilen dem Auktionator nacheinander den gewünschten Preis für ihre Waren mit und die Käufer bieten jeweils für eine bestimmte Menge der Waren. Übersteigen die Gebote die verfügbare Warenmenge, so hebt der Auktionator den Preis in der nächsten Runde an; im umgekehrten Fall senkt er den Preis, um die Warenbestände abzubauen. Walras hatte begriffen, dass alle Märkte miteinander verbunden sind. Wenn auf einem Markt zu viel Geld ausgegeben wird, so fehlt es auf einem anderen Markt. Wenn also der Preis für ein bestimmtes Gut festgelegt ist, muss der zuvor vom Auktionator ausgerufene Preis für ein anderes Gut berichtigt werden. Dieser Anpassungsmechanismus erlaubt ein „tatonnement" (wörtlich: „Herantasten") an den allgemeinen Gleichgewichtszustand. Walras gelang es, diesen sich ständig wiederholenden Prozess in präzise algebraische Gleichungen zu fassen. Damit vollbrachte er das Wunder, **Adam Smiths** „unsichtbare Hand" in eine mathematische Form zu bringen und „bewies" damit, dass der freie Markt tatsächlich funktionierte – so glaubte Walras jedenfalls" (Strathern 2003, S. 230).

Gleichgewichts-
system

Anders ausgedrückt: Im Walras'schen Gleichgewichtssystem wird versucht, bei vollständiger Konkurrenz die Gleichgewichtswerte aller ökonomischen Variablen zu ermitteln. Mit Hilfe mathematischer Konstrukte ermittelte Walras Schnittpunkte von Angebots- und Nachfragekurven als Gleichgewichtspunkte der jeweiligen Märkte. Jeder Marktteilnehmer tauscht dabei die Ware nur dann, wenn er mindestens den gleichen Nutzen aus den getauschten Gütern zieht, sich also nach seinem Tausch in seinem persönlichen Nutzen nicht verschlechtert.

Beispiel

Walras verwendete folgendes Beispiel: „A produziert nur Milch, B nur Brot. Ein Brot kostet so viel wie ein Liter Milch. Wenn A nun in einem bestimmten Zeitraum 10 Liter Milch herstellt, muss er sich überlegen, wie viel er davon gegen Brot eintauschen will. Das heißt: Kauft A von B ein Brot, ergibt sich daraus für ihn zunächst ein großer Nutzenzuwachs. Doch je mehr Brote er erwirbt, desto langsamer wächst sein Nutzen. Um überhaupt Brote kaufen zu können, muss A dem B Milch verkaufen. Auch hierbei gilt – umgekehrt – das Nutzengesetz: auf einen Liter Milch kann A leicht verzichten. Denn der Nutzenverlust vom zehnten auf den neunten Liter ist gering – und zwar in dem Maße, wie der Nutzenzuwachs vom neunten auf den zehnten Liter gering war. Doch je mehr Milch er an B verkauft, desto größer werden für A die Nutzenverluste. Je mehr A tauscht, desto weniger kann er seinen Nutzen steigern. Bei einer bestimmten Tauschmenge erreicht er schließlich sein Nutzenmaximum. Tauscht er dann trotzdem weiter, so sinkt sein Gesamtnutzen, weil er nämlich durch den Verzicht auf Milch mehr an Nutzen verliert, als er durch den Mehrkonsum von Broten gewinnt.

Allerdings: die gleichen Überlegungen macht sich auch B. Und B muss bei dem bestehenden Preis (ein Brot = ein Liter Milch) nicht unbedingt so viel Brote verkaufen und so viel Milch kaufen, wie es A ins Nutzenkalkül passt. So kann es zu einem Überangebot an Milch und zu einem Unterangebot an Brot kommen. Folge: Ein Brot kostet nunmehr zwei, statt wie bisher einen, Liter Milch. Und auf dieser Preisbasis müssen A und B ihren Nutzen erneut durchdenken. Natürlich wird nirgendwo mehr Ware gegen Ware getauscht. Doch ändert sich am Prinzip nichts, wenn man das Hilfsmittel Geld dazwischen schaltet.

Das Hin und Her von individueller Nutzenmaximierung und den entsprechenden Preisschwankungen bewirkt, dass sich die Preise auf jenen Preis einpendeln, bei dem die – vom Nutzen geleiteten – Kauf- und Verkaufwünsche beider Marktteilnehmer übereinstimmen. Ist dieser Preis erzielt, dann ist sowohl das individuelle als auch das Marktgleichgewicht gewonnen. Angebot und Nachfrage sind gleich groß, die Tauschpartner haben, jeder für sich, ein Nutzenmaximum und damit eine optimale Bedürfnisbefriedigung erreicht. Deshalb gibt es auch für keinen einen Anlass, seine Tauschentscheidung zu ändern. Folge: die Preise bleiben stabil (Koesters 4/1984, S. 114f.). *(Nutzenmaximierung und Preisschwankungen)*

„Walras hatte für ein komplexes System eine komplexe mathematische Formel gefunden. Trotz seiner untadeligen mathematischen Berechnungen gelang es Walras nicht, aus seinen brillanten Gleichungen präzise Ergebnisse abzuleiten. Die unbekannten Quantitäten blieben unbekannt, es sei denn, man setzte sie in Relation zueinander. Walras gelang es, diese Schwierigkeiten zu überwinden, indem er als Bezugsgröße ein bestimmtes Gut nahm, relativ zu dem die Preise aller anderen Güter festgesetzt werden konnten. Das bedeutete, dass es auch in Walras rein theoretischer Ökonomie keine absoluten Preise gab. Es war unmöglich, genau zu sagen, warum ein Fass Fondant de Sion 10 Schweizer Franken kostete, auch wenn man mit Bestimmtheit sagen konnte, warum dieser Wein zehnmal so viel wert war wie ein Rad Gruyère-Käse" (Strathern 2003, S.230f.) *(Eine komplexe mathematische Formel)*

Die bedeutende Ökonomin **Joan Robinson (1903 – 1983)** sprach später von einem „Dickicht aus Algebra".

9.4   Weiterführende Literatur

- Baßeler, Ulrich u.a.: Grundlagen und Probleme der Volkswirtschaft, 14. Aufl., Köln 1995
- Caspari, Volker: Walras, Marshall, Keynes. In: Volkswirtschaftliche Schriften, H. 387, Berlin 1989
- Felderer, Bernhard: Léon Walras. In: Klassiker des Ökonomischen Denkens. Hrsg. von Joachim Starbatty, München 1989
- Gabler Wirtschaftslexikon, 12. Aufl., Band 4, Wiesbaden 1988
- Hesse, Helge: Ökonomen-Lexikon (u.a. Walras), Düsseldorf 2003
- Jaffé, William: Marie Ésprit Léon Walras. In: Geschichte der Politischen Ökonomie. Hrsg. von Horst C. Recktenwald, Stuttgart 1971
- Koesters, Paul-Heinz: Ökonomen verändern die Welt. Lehren die unser Leben bestimmen, 4. Aufl., Hamburg 1984
- Strathern, Paul: Schumpeters Reithosen, Frankfurt/M. 2003
- Walras, Léon: Elements of Pure Economics, übersetzt und herausgegeben von William Jaffé, Homewood, Illinois 1980

9.5   Internetquellen

- Walras in: https://www.hsu-bibliothek.de (Helmut-Schmidt-Universität Hamburg)
- Walras in: www.VWler.de
- Walras in: http://www.ddb.de (Deutsche Nationalbibliothek Leipzig)
- Walras in: http://de.wikipedia.org/wiki/Léon

Bildquelle

http://cepa.newschool.edu/het/profiles /walras.htm (31.07.2007)

10 Vilfredo Pareto (1848 – 1923)

Begründer der Wohlfahrtsökonomie
und Skeptiker gegenüber der
Rationalität der Menschen

10.1   Lebensweg

Vilfredo Pareto wurde 1848 in Paris als Wilfried Fritz Pareto geboren. Seine Eltern waren der aus Genua stammende Ingenieur Marquis Raffaele Pareto und die Französin Marie Mèténier. Der Vater, ein Republikaner, floh nach einer politischen Verschwörung gegen die Herrschaft des damaligen Genua ins Exil nach Frankreich. Warum die Eltern ihrem Kind die deutschen Vornamen Fritz und Wilfried gaben, ist unbekannt.

Eine Amnestie ermöglichte der Familie 1859 die Rückkehr nach Italien. Dort studierte er nach seinem Abitur in Turin Ingenieurwissenschaften und schloss dieses Studium mit 21 Jahren erfolgreich ab.

1870 promovierte Vilfredo Pareto, wie er sich in Italien nannte, in Ingenieurwissenschaften. 1875 war er bereits Direktor eines Hüttenwerks in Florenz und Mitglied der „Accademia Economico-Agraria die Georgofili di Firente", die sich wissenschaftlich mit Agrarökonomie befasste. In dieser Zeit eignete sich Pareto weitgehend im Eigenstudium umfassende ökonomische Kenntnisse an, die er in britischen Vorträgen öffentlich machte. Dabei stand Vilfredo Pareto der Politik stets kritisch gegenüber. Er formulierte den Unterschied zwischen Politik und Wissenschaft folgendermaßen:

„Die Art und Weise, politisch auf Menschen einzuwirken, ist entgegengesetzt der Methode, die Wahrheit zu finden. Mithin kann ein echter Wissenschaftler niemals ein richtiger Politiker sein. Und einem Freund sagte er einmal, dass die Kunst des Regierens aus nichts anderem als aus der Geschicklichkeit besteht, mit der man sich die Interessen und Gefühl der Massen zunutze macht" (Koesters 4/1984, S.125).

Seine wirtschaftswissenschaftlichen und politisch geprägten, insbesondere der renommierten italienischen, Schriftreihen „Giornale degli Econommisti" wiesen Pareto als überzeugten Vertreter des freien Handels und als Gegner staatlicher Intervention aus. Dies brachte ihn auch die Aufmerksamkeit von **Léon Walras** ein, der an der Schweizer Université de Lausanne in Lausanne den Lehrstuhl für Politische Ökonomie innehatte. Walras suchte wegen einer schweren Erkrankung einen Nachfolger, der sein Werk, die stärkere Mathematisierung der Wirtschaftswissenschaften, weiterführen sollte.

1893 wurde Vilfredo Pareto zunächst nun außerordentlichen Professor und 1907 zum ordentlichen Professor für Politische Ökonomie in Lausanne berufen.

Pareto zeigte allerdings wenig Neigung, die Arbeit seines Vorgängers fortzusetzen. Vielmehr setzte er rasch eigene Akzente. Hierzu zählt insbesondere sein Beitrag zur Entwicklung der so genannten Wohlfahrtsökonomie. Ihm war an dem Nachweis gelegen, „(...)dass eine freie Marktwirtschaft automatisch zum Gleich gewicht tendiert – mehr noch: dass sie ein „Optimum" erreicht, bei dem das Bedürfnis der Menschen nach nützlichen Gütern und Diensten auf bestmögliche Weise befriedigt wird. Voraussetzung für dieses „**Pareto-Optimum**" ist:

Die vorhandenen Produktionsfaktoren (Arbeitskräfte, Maschinen, Boden) müssen so kombiniert sein, dass eine Steigerung der Produktion nicht mehr möglich ist. Denn solange etwa die Ersetzung (Substitution) von Arbeitern durch eine Maschine ein besseres Produktionsergebnis bringt, ist auf diesem Sektor der Idealzustand noch nicht erzielt. Tatsächlich trachtet jeder Unternehmer nach einer optimalen Kombination der Produktionsfaktoren. Die Waren müssen zum niedrigstmöglichen Preis angeboten werden. Dafür soll eine freie Konkurrenz sorgen.

Pareto-Optimum

Sind diese Bedingungen erfüllt, dann ist ein „Pareto-Optimum" hergestellt, und die allgemeine Wohlfahrt oder der allgemeine Nutzen kann nicht mehr gesteigert werden" (Koesters 4/1984, S.128).

Es wird deutlich, warum bis heute Ökonomen ungebrochen am Ideal der freien Marktwirtschaft festhalten. Der Grund: Bei optimaler Kombination der Produktionsfaktoren und einem störungsfreien Wettbewerb liegt es nahe, dass sich ein **Wohlfahrtsoptimum** (Pareto-Optimum) bildet.

Wohlfahrts-optimum

Bis heute sind auch die Überlegungen Paretos zum **homo oeconomicus**, dem rational denkendem Menschen im Wirtschaftsgeschehen von großer Bedeutung. Anders als viele seiner Zeitgenossen hielt Pareto wenig davon, dem Verbraucher den Status eines rational denkenden Wesens ohne weiteres zuzubilligen.

homo oeco-nomicus

Zu diesem Urteil kam Pareto auf Grund soziologischer Untersuchungen, die er vor allem in seinem 1916 erschienenen Werk „Trattato di Sociologia Generale" („Grundriss der allgemeinen Soziologie") beschrieb. Danach sind die meisten menschlichen Handlungen in einem objektiven Sinn „nichtlogisch". Das heißt aber nicht, dass sie unlogisch (absurd), sondern lediglich, dass sie nur in einem subjektiven Sinn logisch sind. So ist das Gebet, das vor Missernten schützen soll, aus der Sicht des Bauern eine durchaus logische Handlung. Doch objektiv gesehen ist es „nichtlogisch", weil es keinen nachweisbaren Einfluss auf das Wetter hat, es also keinen vernünftigen Zweck erfüllt (vgl. Koesters 4/1984, S.131).

Grundriss der allgemeinen Soziologie

Ab 1898 wandte sich Vilfredo Pareto zunehmend der soziologischen Forschung zu. Bestärkt wurde er darin sicher auch dadurch, dass er durch eine reiche Erbschaft von seinem Onkel Domenico Pareto finanziell unabhängig wurde und seine Professur nach eigenem Gutdünken orientierte.

Soziologische Forschung

Wie bereits gegenüber dem rational handelnden Menschen war er auch gegenüber den Strukturen und Mechanismen der gesellschaftlichen Ordnung skeptisch. Er fasste die Gesellschaftsordnung als einen Mechanismus auf und sah ihre inneren Kräfte in den Treiben und Leidenschaften der Menschen, nicht aber in den Gedanken der Eliten. Unter „**Elite**" verstand Pareto einen funktionalen Begriff von den Besten einer Handlungskategorie, z.B. den besten Politikern oder

Elite

Gelehrten. Sein Grundsatz lautete: Die Menschen handeln nicht in bestimmter Weise, weil sie so denken, sondern sie denken so, weil sie so handeln.

Nicht rational Aus diesen Überlegungen lässt sich zuletzt ableiten, dass die Masse der Menschen eben nicht rational bzw. auf der Basis „wertvoller" elitären Überlegungen handelt und es deshalb besser für die Masse ist, durch „Eliten" geführt zu werden. Diese nicht beabsichtigten Interpretationsmöglichkeiten machten sich allerdings die italienischen Faschisten unter **Benito Mussolini (1883 – 1945)** zu Nutzen, was Pareto den nicht berechtigen Ruf einbrachte, dem Faschismus zugeneigt zu sein.

Im Jahr 1900 kaufte Pareto aus den Mitteln der Erbschaft ein Haus im Kanton Genf, etwa 40 Kilometer von Lausanne entfernt.

Senatore de Regno Von 1903 bis 1921 war Vilfredo Pareto Herausgeber der Schriftreihe „Biblioteca di steria economica" in Mailand. Jahre nach seiner Emeritierung 1911 war Pareto ein in Italien sehr angesehener Ökonom und Soziologe. Dies galt insbesondere auch für die politische Führung des Landes. Benito Mussolini bezeichnete sich selbst als Schüler Paretos und ernannte diesen 1923 zum Senatore de Regno (Senator des Königreichs Italien).

Nachdem seine erste Frau Pareto verlassen hatte, weil ihr der spartanische Lebensstil des vermögenden Ökonomen nicht behagte – sie verließ ihn mit dem Koch des Haushaltes –, ließ er sich von ihr scheiden. Hierzu musste er allerdings die rigiden Scheidungsgesetze Italiens durch die Annahme der Staatsbürgerschaft des kurzlebigen Freistaats Fiume (heute Rijeka) umgehen.

Kurz vor seinem Tode 1923 heiratete er seine 31 Jahre jüngere französische Lebensgefährtin Jeanne Regis. Dies ist insofern für die heutige Pareto-Forschung ein Unglück, weil seine neue Frau unmittelbar nach seinem Tode am 19. August 1923 alle Manuskripte, Tagesbücher und an Pareto gerichtete Briefe verbrannte. Sie fürchtete, dass Teile dieser schriftlichen Unterlagen in einem Erbschaftsstreit mit der ersten Frau Paretos gegen sie benutzt werden könnten.

10.2 Wissenschaftliches Vermächtnis

Wohlfahrt-ökonomie Im Zentrum der Arbeit Vilfredo Paretos standen zweifellos die noch heute relevanten Überlegungen zur **Wohlfahrtökonomie**, dem Optimum, bei dem das Bedürfnis der Menschen nach nützlichen Gütern und Diensten auf bestmögliche Weise befriedigt wird. Allerdings kann eingewendet werden, dass die allgemeine Wohlfahrt auch bei optimalen Produktions- und Marktbedingungen (Pareto-Optimum) noch gesteigert werden kann, nämlich durch eine gerechtere Einkommensverteilung.

Sinngemäß erklärte Pareto dazu: „Wenn man die verschiedenen Nutzen, die der eine aus einem Auto und der andere aus einem Apfel gewinnt, nicht messen und miteinander vergleichen kann, dann lässt sich auch nicht ermitteln, ob eine Umverteilung der Einkommen den allgemeinen Nutzen oder die allgemeine Wohlfahrt steigert. Denn angenommen, eine Regierung beschließt, die Gehälter der Spitzenverdiener durch eine Steuererhöhung zu kürzen und das Geld den Bedürftigen zu geben. Damit nimmt sie der reichen Klasse die Möglichkeit, bestimmte Güter zu kaufen, so dass dort ein Nutzverlust entsteht. Bei den Armen ist es umgekehrt. Sie kaufen mit dem Geld mehr Waren und erreichen dadurch einen Nutzengewinn. Um nun zu beweisen, dass diese Maßnahme den allgemeinen Nutzen (Wohlfahrt) steigert, müsste die Regierung wissen (messen), ob der Nutzengewinn bei den Armen größer ist als der Nutzenverlust bei den Reichen. Denn nur so könnte sie feststellen, ob durch die Umverteilung die allgemeine Wohlfahrt vermehrt worden ist."

Verschiedene Nutzen

Ein solcher Nachweis ist aber nicht möglich, da sich ja nicht einmal der Nutzen einer einzigen Person exakt berechnen lässt. Zwar sagt einem der Gerechtigkeitssinn „irgendwie", dass es nützlicher ist, wenn die Großverdiener auf ihren Kaviar verzichten und dafür die Elenden mehr Brot erhalten. Jedoch schlägt dieses Gefühl leicht in Ratlosigkeit um, wenn man zum Beispiel zwischen dem Bau eines Theaters oder dem einer Schwimmhalle entscheiden soll. Pareto beseitigte das Dilemma, indem er die Suche nach einer Methode, die Nutzen-Vorstellungen zu messen, aufgab und dafür ein weniger anspruchsvolles Wohlfahrtskriterium entwickelte. Es besagt: Eine Steigerung der allgemeinen Wohlfahrt kann man nur dann als sicher annehmen, wenn es gelingt, für mindestens eine Person eine Nutzenvermehrung zu erreichen, ohne dass zugleich – durch dieselbe Maßnahme – der Nutzen einer anderen Person geschmälert wird.

Gerechtigkeitssinn

Angenommen, die gesamte Produktion einer Wirtschaft besteht aus zehn Broten, die von zehn Personen mit gleich großem Einkommen gekauft werden. In diesem Fall könnte man den Nutzen bei einer Person nur vermehren, indem man die anderen schlechter stellt. Eine solche Umverteilung des Nutzens verstößt aber gegen das Pareto-Kriterium, weil sie die allgemeine Wohlfahrt nicht steigert. Denn der allgemeine Nutzen erhöht sich ja nur, wenn der Nutzenzuwachs bei einer Person nicht auf Kosten der Anderen geschieht.

Umverteilung des Nutzens

Das Kriterium lässt aber auch folgende extreme Möglichkeit zu:

Ein Reicher hat neun und neun Arme haben ein Brot. Würde man nun dem Reichen ein Brot wegnehmen und es den Bedürftigen geben, so wäre der Grundsatz gleichfalls verletzt. Denn da man nicht genau messen kann, ob durch den Besitzwechsel des Brotes der Nutzengewinn bei den Armen größer ist als der Nutzenverlust bei den Reichen, lässt sich auch nicht sicher feststellen, ob durch diese Umverteilung die allgemeine Wohlfahrt verbessert wird. Das bedeutet: Das Pareto-Kriterium ist auf jede denkbare Einkommensvertei-

Pareto-Kriterium

lung anwendbar. Er schreibt also keine gerechte Verteilung vor, sondern es
setzt sie voraus" (Koesters 4/1984, S. 128f.).

80/20 Regel

Dieser Zusammenhang, auch „Pareto Prinzip" genannt, wird vielfach auch als
80/20 Regel bezeichnet

Es ist danach nicht möglich, einem Mitglied der Gesellschaft mehr Ressourcen
oder einen erhöhten Status zu geben, ohne anderen Akteuren damit zu schaden.
Das Pareto-Prinzip ist auch unter dem Namen „80/20 Regel" bekannt und kann
auf diverse Bereiche des täglichen Lebens angewendet werden:

- 20% der Bevölkerung besitzen 80% der Ressourcen

- 20% der Kunden sind für 80% des Umsatzes verantwortlich.

Pareto war auch der Meinung, dass es nicht möglich ist, der ärmeren Bevölkerung durch Umverteilung der Ressourcen zu helfen, vielmehr war er überzeugt
davon, dass dieses Problem nur durch Erhöhung der Gesamtressourcen lösbar
ist. Der damit verbundene Nachteil jedoch ist, dass der ohnehin schon gut situ-
ierte Teil der Bevölkerung noch einflussreicher und wohlhabender wird. Die
Motive für das Handeln der Menschen, deren häufig offenkundig nichtlogisches
Handeln, und die Erkenntnis, dass die Rationalitätsannahme der Ökonomie
zumindest fragwürdig ist, hat Vilfredo Pareto stark beschäftigt (siehe weiter
oben). Pareto prägte zwei Begriffe: **„Residuum"** und **„Derivation"**.

Residuum

„Ein Residuum ist der konstante Kern einer Handlung oder Denkweise.
Zwei besonders wichtige Residuen, die in den Handlungen oder Denkweisen sichtbar werden (sich manifestieren), sind die Neigung zu Kombinationen und das Bedürfnis des Verharrens. Das Wort „Kombination" lässt sich
definieren als eine Versammlung (ein Aggregat) von Ideen und Dingen, die
ein funktionierendes Ganzes ergeben. Das bedeutet: Die Neigung, die uns
ständig kombinieren und damit immer neue Ideen und Dinge herstellen
lässt, entspricht dem Hang zur Spekulation und zur Veränderung. Doch ist
eine Kombination einmal hergestellt, reagieren die Menschen häufig mit
Trägheit. Oder anders: Sie verharren bei den einmal zusammengefügten
Ideen und Dingen (Fachwort: Persistenz der Aggregate). Beispiele:

Die bei barbarischen Völkern verbreitete Vorstellung, dass Fremden gegenüber
die unter Landsleuten üblichen Umgangsregeln nicht gelten, ist sowohl im kul-
turell hochstehenden „alten" Rom als auch in unserer modernen Welt zu beobachten (etwa im Verhalten gegenüber türkischen Gastarbeitern). Daraus folgt:
Durch die gesamte Menschheitsgeschichte läuft ein Strom nichtlogischer
Handlungen, deren Kern ein Residuum bildet, das man als „Abneigung gegen
Fremde" bezeichnen kann. Oder: Seit Jahrhunderten gibt es christliche Prozes-
sionen zu Ehren von Heiligen.

Diese Kulthandlungen, die auch in anderen Religionen nachweisbar sind, sterben heute zwar aus, doch das Residuum, das die Bekundung von Verehrung ausdrückt, ist weiterhin aufspürbar – so in Versammlungen oder bei Truppenparaden, auf denen die Bilder der weltlichen Heiligen (wie die von Karl Marx, Friedrich Engels, Lenin usw.) vorangetragen werden. Es wechselt also nur die äußere Form der Handlungen, die Residuen selbst ändern sich wenig oder gar nicht. Die Derivationen ergeben sich aus den Residuen. Das heißt: Jeder Mensch will vor sich selbst und den anderen als ein vernünftiges Wesen dastehen. Deshalb versucht er ständig, seinen meist nichtlogischen Denkweisen und Handlungen einen logischen Anstrich zu geben. Das macht er mit Hilfe der Derivationen, die man auch „Begründungen" oder „Rechtfertigungen" nennen kann. Es gibt simple Derivationen wie den Satz: „Das ist so üblich", aber auch komplexe, die zu mächtigen Ideologien aufsteigen. Dazu gehört – finsterstes Beispiel – die nationalsozialistische Rassenlehre, mit der die Vernichtung der Juden „logisch" gerechtfertigt wurde. Fast immer erwecken die Menschen den Eindruck, als ob die Begründungen ihrer Handlungen zugleich deren Ursachen sind. Oder anders: Es sieht so aus, als ginge jeder Handlung eine vernünftige Überlegung voraus, die dann später auch als Rechtfertigung dient. Tatsächlich aber liegen den nichtlogischen Handlungen und Denkweisen die Residuen (Fremdenhass, Ehrerbietung, Familiensinn, Patriotismus, Religion usw.) zugrunde, während die Begründungen (Derivationen) im Nachhinein entstehen und das Gefühl des richtigen Handelns verstärken. Verfängt eine Rechtfertigung nicht, so denkt man sich rasch eine neue aus. Das bedeutet: Im Gegensatz zu den durchweg konstanten Residuen sind die Begründungen variabel. Und es hat sich herausgestellt, dass die pseudologischen Derivationen viel überzeugender sind als logische Beweise. Die Derivationen wirken auf die Residuen ein und geben ihnen Kraft, während die logischen Beweise das gewöhnlich nicht tun und folglich auch die Menschen nicht ansprechen" (Koesters 4/1984, S.131 f.).

Derivationen

Auf die soziologische Forschung Paretos soll an dieser Stelle nicht weiter eingegangen werden. Nicht unwichtig erscheint allerdings hinsichtlich der heutigen Akzeptanz auch die ökonomische Forschung Vilfredo Paretos, dass nämlich die Beurteilung seiner Arbeit nicht selten durch seine angebliche Nähe zum italienischen Faschismus diskreditiert wurde.

heutige Akzeptanz

Dieses hängt auch mit einer Würdigung Paretos durch den italienischen Ökonomen und überzeugten Faschisten Amoroso im Journale d`economisti zusammen, welcher Pareto unzulässigerweise als Faschisten bezeichnete. Daher gilt Pareto bis heute teilweise als wichtiger Vorläufer des Fascismo. Benito Mussolini sah in ihm einen hervorragenden Lehrmeister.

10.3   Textbeispiel

Angewandte
Ökonomie

Die angewandte Ökonomie.

So wie man von der rationalen Mechanik zu angewandten über geht, indem
man Betrachtungen über die konkreten Erscheinungen hinzufügt, kommt
man von der reinen zur angewandten Ökonomie. Die rationale Mechanik
liefert uns z.B. die Theorie eines idealen Hebels; die angewandte Mechanik
lehrt uns die Konstruktion der konkreten Hebel. Die reine Ökonomie zeigt
uns die Rolle des Geldes im ökonomischen Phänomen; die angewandte
Ökonomie zeigt uns die gegenwärtigen und vergangenen Währungssysteme,
ihre Wandlungen usw. Auf diese Weise nähern wir uns weiter der Wirklichkeit, ohne sie jedoch noch völlig zu erreichen. Die angewandte Mechanik
lehrt uns die Wirkungsweise der Teile einer Dampfmaschine; aber es ist die
Aufgabe der Thermodynamik, uns zu lehren, wie der Dampf selbst wirkt.
Hiernach werden wir eine große Zahl anderer Gesichtspunkte, auch ökonomische, zu beobachten haben, wenn wir eine Antriebsmaschine wählen wollen. Die angewandte Ökonomie gibt uns reiche Aufschlüsse über die Natur
und Geschicke der Währungssysteme; um aber zu wissen, wie und warum
sie bestand haben, müssen andere Gesichtspunkte herangezogen werden.
Lassen wir die Geologie und Metallurgie beiseite, die uns zu belehren
haben, wie die Edelmetalle gewonnen werden. Beschränken wir uns einzig
auf die sozialen Kräfte. Dann bleibt immer noch zu fragen, wie und wann
bestimmte Regierungen ihr Geld verschlechterten und andere nicht; wie der
goldene Monomentallismus Englands, die hinkende Doppelwährung Frankreichs, der silberne Monomentallismus Chinas und der Papiergeldumlauf in
vielen Staaten nebeneinander bestehen. Das Geld ist ein Tauschmittel, und
unter diesem Gesichtspunkt gehört es der Ökonomie an. Aber es ist auch ein
Mittel der Besteuerung, ohne dass ein großer Teil der Öffentlichkeit es
merkt, und in dieser Beziehung gehört die Geldtheorie verschiedenen Zweigen der Soziologie an. Man beachte, dass wir absichtlich eine Erscheinung
gewählt haben, in der die ökonomische Seite weit überwiegt. Bei anderen
Erscheinungen ist die Entfernung zwischen Theorie und Praxis größer. Die
reine Ökonomie lehrt, dass Zollschutz Reichtumsvernichtung zur unmittelbaren Folge hat (man beachte diese Einschränkung). Die angewandte Ökonomie bestätigt diese Deduktion. Aber keine von beiden kann uns sagen,
warum der englische Freihandel gleichzeitig mit dem amerikanischen und
deutschen Zollschutz und so vielen anderen, nach Stärke und Verfahren verschiedenen Protektionssystemen besteht. Noch weniger verstehen wir, wie
der englische Wohlstand mit dem Freihandel, der deutsche umgekehrt mit
dem Zollschutz hat wachsen können. "
Pareto 2006. S.230f.

10.4 Weiterführende Literatur

- Bach, Maurizio: Jenseits des rationalen Handelns. Zur Soziologie Vilfredo Paretos. Wiesbaden 2004
- Eisermann, Gottfried: Vilfredo Pareto. Ein Klassiker der Soziologie, Tübingen 1987
- Eisermann, Gottfried: Vilfredo Paretos System der allgemeinen Soziologie- Einleitung, Text und Anmerkungen, Stuttgart 1962
- Koesters, Paul-Heinz: Ökonomen verändern die Welt. Lehren die unser Leben bestimmen. 4. Aufl. Hamburg 1984
- Pareto, Vilfredo: Ausgewählte Schriften. Frankfurt/M., Berlin; Wien 1976
- Pareto, Vilfredo: Allgemeine Soziologie, München 2006

10.5 Internetquellen

- Gerold Blümle: Paretos Gesetz. In : www://wiwi.uni-muenster.de/ecochron/ec-top.htm
- Vilfredo Pareto. In: http://de.wikipedia.org/wiki/Vilfredo_Pareto
- Biografie Vilfredo Pareto. In: http://agso.uni-graz.at/lexikon/klassiker/pareto/37bio.htm

Bildquelle

Koesters, Paul-Heinz: Ökonomen verändern die Welt, 4. Aufl., Hamburg 1984, S.119

11 Max Weber (1864 – 1920)

War am Verständnis des individuellen
Zusammenhangs beobachtbarer Ereignisse
interessiert

11.1 Lebensweg

Erfurt

Karl Emil Maximilian Weber wurde am 21. April 1864 in Erfurt geboren und starb am 14. Juni 1920 in München. Als im Spiegelsaal zu Versailles 1871 sich Wilhelm I. zum deutschen Kaiser ausrufen lies, war Weber sechs Jahre alt, das Deutsche Reich selbst überlebt er nicht ganz zwei Jahre und sein Leben spielte im Spannungsfeld dieser nationalstaatlichen Struktur.

Protestantische
Familie

Er selbst entstammte einer gutbürgerlichen protestantischen Familie. Der Vater, Max Weber sen., ein promovierter Jurist, war Sohn einer Industriellenfamilie mit Handelsverbindungen nach England in Bielefeld. Er engagierte sich seit den 1870er Jahren politisch als Parlamentarier in Preußen innerhalb der monarchie- und noch bismarcknahen Nationalliberalen Partei und erlangte einen Sitz im Deutschen Reichstag. Die Mutter Helene, eine geborene Fallenstein, verlebte ihre Kindheit in Heidelberg. Neben der erlebten calvinistischen Frömmigkeit ihrer Mutter brachte sie eine rationale, auf dem bürgerlichen Bildungskanon beruhende Gelehrsamkeit in die Familie mit hinein. Zusammen hatten sie acht Kinder, von denen neben Max, dem Erstgeborenen, auch sein Bruder **Alfred Weber (1868 – 1958)** als Soziologe und Nationalökonom Bedeutung erlangte: Er gilt als Begründer der **industriellen Standortlehre**. Familie Weber bildete somit eine Idealfamilie des deutschen, politisch aktiven Bildungsbürgertums seiner Zeit. Weber, der seit der Anstellung des Vaters im Berliner Stadtrat 1869 in der preußischen Hauptstadt lebte, galt als ausgezeichneter Schüler, dem die ihm zur Verfügung stehende Hausbibliothek bald zu knapp bemessen schien. Zu den gewählten Werken des Jungen gehörten neben den antiken Klassikern wie Homer, Herodot, Cicero, Livius oder Sallust ebenso Philosophen und Staatswissenschaftler, beispielsweise Macchiavelli, Spinoza, Schopenhauer und Kant und Historiker wie Mommsen, Curtius wie auch Literaten und Theologen, z.B. Martin Luther. Bei diesem intensiven Literaturstudium ging es ihm nicht um die Poetik oder die emotionale Wirkung der Werke. Vielmehr fertigte er rationale Exzerpte an oder diskutierte über das Studierte. So spiegelte Weber eine Haltung wider, die später von ihm als die geforderte und ebenso bedauerte Bedingung der Moderne, die „Entzauberung der Welt" beschrieben wird.

Studium in Jura

Das Königliche Kaiserin-Augusta-Gymnasium in Charlottenburg, das Weber seit 1972 besuchte, absolvierte er schulisch hervorragend, war jedoch persönlich unterfordert. Im Jahr 1882 begann er in Heidelberg sein Studium in Jura. Daneben belegte er Seminare in Nationalökonomie, Geschichte und Theologie und war Mitglied in der schlagenden Verbindung der Allemania. Die Heidelberger Zeit sollte sich auf die Persönlichkeit des verschlossenen jungen Mannes positiv auswirken. Nach dem Wehrdienst in Straßburg, für den er sein Heidelberger Studium unterbrach, folgen Studiensemester in Berlin und zeitweise in Göttingen.

Im Jahr 1989 promovierte er bei den Berliner Professoren Goldschmidt (Handelsrecht) und Gneist (Öffentliches Recht) über die *„Entwicklung des Solidarhaftprinzips und des Sondervermögens der offenen Handelsgesellschaft aus den Haushalts- und Gewerbegemeinschaften in den italienischen Städten"* mit summa cum laude und hoch gerühmt von Theodor Mommsen. Im Jahr 1892 habilitierte er mit *„Die römische Agrargeschichte in ihrer Bedeutung für das Staats- und Privatrecht"*. Seine gleichzeitig erscheinende Studie *„Die Verhältnisse der Landarbeiter im ostelbischen Deutschland"*, welche sich auf eine breit angelegte empirische Erhebung stützen konnte und sich mit wirksamen Maßnahmen gegen die „Überfremdung" durch slawische Landarbeiter und die im Zeichen einer allgemeinen Urbanisierung festzustellende Proletarisierung der einheimischen Bauern beschäftigte, verschaffte ihm wissenschaftliche und politische Anerkennung. Die darin geäußerten nationalistischen und auch rassistischen Grundthesen gehören leider in die politische Couleur der Zeit, die durchgeführte Auswertung der rund 2.500 Fragebögen und die Analyse der wirtschaftlichen Zustände samt Folgerungen sind auf, diese Prämissen gründend, maßgebend. Diese Arbeit verhalf ihm zur Möglichkeit einer Beschäftigung als Privatdozent und ein Jahr später, 1893, zu einer außerordentlichen Professur für Handels- und deutsches Recht in Berlin. Im selben Jahr wurde er ordentlicher Professor und erhielt den Lehrstuhl für Nationalökonomie und Finanzwissenschaft an der Universität Freiburg. Gleichzeitig beteiligte sich Weber am politischen Leben. Er wurde Mitglied der seit 1894 Alldeutscher Verband genannten nationalistischen Vereinigung.

Im Jahr 1893 heiratete Weber Marianne Schnitger und trennte sich nun endgültig von seiner Familie. Die Ehe, welche kinderlos blieb, wurde als harmonisch beschrieben. Seine Frau, welche sich in der Folgezeit zu einer führenden Persönlichkeit der Frauenbewegung entwickelte, sollte zugleich den organisatorischen Halt in Webers Leben darstellen und sorgte nach seinem Tod für die Edition seiner unveröffentlichten Werke.

In seiner Antrittsvorlesung in Freiburg demonstrierte Weber, wie er sich deutsche Weltmachtpolitik vorstellte. Dabei brach er sowohl mit den klassischen Nationalökonomen, welche einen ethisch und insbesondere auf christliche und deutsche Kultur fundierten Kapitalismus fordern, als auch mit dem Teil der Nationalökonomen, welche eine Verbesserung der sozialen Verhältnisse der Arbeiter als Ziel hatten, den sogenannten Kathedersozialisten. In der Vorlesung sprach er der Wirtschaftswissenschaft in der Eigenschaft einer internationale Wissenschaft Wertfreiheit und Objektivität zu, definiert im Gegenzug eine deutsche Wissenschaft als notwendig politisch: „Die Volkswirtschaftspolitik eines deutschen Staatswesens ebenso wie der Wertmaßstab des deutschen volkswirtschaftlichen Theoretikers können deshalb nur deutsche sein." Nicht zuletzt diese Vorlesung begründete eine enge Verbindung zu dem sozialen Politiker **Friedrich Naumann (1860 – 1919)**, auch wenn sich Weber später zumindest theoretisch von ihm distanzieren sollte.

Berliner

Lehrstuhl für Nationalökonomie und Finanzwissenschaft

Deutsche Weltmachtpolitik

Heidelberg

1897 erfolgte die Berufung an den Lehrstuhl für Nationalökonomie und Finanz-wissenschaften in Heidelberg, für die er eine Reichstagskandidatur ablehnte. In diesem Jahr stellten sich erste Anzeichen eines nervlichen Zusammenbruchs Webers ein. Ursächlich waren höchstwahrscheinlich die ständige Überarbei-tung, eine fehlende Möglichkeit emotionaler Kompensation und ein Zerwürfnis mit seinem Vater, der ohne die Möglichkeit einer Versöhnung im August 1897 verstarb. Die Krise, scheinbar eine psychische Neurose, entwickelte sich für Weber progressiv und nach einer ersten Vorlesungspause im Sommer 1899 wird Weber 1900 auf unbefristete Zeit beurlaubt. An eine systematische wissen-schaftliche Arbeit war nicht zu denken und selbst Lesen stellte sich als unmög-lich heraus. Es folgten Sanatorienaufenthalte und ausgedehnte Reisen. 1903 gab er die Lehrtätigkeit schließlich ganz auf. Formal blieb er Honorarprofessor, Mit-spracherecht in der Fakultät besaß er nicht mehr.

Archiv für Sozial-wissenschaften und Sozialpolitik

Trotzdem engagierte sich Weber seit 1902 mit wachsender Stärke wieder auf wissenschaftlichem Gebiet und gab seit 1904 zusammen mit **Edgar Jaffé (1865 – 1921)** und dem Volkswissenschaftler **Werner Sombart (1863 – 1941)** das in Tübingen verlegte *„Archiv für Sozialwissenschaften und Sozialpolitik"* heraus, in dem wichtige Arbeiten Webers wie *„Die ‚Objektivität' sozialwissenschaftli-cher und sozialpolitischer Erkenntnis"* (1904), *„Die protestantische Ethik und der ‚Geist' des Kapitalismus"* (1904 – 05) oder *„Die Wirtschaftsethik der Welt-religionen"* (1915 – 19) erschienen – monographische Werke sollte Weber nicht mehr veröffentlichen. Zugleich entwickelte sich das mehrfach wechselnde Webersche Haus zu einem Diskussionszirkel, an dem sich neben Naumann und Sombart auch Ernst Bloch, Stefan George, Theodor Heuss, Karl Jaspers, Emil Lask, Georg Lukács, Gustav Radbruch oder Georg Simmel beteiligen sollten. Daneben stehen immer wieder Forschungsreisen, so beispielsweise 1904 in die USA, 1908 nach Frankreich, Italien und Holland. 1909 war er an der Gründung der Deutsche Gesellschaft für Soziologie beteiligt, die sich im Vergleich zum Verein für Sozialpolitik einer rein wissenschaftlichen Forschung verschrieb und an dessen Debatten Weber Anteil nahm. Eine Erbschaft zwei Jahre zuvor stellte seine finanzielle Unabhängigkeit sicher.

Disziplinar-offizier

Der Kriegsbeginn 1914 stimmte Max Weber enthusiastisch So trat er in Hei-delberg den Dienst als Disziplinaroffizier der Lazarettkommission antrat, den er schon 1915 wieder aufkündigte. Unklare Kriegsziele und nicht zuletzt der verkündete uneingeschränkte U-Boot-Krieg veranlassten ihn, sich kritisch mit dem Krieg und der Monarchie auseinanderzusetzen. 1917 bekannte er sich zur Notwendigkeit der Demokratisierung Deutschlands. Trotzdem verurteilte er die Revolution 1918, da er mit ihr die letzte Chance auf einen für Deutschland nicht zu harten Frieden vertan sah. Seit 1918 war er Vorstandsmitglied der Liberalen Deutschen Demokratischen Partei, die in den ersten Wahlen 1919 18% der Wahlstimmen erlangen konnte.

Ab 1917 hielt Weber wieder vor großem Publikum Vorträge, wobei die auf Burg Lauenstein initiierten einen Höhepunkt bildeten. Er erhielt Rufe mehrerer deutscher Universitäten. Nach einem Probesemester in Wien 1918 entschied sich Weber für die Nachfolge des Volkswirtschaftlers **Lujo Brentano (1844 – 1931)** in München, mit dem er eine scharfe Auseinandersetzung über seine Kapitalismusthese führte. Die Beziehung zu Else Jaffé-Richthofen war wahrscheinlich der Grund für die Wahl seines Beschäftigungsortes. In diese Zeit fallen auch seine beiden herausragenden Vorträge „Wissenschaft als Beruf" (1917) und „Politik als Beruf" (1919) auf Bitten des Münchener Freistudentischen Bundes.

München

1920, ein Jahr nach dem Tod seiner Mutter und dem Freitod seiner Schwester Lili, erkrankte Weber an der pandemisch verlaufenden Spanischen Grippe und starb am 14. Juni in München. Seiner Beerdigung in Heidelberg wohnten über 1.000 Menschen bei. Ein Teil seiner zum Teil nur in Manuskripten vorliegenden Schriften erschien erst postum, so das 1922 verlegte und als Hauptwerk klassifizierte *„Wirtschaft und Gesellschaft"*, dessen Überarbeitung Weber nicht vollenden konnte. Die Herausgabe wurde von Marianne Weber besorgt.

11.2 Wissenschaftliches Vermächtnis

Als der Philosoph Karl Jaspers 1932 gegen das dumpfe Deutschtum der Nationalsozialisten den Grundtypus eines deutschen Politikers, Forschers und Philosophen und somit – in seinen Augen – wahrhaft nationaler Größe entgegenstellen wollte, benötigte er keine ausgedehnte Suche. Diese herausragende Stelle nahm im Urteil Jaspers ohne Konkurrenz Max Weber ein. In ihm sah er auch nach dem Krieg nicht nur den „letzten nationalen Deutschen", sondern zugleich den Forscher der die, heute Gesellschafts- und Kulturwissenschaften genannten Wissenschaften – und hier besonders die Soziologie –, mit methodischer Klarheit zu einem Status moderner Wissenschaften verholfen hatte. Nicht zuletzt deshalb wird Weber sowohl von Soziologen, Historikern, Religions- und Politikwissenschaftlern, aber auch von Ökonomen in die Reihe der grundlegenden Vertreter ihrer Disziplin eingeordnet und ebenfalls darin liegt begründet, dass webersche Methodik, Begrifflichkeiten und Modelle bis heute nicht zur Gänze aus der wissenschaftlichen Diskussion wegzudenken sind.

Grundtypus eines deutschen Politikers

Die hier dargestellten Probleme können nur eine Auswahl bilden. Neben einer wissenschaftstheoretischen Stellungnahme soll deshalb nur in Kürze die Webersche Theorie der Entstehung einer besonderen asketischen, rationalen Lebensführung skizziert werden, wie sie mit den Trägern des entstehenden Kapitalismus korreliert.

Das Objektivitätsproblem

Objektivität in
den Sozialwis-
senschaften

1904 erschien im gerade neu herausgegebenen Archiv für Sozialwissenschaften und Sozialpolitik Webers Arbeit über die *„Objektivität in den Sozialwissenschaften"*. Dieser Artikel versteht sich weniger als ein getrennter methodologischer Aufsatz, sondern vielmehr als eine programmatische Erklärung für die Art der zu erwartenden Beiträge in der neuen Zeitschrift. Er ist zugleich Abgrenzung und Kritik an einer bisherigen Art Kulturwissenschaft zu betreiben. Thematisiert wird das Spannungsverhältnis zwischen rationalem wissenschaftlichen Kenntniszuwachs und der für Sozialwissenschaften typischen Verknüpfung zur Politik: Wertung und Urteilsfindung. Die Fragestellung, der sich Weber im Folgenden widmet, behandelt dieses Verhältnis zwischen wissenschaftlicher Erkenntnis und der Fähigkeit, Werturteile zu begründen. Ferner stellte er die sich daraus ergebenden begrifflichen und methodischen Möglichkeiten dar.

Aufgabe der Sozialwissenschaften ist nach Weber gerade nicht die Aufdeckung allgemeingültiger Gesetze, sondern das Verstehen des individuellen Zusammenhanges eines beobachteten Ereignisses und somit seiner Besonderheit. Dabei stellt sich die zu untersuchende Wirklichkeit nicht in endlichen Strukturen dar, sondern als ein unendliches Chaos, aus dem der untersuchende Wissenschaftler unter der Prägung eines Filters, den Weber als Kultur beschreibt, und unter der Prämisse der Widerspruchsfreiheit erst die zu untersuchenden Objekte auswählt. Der Sozialwissenschaftler ist damit Konstruktivist, der sich unter dem Primat der kulturellen Wertzuweisung den von ihm wahrgenommenen Ausschnitten der Realität zu nähern sucht. Konstruiert werden aber nicht Gesetze, sondern, so Weber, Idealtypen. Diese unterscheiden sich vom Gesetz durch den verminderten Anspruch von Gültigkeit. Während das Gesetz die singuläre Erscheinung in der Naturwissenschaft innerhalb der Gültigkeitsgrenzen subsumiert muss oder aber widerlegt wird, dient der Idealtypus nur als Maßstab. Er ist ein unter einer bestimmten Fragestellung auf wesentliche Elemente idealisiertes Konstrukt, an dem sich Realität vergleichen lässt, um deren spezifische Eigenschaften, also die Abweichungen, herauszuheben. Eine irgendwie geartete Annäherung oder gar ein Gleichnis zwischen Idealtyp und Realität ist nicht zu erwarten, damit wird auch die Möglichkeit der Klassifikation ausgeschlossen. Solche Idealtypen, Weber beschreibt in späteren Publikationen beispielsweise die Typen reiner Herrschaft, die mittelalterliche Stadt oder verschiedene Religionstypen, dienen nur der Heuristik und sind in ihrer Funktion Werkzeug. Schon eine andere Fragestellung kann sie ihrer Funktion und ihres Wertes berauben.

Reine Methoden-
objektivität

Objektivität ist damit für Weber letztlich eine reine Methodenobjektivität. Unabhängig vom eigenen Standpunkt muss die Plausibilität der Argumentation nachvollziehbar, der verwendete Idealtyp widerspruchsfrei und dem Problem angemessen sein. Der zugrunde liegende Standpunkt ist aber Funktion der irgendwie festgelegten Kulturwerte und kann beträchtlich differieren. Und hier liegt die Aufgabe des Wissenschaftlers, denn wissenschaftliches

Arbeiten heißt gerade nicht wertfreies Arbeiten – schon die Auswahl der Fragestellung wäre unmöglich – sondern dem Rezipienten und nicht zuletzt sich selbst immer wieder Rechenschaft über den eigenen Ausgangspunkt abzulegen.. Dies äußert sich in der Pflicht, Argumente, welche auf methodisch korrekten Ableitungen beruhen, von solchen, welche sich auf eigene Werturteile gründen, kennzeichnend zu trennen. Denn letztere sind nicht aus den Tatsachen ableitbar und somit zwar notwendig, aber nicht Gegenstand von Wissenschaft.

Webers Leistung besteht weniger in der ursprünglichen Herausarbeitung der Begrifflichkeiten und Denkmuster. Diese lassen sich im Wesentlichen bei Menger, Rickert und dem in Heidelberg lehrende Staatsrechtler Georg Jellinek finden, als vielmehr in der Synthese dieser Arbeiten und der Bereitstellung und Verteidigung dieser für die Sozialwissenschaften. Auch steht der Aufsatz im Weberschen Werk selbst nicht singulär da. Schon in *Roscher und Knies und die logischen Probleme der Nationalökonomie* wendet sich Weber dieser Problematik zu und der sich anschließende Werturteilstreit in der Soziologie allein wusste schon zu verhindern, dass der Fokus verloren ging.

Der Geist des Kapitalismus

Max Webers bekanntestes Werk in Deutschland ist zweifellos „*Die protestantische Ethik und der ‚Geist' des Kapitalismus*". Bei einer Analyse einer Studie seines Schülers Martin Offenbacher über Konfession und soziale Schichtung fiel der vorwiegend „protestantische Charakter des Kapitalbesitzes und Unternehmertums" auf. Aufbauend auf diese Korrelation stellte sich für Weber die Frage, wieso gerade in Europa und dort in den protestantischen und insbesondere calvinistischen Gebieten etwas entwickeln konnte, das wir heute als Kapitalismus verstehen – eine durch und durch rationalisierte, effektivierte Art der Produktion und Lebensführung, welche grundlegend mit der traditionellen Art zu leben bricht. Dabei, so Weber, steht nicht der Besitz an irgendwelchen Gütern oder die Gier nach Vermögen im Vordergrund – solches gab es auch zu anderen Zeiten und an anderen Orten.

Die protestantische Ethik und der ‚Geist' des Kapitalismus

Die Argumentationskette lässt sich vereinfacht wie folgt zusammenfassen: Mit der Reformation des katholischen Glaubens verliert der gläubige Christ zusammen mit der direkten Beziehung zu seinem Gott und der garantierten Sündenvergebung seine Heilsgewissheit. In einer Religion, welche aber dem Gläubigen ein besseres Leben nach dem Tode verspricht, bedeutet dieser Verlust einen erhöhten psychischen Druck. Dieser äußert sich auf der Suche nach Gewissheit. Wenn gar mit dem Grad der Verweltlichung der Religion Gott dem Menschen entrückt wird, also eine Beeinflussung der Heilschancen gar als unmöglich erlebt wird, so wird sich diese Suche auf ein Zeichen einer erhofften Auserwähltheit konzentrieren. Ein mögliches Zeichen war dabei eine bereits irdische erfahrene Auserwähltheit im Kontrast zur Umwelt, eine gelebte Zuversicht und

Askese sowie selbstlose Arbeit im Beruf. Religiöser Druck erzeugt hier eine Neubewertung der Lebensführung, den Zwang zu ständiger Selbstkontrolle, die den Gläubigen nicht aus einer erlebten Isolation wohl aber aus der Angst befreien kann. Die zu erwartende wirtschaftliche Überlegenheit dieser Lebensführung wirkt dann im nun entfesselten, ökonomischen Konkurrenzkampf auch auf andere Gruppen. Der einmal so geimpften Gesellschaft bleibt schließlich auf Grund der entstandenen Dynamik keine andere Entwicklungsalternative als die Rationalisierung des gesamten gesellschaftlichen Lebens, ausgedrückt durch eine Trennung von Betrieb und Familie, Betriebs- und Privatvermögen und einer darauf aufbauenden rationalen Buchführung.

11.3   Textbeispiele

Archiv für Sozi-
alwissenschaften

Aus dem programmatischen Artikel des Archivs für Sozialwissenschaften:

(...) wir halten uns lediglich an die Tatsache, daß noch heute die unklare Ansicht nicht geschwunden, sondern besonders den Praktikern ganz begreiflicherweise geläufig ist, daß die Nationalökonomie Werturteile aus einer spezifisch „wirtschaftlichen Weltanschauung" heraus produziere und zu produzieren habe.

Unsere Zeitschrift als Vertreterin einer empirischen Fachdisziplin muß, wie wir gleich vorweg feststellen wollen, diese Ansicht grundsätzlich ablehnen, denn wir sind der Meinung, daß es niemals Aufgabe einer Erfahrungswissenschaft sein kann, bindende Normen und Ideale zu ermitteln, um daraus für die Praxis Rezepte ableiten zu können.

Was folgt aber aus diesem Satz? Keineswegs, daß Werturteile deshalb, weil sie in letzter Instanz auf bestimmten Idealen fußen und daher „subjektiven" Ursprungs sind, der wissenschaftlichen Diskussion überhaupt entzogen seien. Die Praxis und der Zweck unserer Zeitschrift würde einen solchen Satz ja immer wieder desavouieren. Die Kritik macht vor den Werturteilen nicht Halt. Die Frage ist vielmehr: Was bedeutet und bezweckt wissenschaftliche Kritik von Idealen und Werturteilen?

Es ist und bleibt – darauf kommt es für uns an – für alle Zeit ein unüberbrückbarer Unterschied, ob eine Argumentation sich an unser Gefühl und unsere Fähigkeit, für konkrete praktische Ziele oder Kulturformen und Kulturinhalte uns zu begeistern, wendet, oder, wo einmal die Geltung ethischer Normen in Frage steht, an unser Gewissen, oder endlich an unser Vermögen und Bedürfnis, die empirische Wirklichkeit in einer Weise denkend zu ordnen, welche den Anspruch auf Geltung als Erfahrungswahrheit erhebt.

9.3   Textbeispiel

Um Walras Texte dem Leser einigermaßen verständlich zu präsentieren, sollen
Sie mit den Worten von Volker Caspari wiedergegeben werden.

Gesellschaftli-
cher Reichtums

Den Ausgangspunkt der Walrasschen Theorie bildet seine Definition des
gesellschaftlichen Reichtums:

„By social wealth I mean all things, material or immaterial (it does not mat-
ter which in this context), that are scarce, that is to say, on the one hand, useful to us and, on the other hand, only available to us in limited quantity."
(Walras, Léon: Elements, a.a.O., S.65)

Nützliche Dinge, die nur in begrenzter Menge existieren, lassen sich aneig-
nen.

„Once all things that can be appropriated (that is, all scarce things and
nothing else) have been appropriated, they stand in a certain relationship to
each other, ... that of being exchangeable against any other scarce thing in
such a determinate ratio."
(Walras, Léon: Elements, ebenda, S. 76)

Das Verhältnis, in dem sich die Güter gegeneinander austauschen, nennt man
Tauschwert. Die Höhe des Tauschwertes bzw. seine Änderungen zu erklären,
galt Walras als Kernstück der theoretischen Ökonomie. Hierzu sollte man sich
der mathematischen Methode bedienen, denn das Austauschverhältnis ist ein
Mengenverhältnis, damit messbar und mathematischer Behandlung zugängig.

„If the object of mathematics in general is to study magnitudes of this kind,
the theory of value in exchange is really a branch of mathematics which
mathematicians have hitherto neglected and left undeveloped."
(Walras, Léon: Elements, ebenda, S. 70)

Damit hat Walras sein Programm klar umrissen. Es ging ihm um eine „exakte"
Behandlung des Tauschphänomens auf der Basis einer Theorie von Angebot
und Nachfrage, weil er den Tauschwert als ein Marktphänomen ansah.

„Value in exchange, when left to itself, arises spontaneously in the market as
the result of competition.

As buyers, traders make their demand by outbidding each other. As sellers,
traders make their offers by underbidding each other.
(Walras Léon: Elements, ebenda, S. 83)

Und dieser Satz bleibt richtig, trotzdem, wie sich noch zeigen wird, jene höchsten „Werte" des praktischen Interesses für die Richtung, welche die ordnende Tätigkeit des Denkens auf dem Gebiete der Kulturwissenschaften jeweils einschlägt, von entscheidender Bedeutung sind und immer bleiben werden. Denn es ist und bleibt wahr, daß eine methodisch korrekte wissenschaftliche Beweisführung auf dem Gebiete der Sozialwissenschaften, wenn sie ihren Zweck erreicht haben will, auch von einem Chinesen als richtig anerkannt werden muß (...).

Beispiel für eine idealtypische Konstruktion: Bürokratische Herrschaft als einer der drei reinen Typen der legitimen Herrschaft

Bürokratische
Herrschaft

I. *Legale Herrschaft* kraft Satzung. Reinster Typus ist die bürokratische Herrschaft. Grundvorstellung ist: daß durch formal korrekt gewillkürte Satzung beliebiges Recht geschaffen und [bestehendes beliebig] abgeändert werden könne. Der Herrschaftsverband ist entweder gewählt oder bestellt, er selbst und alle seine Teile sind Betriebe. Ein heteronomer und heterokephaler (Teil-) Betrieb soll Behörde heißen. Der Verwaltungsstab besteht aus vom Herrn ernannten Beamten, die Gehorchenden sind Verbands-Mitglieder („Bürger", „Genossen").

Gehorcht wird nicht der Person, kraft deren Eigenrecht, sondern der gesatzten Regel, die dafür maßgebend ist, wem und inwieweit ihr zu gehorchen ist. Auch der Befehlende selbst gehorcht, indem er einen Befehl erläßt, einer Regel: dem „Gesetz" oder „Reglement", einer formal abstrakten Norm.

Weber, der Rationalisierung in allen Bereichen des Lebens als eine wesentliche Komponente des modernen Lebens und der Wissenschaft ausmacht, bedauert zugleich den mit der Entzauberung der Welt zu tragenden Verlust an absoluter Wahrheit, aus „Wissenschaft und Beruf" (1919):

Wissenschaft
und Beruf

Es ist das Schicksal unserer Zeit, mit der ihr eigenen Rationalisierung Intellektualisierung, vor allem: Entzauberung der Welt, daß gerade die letzten und sublimsten Werte zurückgetreten sind aus der Oeffentlichkeit, entweder in das hinterweltliche Reich mystischen Lebens oder in die Brüderlichkeit unmittelbarer Beziehungen der Einzelnen zueinander. Es ist weder zufällig, daß unsere höchste Kunst eine intime und keine monumentale ist, noch daß heute nur innerhalb der kleinsten Gemeinschaftskreise, von Mensch zu Mensch, im pianissimo, jenes Etwas pulsiert, das dem entspricht, was früher als prophetisches Pneuma in stürmischem Feuer durch die großen Gemeinden ging und sie zusammenschweißte.

Wer dies Schicksal der Zeit nicht männlich ertragen kann, dem muß man sagen: Er kehre lieber, schweigend, ohne die übliche öffentliche Renegatenreklame, sondern schlicht und einfach, in die weit und erbarmend geöffneten Arme der alten Kirchen zurück. Sie machen es ihm ja nicht schwer. Irgendwie hat er dabei – das ist unvermeidlich – das „Opfer des Intellektes" zu bringen, so oder so. Wir werden ihn darum nicht schelten, wenn er es wirklich vermag. Denn ein solches Opfer des Intellekts zugunsten einer bedingungslosen religiösen Hingabe ist sittlich immerhin doch etwas anderes als jene Umgehung der schlichten intellektuellen Rechtschaffenheitspflicht, die eintritt, wenn man sich selbst nicht klar zu werden den Mut hat über die eigene letzte Stellungnahme ... Daraus wollen wir die Lehre ziehen: daß es mit dem Sehnen und Harren allein nicht getan ist, und es anders machen: an unsere Arbeit gehen und der »Forderung des Tages« gerecht werden – menschlich sowohl wie beruflich. Die aber ist schlicht und einfach, wenn jeder den Dämon findet und ihm gehorcht, der seines Lebens Fäden hält.

Literatur ## 11.4   Weiterführende Literatur

Die Schriften Webers stehen in der in Tübingen verlegten Max Weber Gesamtausgabe (MWG) und der auf den editorischen Anhang verzichtenden Max Weber Studienausgabe (MWS) als Gesamtausgaben zur Verfügung. Neben der Potsdamer Internet-Ausgabe findet sich eine digitalisierte Werkausgabe „Max Weber – Gesammelte Werke" als Band der Digitalen Bibliothek und als „Max Weber im Kontext" auf CD-ROM.

- Albert, Gerd; Bienfait, Agathe; Sigmund, Steffen [Hrsg.]: Das Weber-Paradigma, Studien zur Weiterentwicklung von Max Webers Forschungsprogramm, Tübingen 2003

- Fügen, Hans-Norbert: Max Weber, Mit Selbstzeugnissen und Bilddokumenten, Reinbek bei Hamburg 1985

- Jaspers, Karl: Max Weber, Politiker, Forscher, Philosoph (Nachdruck der Ausgabe von 1932), München 1958

- Käsler, Dirk: Max Weber, Eine Einführung in Leben, Werk und Wirkung, 3. Aufl., Frankfurt/M., New York 2003

- Mommsen, Wolfgang J.: Max Weber und die deutsche Politik 1890 – 1920, 3. Aufl., Tübingen 2004

- Schefold, Bertram: Beiträge zur ökonomischen Dogmengeschichte, Düsseldorf 2004

- Schöllgen, Gregor: Max Weber, München 1998

- Sukale, Michael: Max Weber – Leidenschaft und Disziplin, Leben, Werk, Zeitgenossen, Tübingen 2002

11.5   Internetquellen

- Eßbach, Wolfgang: „Capitalism Now – In welcher Zukunft wollen wir leben?" Glaube, Geist und Kapital (SWR2 Essay), Internet, URL: http://www.swr.de/swr2/programm/sendungen/essay/-/id=2084062/property=download/nid=659852/1i7c4e3/swr2-essay-20070515.rtf, Download: 12.08.2007.

- Max Weber, Ausgewählte Schriften, Potsdamer Internet-Ausgabe (PIA), Internet, URL: http://www.uni-potsdam.de/u/paed/Flitner/Flitner/Weber/, Datum: 05.09.2007.

- SocioSite: Max Weber [1864-1920], Internet, URL: http://www.sociosite.net/topics/weber.php, Download: 17.08.2007.

- Wikipeadia: Max Weber, Internet, URL: http://de.wikipedia.org/wiki/Max_Weber, Datum: 05.09.2007.

Bildquelle

Foto aus Fügen, Hans-Norbert: Max Weber, Mit Selbstzeugnissen und Bilddokumenten, Reinbek bei Hamburg 1985, S. 113. Nachweis dort: Leif Geiges, Staufen.

12 Joseph Aloisus Julius Schumpeter (1883 – 1950)

Grenzüberschreitender Nationalökonom

12.1 Lebensweg

Tuchfabrikanten

Joseph Aloisus Julius Schumpeter erblickte als Kind des Tuchfabrikanten Joseph Schumpeter und dessen Frau Johanna am 8. Februar 1883 in Triesch (damals Österreichisch-Mähren, heute Tschechische Republik) das Licht der Welt. Der Vater starb früh, die verwitwete Mutter zog mit ihrem zweiten Mann zuerst 1888 nach Graz, dann 1893 nach Wien. Dank seines Stiefvaters, dem pensionierten Feldmarschallleutnant Sigismund von Keler, besuchte Schumpeter das Theresianum, eine Eliteschule der KuK-Monarchie. Schumpeter erlernte u.a. mehrere Sprachen sowie auch Fechten und Reiten. Leider prägten ihn acht Jahre Theresianum auch auf andere Weise: Überheblichkeitshang, Arroganz und Opportunismus wurden ihm nachgesagt.

Universität Wien

1901 brillierte Schumpeter in der Abschlussprüfung. Er studierte anschließend Ökonomie an der Universität Wien. Das war nur im Rahmen der Jurisprudenz möglich. Weiterhin besuchte Schumpeter Vorlesungen in Mathematik und Statistik. Berühmte Ökonomen wie Menger und Böhm-Bawerk waren seine Lehrer. Schumpeter hatte Kontakt zu Liberalen als auch zu Marxisten (darunter sind bedeutende Namen wie von Mises, Bauer und Hilferding). 1906 promovierte Schumpeter zum Doktor der Rechte. Danach reiste er durch Deutschland,

London School of Economics

Frankreich und England. Er absolvierte einen Studiengang an der „**London School of Economics**", schon damals eine erste Adresse der europäischen Ökonomiehochschulen. Im Jahr 1907 heiratete Schumpeter die 24 Jahre ältere Gladys Ricarda Seaver. Im selben Jahr ging er nach Ägypten, wo er am dortigen Internationalen Gerichtshof arbeitete. Gleichzeitig war er erfolgreicher Vermögensverwalter einer ägyptischen Prinzessin (Strathern 2003, S. 257).

Habilitations-schrift

Im Oktober 1908 wurde sein Werk „Das Wesen und der Hauptinhalt der theoretischen Nationalökonomie" als Habilitationsschrift der Staatswissenschaftlichen Fakultät der Universität Wien angenommen. Im selben Jahr noch erhielt er eine Professur an der Universität von Czernovitz, damals im KuK Österreich-Ungarn, heute in der Ukraine. Hier verfasste er seine „Theorie der wirtschaftlichen Entwicklung", was mehrheitlich als größtes Werk Schumpeters eingeschätzt wird. Im Jahr 1911 ging Schumpeter nach Graz zurück, wo er zum ordentlichen Professor für Politische Ökonomie ernannt wurde. Der Anfang war nicht ganz einfach, weil die Studenten ihm vorwarfen, er würde zu viel von ihnen verlangen. Zwei Jahre lehrte er in Graz. Schumpeter fiel u.a. dadurch auf, dass er seine Vorlesungen in Reiterhosen abhielt.

New York

Im Jahr 1913 wechselte Schumpeter für ein Jahr als Austauschprofessor an die Columbia University in New York. Seine Frau kehrte danach nicht mit ihm nach Graz zurück – de facto war damit die Ehe zu Ende – sondern zog zurück nach London.

Nach einer Zwischenepisode als Dekan der Juristischen Fakultät wurde er *Finanzminister in Österreich*. Im Winter 1918 wurde Schumpeter in die Sozialisierungskommission der ersten deutschen sozialdemokratischen Regierung berufen und unterzeichnete einen vorläufigen Ergebnisbericht, der die Sozialisierung der Kohleindustrie bejahte. In Österreich dagegen warnte Schumpeter vor Sozialisierungen. Diese Wankelmütigkeit machte ihn angreifbar. Als Parteiloser geriet Schumpeter in die Zange zwischen Sozialdemokraten und Christsozialen. Er konnte der Inflation keinen Einhalt gebieten und verlor nach sieben Monaten sein Ministeramt. Nur ein kurzer „Ausflug" führte ihn zurück in die Lehrtätigkeit in Graz, bevor er 1921 seine Enthebung vom Lehramt beantragte.

Finanzminister in Österreich

Er versuchte sich zunächst erfolgreich in der Privatwirtschaft. Sein aufwändiger Lebensstil – er kaufte ein Schloss und umgab sich mit Damen aus dem Rotlichtmilieu – erforderten erhebliche finanzielle Mittel. Er trat extravagant auf. Es werden Worte Schumpeters kolportiert, aus denen hervorgeht, er wolle der größte Nationalökonom aller Zeiten, der größte Reiter Österreichs und der größte Liebhaber in Wien werden. 1924 wurde Schumpeter durch die Wirtschaftskrise abrupt auf den Boden der Tatsachen zurückgeholt. Er verlor sein ganzes Vermögen und musste hoch verschuldet seinen Posten als Bankpräsident verlassen. Ein alter Freund verschaffte ihm eine Professur für wirtschaftliche Staatswissenschaft an der Universität Bonn. Schumpeters Talent, Hörer in seinen Bann zu ziehen, verfing auch in Bonn. Nach Aussage Erich Schneiders, eines Schülers und Bewunderers Schumpeters (später Professor für Ökonomie an der Universität Kiel), wurde Bonn durch Schumpeter ein „Mekka der Volkswirtschaftslehre". Im Jahr 1925 heiratete er zum zweiten Mal. Seine zweite Frau Josefine Reisinger war 20 Jahre jünger als er. Beide verlebten in Bonn zunächst eine glückliche Zeit. Doch es kamen schwere Schicksalsschläge: seine erste Frau Gladys drohte ihm mit einer Klage wegen Bigamie. Im Juni 1926 starb seine von ihm verehrte Mutter, im August desselben Jahres seine zweite Frau im Kindbett sowie nur Stunden später sein Sohn. Von diesen Schlägen hat er sich nie wieder richtig erholt. Schumpeter wurde ein wenig wunderlich und hielt Zwiesprache mit seiner toten Mutter und toten Frau. Er stürzte sich geradezu auf die Arbeit, um über den Schmerz hinwegzukommen.

Extravagant

Schicksalsschläge

Ab 1927 lehrte Schumpeter als Gastprofessor an der berühmten Harvard University in Boston. Im Jahr 1931 kehrte er über Japan – hier hielt er stark beachtete Vorträge – nach Bonn zurück. Die erhoffte Nachfolge auf den Lehrstuhl von Werner Sombart in Berlin wurde ihm nicht beschert. Deswegen ging er im Mai 1932 wieder als Dozent an die Harvard University nach Massachusettes. Im Sommer 1937 heiratete Schumpeter zum dritten Mal, dieses Mal eine Volkswirtschaftlerin mit Namen Elizabeth Boody. Sein gutes Gehalt ermöglichte ihm die Rückzahlung seiner Schulden. Er konnte sich deswegen als Pferdenarr einen Stall reinrassiger Pferde leisten. 1939 wurde er amerikanischer Staatsbürger.

Boston

Capitalism,   Im Jahr 1942 wurde Schumpeters „Capitalism, Socialism and Democracy"
Socialism and veröffentlicht. Das Buch wurde in 16 Sprachen übersetzt und wurde sein größ-
Democracy   ter Erfolg. Der zweite Weltkrieg machte ihm wegen des hohen Blutzolls und
des Bombardements der Alliierten als Pazifist schwer zu schaffen. Sein
Gesundheitszustand verschlechterte sich zusehends. Seine dritte Frau übernahm mehr und mehr die Rolle einer Pflegerin. Dennoch oder gerade deswegen arbeitete Schumpeter unermüdlich weiter, bis ein Gehirnschlag am
8. Januar 1950 sein Leben beendete.

12.2 Wissenschaftliches Vermächtnis

Nach Kurt W. Rothschild (2004) gebührt Schumpeter in der Galerie der bedeutendsten Nationalökonomen des 20. Jahrhunderts ein vorderer Platz, und zwar
erstens aufgrund seiner Beiträge zur ökonomischen Theorie und zweitens aufgrund der Verknüpfung ökonomischer Erkenntnisse mit anderen gesellschafts-
wissenschaftlichen Bereichen (Wirtschaftsgeschichte, Soziologie).

Elitedenken   Besonders deutlich wird das dokumentiert in Schumpeters Spät- und
Hauptwerk „Kapitalismus, Sozialismus und Demokratie" (1942). Das hängt
wesentlich mit der Herkunft Schumpeters aus dem Milieu der KuK-Monarchie
zusammen: Österreich-Ungarn war damals ein industriell wenig entwickeltes
Land mit noch feudalen Strukturen. Schumpeter wuchs mit einem gewissen Elitedenken auf, ein Denken im Sinne stiller Bewunderung so genannter „aristo-
kratischer Werte" wie Mut, Charakterfestigkeit, Leistungsdenken. Er zeigte eine
„vornehm-distanzierte Haltung" oder, wie Erich Schneider es ausdrückt, er
wirkte wie der „kultivierte österreichische Gentleman der alten Schule" (vgl.
Koesters 1984, S.163).

Vorbilder   Schumpeters Beiträge lassen sich nicht leicht zusammenfassen, da er nach
Rothschild (2004, S. 135) keine eindeutige „Schule" hinterlassen hat, vielleicht auch nicht hinterlassen wollte. Schumpeters Problemansätze waren sehr
vielschichtig. Der Kölner Konjunkturforscher Günter Schmölders nannte
Schumpeter den „letzten universalen Kopf unserer Wissenschaft" (Koesters 4/
1984, S.160). Nach Rothschild wird das „Universalgenie" besonders in
Schumpeters posthum veröffentlichten Werk „History of Economic Analysis"
sichtbar. Vom alten Griechenland bis ins 20. Jahrhundert werden mehr als bei
einer Tour d´Horizon alle bedeutenden Ökonomen samt ihrer Theorien
gestreift, vielmehr wird gleichzeitig der soziologische und kulturelle Hintergrund ausgeleuchtet, wodurch der jeweilige historische Bezug besonders zu
Tage tritt. Aufgrund seiner breiten „grenzüberschreitenden" Sichtweise zog
Schumpeter verschiedene Quellen für den Aufbau seiner Theoriengebäude
heran. Seine Vorbilder waren **Max Weber**, **Léon Walras** und **Karl Marx**.
Max Weber gab Schumpeter die Idee der Einbettung der wirtschaftlichen Prozesse in die Geschichte und Soziologie mit auf den Weg. Léon Walras' mathe-

matisch orientierte Gedankengebäude faszinierten Schumpeter wegen ihres Beweises der Wirtschaftstheorie als einer exakten Wissenschaft. Walras' rein statisches Modell des Marktgleichgewichtes sah Schumpeter bei Marx durch eine dynamische Theorie der ständigen Änderungen abgelöst. Die originäre Schöpfung Schumpeters war die Gestalt des „Schumpeterschen Unternehmers", des Entrepreneurs, des schöpferischen, innovativen Unternehmers, der „es wagt, mit geborgtem Geld neue und riskante Wege zu beschreiten, die ihm große Gewinne, aber auch den Weg in den Bankrott bescheren können" (Rothschild 2004, S. 142).

Schumpeterschen Unternehmer

Dieser Unternehmer, der kein Bürokrat und kein „ausführendes Organ", sondern Teil einer kleinen kreativen Elite ist, dieser Unternehmer ist in Schumpeters Theorie der entscheidende Motor der wirtschaftlichen Entwicklung. „Durch seine Pionierleistungen erwirbt der Entrepreneur zunächst eine vorübergehende Monopolstellung, bis die Masse der „normalen Unternehmer" die neuen leistungsfähigeren Methoden kopiert hat und die Konkurrenz wiederhergestellt wird. In den Übergangsperioden gehen manche der alten Betriebe zugrunde. Dies aber ist in Schumpeters Diktion eine wünschenswerte „schöpferische Zerstörung", der Preis, der für den kapitalistischen Wachstumsprozess in Kauf genommen werden muss" (Rothschild 2004, S. 142f.). Hier liegt auch der Schlüssel zu seiner Erklärung wirtschaftlicher Zyklen. Während heutzutage üblicherweise beim Begriff „Konjunkturzyklus" an die ca. fünf Jahre dauernden Wirtschaftsschwankungen gedacht wird, sah Schumpeter diesen Begriff nicht so eng. Er wollte die Schwankungen in der Wirtschaft generell endogen erklären und nicht mehr auf „Missernten und ähnliche Ursachen" zurückgreifen. Dabei stieß er auf verschiedene Zyklen. Eine entscheidende Rolle spielen hierbei die „Pionierunternehmer", die mit ihren Innovationen so genannte Vorsprungsgewinne erzielen können („wer nicht wagt, der nicht gewinnt"). Erfindungen sind nicht per se Impuls setzend, sie müssen auch in die wirtschaftliche Wirklichkeit umgesetzt werden. Genau dafür sind die Pionierunternehmer notwendig. Innovationen erfolgen in Schüben. Sie müssen nicht notwendigerweise auf Erfindungen zurückgeführt werden, es kann sich auch um organisatorische Innovationen handeln. Vereinfacht könnte ein derartiger Innovationsschub so aussehen:

Pionier-unternehmer

Ausgangspunkt sei ein Gleichgewicht mit Vollbeschäftigung, d.h. alle Produktionsanlagen seien ausgelastet. Es sollen einige Innovationen auf den Märkten durchgesetzt werden, u.a. die Einführung eines Gasautos. Um die Massenproduktion von Gasautos in Gang zu setzen, müssen neue Fabriken gebaut oder alte umgerüstet werden. Das geschieht mit Hilfe von Bankkrediten, die an die Pionierunternehmer verliehen werden (das mag zunächst ein einziger sein, dessen Erfolg aber auf willige Nachahmer ausstrahlt und diese ebenfalls z.B. zur Umstellung auf Gasautos animiert). Die Banken refinanzieren sich bei der Zentralbank. Diese verleiht Geld, was sie selbst herstellt. Es entsteht zusätzliche Kaufkraft. Diese soll in den Kauf neuer Maschinen kanalisiert werden. Das ist

Gleichgewicht mit Vollbeschäftigung

bei der zugrunde gelegten Hochkonjunktur nur über Preissteigerungen möglich (Wettlauf um neue Produktionsmittel). Die Wirkungen des Innovationsschubs strahlen nach und nach auf die gesamte Wirtschaft aus (Arbeitskräfte werden zusätzlich nachgefragt, die Löhne steigen, die Nachfrage nach anderen Gütern des täglichen Lebens nimmt zu). Das Gleichgewicht ist durch diesen Aufschwung gestört. Nach Schumpeter hat der Aufschwung aber einen Haken: aus der Übernachfrage nach Maschinen ist ein Überangebot an Waren geworden. Wie ist das zu erklären? Zusätzlich zu den vorhandenen Benzinautos kommen die neuen Gasautos auf den Markt. Dies ist ein langsamer Prozess, der letztlich aber wegen des Überangebots die Preise sinken lässt. Die Gewinne werden geringer, so dass der Anreiz für weitere Innovationen verloren geht. Es setzt allmählich eine Rezession ein. Das trifft besonders die „alten Unternehmer", die die Neuerungen entweder verschlafen hatten oder die nicht genug Mut zur Produktionsumstellung aufbrachten. Sie werden Opfer des Prozesses der schöpferischen Zerstörung. Da die gut verdienenden Unternehmer ihre aufgenommenen Kredite zurückzahlen, verschwindet – ihre Neuvergabe einmal ausgeschlossen – die zusätzliche Kaufkraft. Die Krise wird schärfer.

Schumpeter dachte sich ein Einpendeln auf einem neuen Gleichgewicht, allerdings auf einem höheren technischen Niveau.

Kürzere und längere Innovationszyklen Zu jedem Zeitpunkt, so meinte Schumpeter, würden sich kürzere und längere Innovationszyklen überlagern. Schumpeter war es, der die heute bekannten Kitchin-, Kondratieff- und Juglarzyklen erkannte und begrifflich einführte.

Kitchin-Zyklus Der erste Zyklus war nach Schumpeter der **Kitchin-Zyklus** (benannt nach einem südafrikanischen Bergbauunternehmer). Zukünftige Absatzperspektiven beeinflussten die Produktion und Fertigprodukt-Lagerhaltung. Der Zyklus dauerte etwa dreieinhalb Jahre.

Juglar-Zyklus Der **Juglar-Zyklus** wurde nach einem französischen Arzt und Wirtschaftstheoretiker benannt. Die Expansion beginnt mit der Modernisierung von Fabriken. Diese Phase dauert vier bis fünf Jahre. Nach der Modernisierung erfolgen keine Expansionen oder Investitionen mehr. Die Produktionsinstrumente veralten. vier bis fünf Jahre später fängt der Zyklus wieder von neuem an.

Dieser Zyklus ist der heutzutage als „Konjunkturzyklus" bezeichnete „normale" Konjunkturzyklus (in der Bundesrepublik inzwischen eine Dauer von etwa fünf Jahren).

Kondratieff-Zyklus Der dritte Zyklus heißt **Kondratieff-Zyklus**, benannt nach dem Wirtschaftsminister Kondratieff aus der ersten russischen Revolutionsregierung unter Kerenskij 1918. Dieser Zyklus ist der Zyklus der langen Wellen und durch Epoche machende, die Wirtschaft umkrempelnde Anwendungen von gravierenden Erfindungen gekennzeichnet (frühindustrielle Revolution mit z.B. der Einführung der Feinspinnmaschine, später dann Eisenbahnbau, Elektrizität, Automobilbau, Chemieindustrie, nicht zuletzt Computer und Kommunikationstechnologie). Der Zyklus dauert zwischen 50 und 60 Jahre an.

Schumpeters großes Spätwerk „Kapitalismus, Sozialismus und Demokratie"   Tod des
prognostiziert den Tod des Kapitalismus, aber nicht auf Grund seiner Schwä-   Kapitalismus
chen bzw. seiner inneren Widersprüche (so Marx), sondern aufgrund seines
Erfolges. Leider würde der innovative Unternehmer, wie ihn Schumpeter ideali-
siert hat, zugunsten des bürokratischen Manager-Planers in Großunternehmen
abgelöst. Damit zerfalle die bürgerliche Klasse, deren Träger der Pionierunternehmer sei. Nach Schumpeter sei das ein Zeichen für den Marsch in den Sozialismus, denn die Planwirtschaft sei nur ein Schritt über die Großunternehmung
hinaus (vgl. Koesters 4/1984, S. 172). Außerdem würde sich der Kapitalismus
technologisch immer weiter entwickeln. Dazu benötigt man gut ausgebildete
Fachkräfte. Diese Fachkräfte sind aber nicht nur „Fachidioten", sondern auch
Mitglieder einer Sozialgemeinschaft und würden das Auseinanderklaffen von
Arm und Reich in kapitalistischen Staaten schon bemerken. „Ein Heer von
Intellektuellen würde entstehen, die das Ende der himmelschreienden Ungerechtigkeiten des freien Marktes und der Konjunkturzyklen forderten. Sie würden aus moralischen Gründen eine umfassende Kontrolle des Kapitalismus
verlangen, und die Folge wäre die Einführung des Sozialismus" (Strathern 2003,
S. 261). Diese apokalyptische Sichtweise wird nur von Wenigen geteilt, ganz   apokalyptische
auszuschließen ist sie aber nicht. Schumpeter war aber kein Sozialist, sondern   Sichtweise
ein konservativer Individualist, der sich für keine „Ismen" einspannen ließ.

Schumpeters bleibender Verdienst ist die „Einführung" des Pionierunterneh-
mers als Antriebskraft des Wirtschaftsgeschehens, sozusagen des „heimlichen
Lenkers" der Verbraucherwünsche. Die meisten Veränderungen der Konsum-
gewohnheiten seien dem Verbraucher schleichend durch das „raffinierte Feuer-
werk der Werbung" (Schumpeter) aufgezwungen worden.

12.3 Textbeispiel

Wenn irgend jemand in unserer bisher statischen Volkswirtschaft, in der Textil-   1912
industrie nur mit Handarbeit produziere, die Möglichkeit der Begründung eines
mit mechanischen Webstühlen arbeitenden Betriebes sieht, die Kraft in sich
fühlt, alle die zahllosen Hindernisse zu überwinden und den entscheidenden
Entschluss gefasst hat, dann braucht er vor allem Kaufkraft. Er leiht sie sich von
seiner Bank aus und schafft seinen Betrieb, wobei es ganz gleichgültig ist, ob er
die Webstühle selbst konstruiert oder von einem anderen Betriebe nach seiner
Anweisung konstruieren lässt, um sich auf ihre Verwendung zu beschränken.
Wenn nun ein Arbeiter mit einem solchen Webstuhl imstande ist, täglich
sechsmal so viel an Produkt zu erzeugen wie ein Handweber, so ist offenbar,
dass unser Betrieb einen Kostenüberschuss, eine Differenz zwischen Erlös
und Ausgang erzielen muss. die übrigen, die statischen Textilbetriebe arbeiten zunächst ruhig weiter, und die nötigen Produktionsmittel müssen nicht
gerade ihnen, aber irgendwelchen statischen Betrieben entzogen werden.

Das geschieht durch höheres Preisgebot. Und deshalb darf unser Mann, der die Preissteigerung auf dem Produktionsmittelmarkt, die seinem Auftreten folgt, vorhersehen und schätzen muss, nicht einfach jene früheren Löhne und Renten in seine Berechnung einsetzen.

Der statische Bann ist gebrochen und immer neue Betriebe mit mechanischen Webstühlen entstehen unter dem Impuls des lockenden Gewinns. Eine vollständige Reorganisation der Branche tritt ein. Das endgültige Resultat muss ein neuer statischer Gleichgewichtszustand sein, in dem bei neuen Daten wieder das Kostengesetz herrscht, so dass die Produktpreise nun gleich sind den Löhnen und Renten der Arbeits- und Bodenleistungen, die in den Webstühlen stecken, mehr den Löhnen und Renten der Arbeits- und Bodenleistungen, die noch den Webstühlen hinzuzufügen sind, damit das Produkt entstehe. Folglich verschwindet der Überschuss unseres Wirtschaftssubjekts und seiner Nachfolger. Den (Hervorhebung durch Schumpeter) Wirtschaftssubjekten fällt der Gewinn zu, auf deren Tat die Einführung der Webstühle zurückzuführen ist. Was haben nun unsere Wirtschafts-Subjekte dazu beigesteuert? Nur den Willen und die Tat. Und was haben sie getan? Nicht irgendwelche Güter aufgehäuft, auch keine ursprünglichen Produktionsmittel geschaffen, sondern vorhandene Produktionsmittel anders, zweckmäßiger, vorteilhafter verwendet. Sie haben „neue Kombinationen durchgesetzt". Sie sind Unternehmer. Und ihr Gewinn, das Plus, dem keine Verpflichtung gegenübersteht, ist ein Unternehmergewinn.

(Joseph Schumpeter, Theorie der wirtschaftlichen Entwicklung, Nachdruck der ersten Auflage von 1912. Hrsg. Jochen Röpke und Olaf Stiller, Berlin 2006)

Literatur 12.4 Weiterführende Literatur

*   Haberler, Gottfried: Joseph Alois Schumpeter. In: Geschichte der politischen Ökonomie. Hrsg. Horst C. Recktenwald, Stuttgart 1971
*   Koesters, Paul-Heinz: Ökonomen verändern die Welt. Lehren die unser Leben bestimmen, 4. Aufl., Hamburg 1984
*   Kurz, Heinz D.: Joseph A. Schumpeter, Marburg 2005
*   März, Eduard: Joseph Alois Schumpeter in: Klassiker des ökonomischen Denkens, Hrsg. Joachim Starbatty, München 1989
*   Rothschild, Kurt W.: Die politischen Visionen großer Ökonomen, Bern 2004
*   Schumpeter, Joseph: Theorie der wirtschaftlichen Entwicklung, Nachdruck der ersten Auflage 1912, Hrsg. Jochen Röpke und Olaf Stiller, Berlin 2006
*   Strathern, Paul: Schumpeters Reithosen, Frankfurt/M. 2003

12.5 Internetquellen

* http://wikipedia.deorg/wiki/Joseph Schumpeter
* Joseph Alois Schumpeter in: http://www.ddb.de (Deutsche Nationalbibliothek Leipzig)
* Schumpeter in: http://www.hsu-bibliothek.de (Helmut-Schmidt-Universität Hamburg)
* Schumpeter in: http://www.vwler.de

Bildquelle

Rothschild, Kurt W.: Die politischen Visionen großer Ökonomen, Bern 2004, S.129

13 Walter Eucken (1891 – 1950)

Ein wirklich unabhängiger Geist

13.1 Lebensweg

Jena   **Walter Eucken** wurde am 17. Januar 1891 in Jena geboren. Er wuchs mit zwei Geschwistern im Hause des Philosophen und Literaturnobelpreisträgers Rudolf Eucken und seiner Frau Irene, einer Malerin, auf. Im Hause Eucken verkehrten illustre Gäste wie der Dichter und Erzähler Gerhard Hauptmann, der Asienforscher Sven Hedin, der Philosoph Henri Bergson, aber auch Künstler wie der Schweizer Maler Ferdinand Hodler. Nach dem Abitur schwankte Walter Eucken zwischen Geschichts- und Wirtschaftswissenschaft, für die er sich letzten Endes entschied. Er studierte in Kiel, Bonn und Jena und promovierte 1913 mit dem Thema „Verbandsbildung in der Seeschifffahrt" an der Universität Bonn. Im ersten Weltkrieg musste Eucken zunächst als Frontsoldat dienen, zuletzt als Batteriechef der Artillerie. Seine Frau Edith Erdsiek, die er 1920 heiratete, war eine Autorin philosophisch – politischer Schriften. Eucken lernte sie in einem Semester an der Universität Berlin kennen. Hier habilitierte er im Jahre 1921 mit dem Thema „Die Stickstoffversorgung der Welt".

Berlin   Bis 1925 war Eucken Privatdozent an der Universität Berlin, bis ihm eine wissenschaftliche Professur in Tübingen angeboten wurde. Im Jahr 1927 wechselte er von Tübingen zur Albert-Ludwigs-Universität in Freiburg/Breisgau, an der er bis zu seinem Tod im Jahre 1950 tätig war. Wenn Eucken in Freiburg auch ein „zurückgezogenes Gelehrtendasein" führte, so war er keinesfalls ein weltfremder Gelehrter. Er war ein stiller und ernster Mensch, der im ersten Eindruck ungelenk und spröde wirkte. Euckens „Markenzeichen" waren Bescheidenheit und Mut. Nach Aussage von Theodor Heuss, dem ersten Bundespräsidenten Deutschlands, besaß Eucken „kraft der Lauterkeit seines Wesens ein charismatisches Führertum" (Welter/Jöhr 1971, S. 579).

Gewissens-   Walter Eucken besaß keinerlei Bildungs- oder Herkunftsdünkel. Er war die
mensch   Unbestechlichkeit in Person. Er fiel durch seine bedächtige, zögerliche, fast schwerfällige Diktion auf. Er strahlte dabei eine ruhig-überlegene Heiterkeit aus. Eucken war ein Gewissensmensch und verabscheute die Nationalsozialisten. In Vorträgen rief er nach der Machtübernahme durch die Nationalsozialisten verschleiert zum Ungehorsam auf. Seine Kontakte zum Widerstand um Goerdeler und Bonhoeffer konnten ihm aber nicht nachgewiesen werden. Er musste sich allerdings den Verhören durch die Nationalsozialisten stellen. Im Jahr 1933 wurde der den Nationalsozialisten wohl gesonnene Philosophie-Professor **Martin Heidegger (1889 – 1976)** Universitätspräsident. Die Universität bekam eine völkische Verfassung, jüdische Wissenschaftler wurden ausgegrenzt. Dagegen bezog Walter Eucken Stellung. Das ging so weit, dass nationalsozialistische Studenten zur Ermordung Euckens aufriefen. Zudem war Eucken wegen der jüdischen Herkunft seiner Frau besorgt. Eucken hielt eine Vorlesungsreihe mit dem Titel: „Der Kampf der Wissenschaft – ein Aufruf für die Freiheit des Denkens", eine eindeutig antinationalsozialistisch ausgelegte Vorlesungsreihe. Es folgten daraufhin Verhöre, der Geheimstaatspolizei, aber keine Verhaftung

Nach 1945 kam Walter Euckens große Stunde. Eucken pflegte Freundschaft zu vielen „Geistesgrößen" unterschiedlicher Disziplinen und zu Künstlern (u.a. August Macke, Ernst Ludwig Kirchner und Max Reger). Euckens Freundschaft zu dem Philosophen **Edmund Husserl (1859 – 1938)** war besonders anregend für seine wissenschaftstheoretischen Überlegungen. Eucken war ein Gegner aller freiheitsfeindlichen Irrationalismen, dazu zählten nach Eucken auch Gedanken der Philosophen Nietzsche und Heidegger und Fortschrittsideologien (z.B. die Ideen von Henri de Saint-Simon, der eine scharfe Kritik am „parasitären Adel" im Frankreich der Revolutionszeit um 1789 formulierte und den Staat als „Assoziation der Werktätigen" forderte). Eucken hatte auch Probleme mit Martin Luther und Jean-Jacques Rousseau, weil er mit deren Voluntarismus (im Willen liegt die Grundbestimmung menschlichen Daseins) nicht übereinstimmte. Euckens Welt war eher die Welt des Intellektualismus (nach dem die Vernunft als das Dasein Bestimmende gedacht wird).

Nach 1945

13.2 Wissenschaftliches Vermächtnis

Walter Euckens großes Anliegen war die Überwindung der „großen Antinomie" (Walter/Jöhr 1971, S. 584) der Forschungsmethoden. Die diametral entgegen gesetzten und mit Vehemenz verteidigten unterschiedlichen Theorieansätze – Historismus auf der einen Seite und modelltheoretische Betrachtungen auf der anderen Seite – hatten nach Euckens Meinung zur Erklärung der Wirklichkeit und als Instrumentenkasten zur Unterstützung der Wirtschaftspolitik total versagt. Der historische Ansatz verlor sich in einem Wust von geschichtlich gebundenen Einzelfakten und konnte keine – die historischen Besonderheiten überwindenden – allgemeingültigen Grundsätze formulieren, ja noch nicht einmal erkennen. Auf der anderen Seite verloren sich die Wirtschaftswissenschaftler in Modellkonstruktionen und der auf die Wirklichkeit blieb ihnen versperrt. Mit einem anderen Bild ausgedrückt: der Historismus sah die Wirklichkeit verzerrt, die Modelltheoretiker sahen die Wirklichkeit überhaupt nicht oder, wie Erich Welter sagt: „die Begriffsrealisten hatten gehofft, durch fleißiges Definieren hinter die Geschichte zu kommen. Bloße Begriffe wurden zu Götzen erhoben" (Welter a.a.O., S. 569).

die Wirklichkeit verzerrt

Walter Eucken selbst drückte es so aus: „Der geschichtliche Charakter des Problems verlangt *Anschauung, Intuition, Synthese, Verstehen, Einfühlung in individuelles Leben*; – der allgemein-theoretische Charakter indessen fordert *rationales Denken, Analyse, Arbeiten mit gedanklichen* Modellen. Hie Leben – da Ratio" (Welter/Jöhr 1971, S. 584). Angesichts der Hilflosigkeit der herrschenden Wissenschaft gegenüber den tragischen Begleitumständen der Hyperinflation von 1923, als die Mark auf ein Billionstel ihres Wertes entwertet wurde, suchte Eucken nach einem das oben erwähnte Schisma überwindenden Erklärungsversuch. Seine erste wissenschaftliche Arbeit hatte deswegen auch den Titel: „Kritische Betrachtungen zum deutschen Geldproblem".

Hie Leben – da Ratio

Unordnung oder
Ordnung

In dieser Arbeit protestiert Eucken gegen die Auffassung von der Zwangsläufig-keit der wirtschaftlichen Entwicklung. Nicht die Verhältnisse brachten die Wirt-schaft in Unordnung oder Ordnung, die Menschen waren die Unordnungs- bzw. Ordnungsgestalter. Die Entwicklung in der Sowjetunion war der zweite große Denkanstoß für Walter Eucken. Es war nach seiner Meinung nicht der von **Karl Marx** so genannte Historische Materialismus als Gestalter des Entwicklungspro-zesses, es waren machtbesessene Menschen, die die Massen von dem angeblich unaufhaltsamen Vormarsch zum Sozialismus aus rein egoistischen Gründen zu überzeugen versuchten, vielleicht sogar in ihrer Verblendung selbst daran glaub-ten. Marx´ Ideen von der Gestaltung der Wirtschaft – wenn er denn solche kon-kreten Vorstellungen überhaupt gehabt hatte – wurden nach Eucken von machthungrigen Ideologen schamlos ausgenutzt.

Wirtschaftsver-fassung

Wie aber sollte die Wirtschaftsverfassung eines Landes gestaltet sein? Das Lais-ser-faire der Gedankenklassiker hatte die Verelendung großer Menschenmassen zur Folge gehabt und den Gedanken von Karl Marx den Boden bereitet. Der Wett-bewerb zwischen den kleinen Anbietern – eine Grundphilosophie der Klassiker – wurde durch machtgierige Wettbewerber skrupellos ausgenutzt und führte zur Verdrängung von Mitkonkurrenten. Das wiederum führte im Endeffekt zur Mono-polisierung und damit zum Tod eines funktionsfähigen Wettbewerbs. Eucken ver-suchte, in der Machteinschränkung der die Wirtschaft gestaltenden Kräfte eine gangbare Lösung zu finden. Dabei stand der „Wettbewerb als Grundprinzip der Wirtschaftsverfassung" im Mittelpunkt seiner Betrachtungen. Weder staatliche Eingriffe bzw. Bevormundungen noch das Laissez-faire-Prinzip standen auf

Echte Wett-bewerbsordnung

Euckens Agenda. Die Grundidee seines Weges war die Herstellung einer **echten Wettbewerbsordnung**. Insbesondere gehörte dazu die Verbesserung des rechtli-chen Rahmens zur Einhaltung der Spielregeln durch die am Leistungswettbewerb beteiligten Unternehmen. Fehlt die vollständige Konkurrenz müsste eine staatliche Monopolkontrolle dafür sorgen, dass die Wettbewerber die Preise ihrer Produkte so festsetzen, „als ob" die vollständige Konkurrenz bestünde. Auf diese Weise wollte Eucken dazu anregen, die von ständiger Machtbildungsgefahr durchsetzte Wirtschaftsordnung so zu gestalten, dass diese Ordnung einerseits wirtschaftlich funktionsfähig, andererseits aber menschenwürdig sein würde. Eucken wurde in dem Aufsatz „Die Wettbewerbsordnung und ihre Verwirklichung" sehr konkret.

Wettbewerbs-ordnung

Die rechtlichen Grundlagen hatten dabei eine zentrale Bedeutung. Exempla-risch seien angeführt:

1. Öffnung der Märkte durch Änderung des Patentrechtes (gegen Lizenzge-bühr sollte ein potentieller Nachahmer die Chance zur Teilnahme am Wett-bewerb erhalten),

2. Einschränkung der Vertragsfreiheit, um monopolistische Machenschaften zur Ausschaltung des Wettbewerbs zu vermeiden,

3. Konstanz der Wirtschaftspolitik als „vertrauensbildende Maßnahmen" (Planungssicherheit als „Kalkulationsgrundlage" für die Unternehmen).

Euckens Hinwendung zur Wirtschaftspolitik vollzog sich zwar im Wesentlichen in den letzten zehn Jahren seines Schaffens, war in Ansätzen allerdings schon vorher abzulesen. Im Geleitwort zur Schriftenreihe „Ordnung der Wirtschaft" (1936) forderte Eucken (wieder) eine gestaltende Funktion von Wirtschaftswissenschaft und Rechtswissenschaft. Im Jahr 1942 veröffentlichte Eucken ein Referat mit dem Titel „Wettbewerb als Grundprinzip der Wirtschaftverfassung" (siehe oben), in dem von ihm der schon erwähnte totale Umbau der bestehenden Wirtschaftsverfassung gefordert wird. Euckens Gedanken wurden nach 1945 in den Mittelpunkt gerückt. Er, der den Neoliberalen zugerechnet wird, bescherte der seit 1949 mehrheitlich regierenden Christlich Demokratischen Union (CDU) – Regierung unter Konrad Adenauer die entscheidende theoretische Grundlage. Die von dem damaligen Wirtschaftsminister **Ludwig Erhard (1897 – 1977)** eingeführte „Soziale Marktwirtschaft" findet ihre Wurzeln in den Gedanken Walter Euckens.

(Marginalie: Hinwendung zur Wirtschaftspolitik)

Nach Jöhr (S. 580) lässt sich Euckens „Werken im Dienste der Nationalökonomie" als „dreifachen Aufbruch" bezeichnen:

(Marginalie: Dreifacher Aufbruch)

1. Aufbruch zur Überwindung des Historismus,

2. Aufbruch zur Neubegründung der Theorie,

3. Aufbruch zur Neugestaltung der Wirtschaftsordnung.

In den Anfangsjahren seines Schaffens widmete sich Walter Eucken vor allem den Punkten 1 und 2. „Das Scheitern der Versuche, die wirtschaftliche Wirklichkeit voll zu erfassen, zwingt zum Aufsuchen eines neuen Weges" sagte Eucken zu Beginn des 3. Teiles seines Hauptwerks „Grundlagen der Nationalökonomie". Dabei muss der Nationalökonom nach Eucken gerade durch die Arbeit an den Problemen mit dem „Großen und Fruchtbaren der geistigen Traditionen" in engen Kontakt kommen. Insofern ist Euckens Werk nicht die Begründung einer neuen Theorie sondern die *Neubegründung der überlieferten Theorie*

„Worin besteht nun der neue Ansatzpunkt? Eucken lehnt es kategorisch ab, mit der Umschreibung von Grundbegriffen zu beginnen. Ja er scheut sich nicht, ausdrücklich festzuhalten, dass nichts Anderes übrig bleibe, als vorläufig die Begriffe des Alltags zu verwenden, um sofort zur Analyse der Sache schreiten zu können, erst diese ermögliche es dann, Definitionen zu geben" (Jöhr 1971, S. 588). Eucken fängt mit einem Ausschnitt der Alltagserfahrung an. Berühmt ist das **„Ofen-Beispiel"** Walter Euckens; darin steht der Ofen, mit dem ein Ingenieur sein Zimmer heizt, im Mittelpunkt. Eucken verfolgt jetzt Schritt für Schritt die – so könnte man es nennen – **Wirtschaftsgeschichte des Ofens**: „Warum wurde der Ofen überhaupt hergestellt? Warum wurde er gerade in dem Zimmer des Ingenieurs aufgestellt? …Wie wurde dafür gesorgt, dass alle Leistungen ineinander griffen und sich alle schließlich auf die Herstellung des Ofens ausrichteten?" (Jöhr 1971, S. 588).

(Marginalie: Neuer Ansatzpunkt)

(Marginalie: Ofen-Beispiel)

Diese konkreten Fragen führten Eucken zur Verallgemeinerung der Fragestellung und leiteten zu einem der Hauptprobleme der Nationalökonomie über: „Wie erfolgt die Lenkung dieses gewaltigen arbeitsteiligen Gesamtzusammenhangs, von dem die Versorgung jedes Menschen mit Gütern, also jedes Menschen Existenz, abhängt?" (Jöhr 1971, S. 588).

Jedes Menschen Existenz

Im weiteren Verlauf der Betrachtungen entwickelt Eucken die fünf Seiten des oben genannten Hauptproblems: Was sind die Bestimmungsgründe

1. des Produktionsaufbaus?

2. der Einkommensverteilung?

3. des zeitlichen Aufbaus der Wirtschaft?

4. der Anwendung des technischen Wissens?

5. der räumlichen Anordnung der Produktion?

Theorie-verständnis

Analog leitete Eucken die Unterscheidung zwischen der Verkehrswirtschaft und der zentral geleiteten Wirtschaft ab. Seine wichtigen Beiträge zum Theorieverständnis sind erstens seine Lehre von den vier Formen der zentral geleiteten Wirtschaft. Dabei stellt Eucken an die Stelle der Eigentumsfrage (Marx) die Frage nach der Leitung in den Mittelpunkt, was für ihn dann sofort die Frage nach der Macht und des möglichen Machtmissbrauchs bedeutete.

Systematik der Marktformen

Euckens zweiter wichtiger Beitrag war die Systematik der Marktformen. Eucken entwickelte sowohl auf der Angebots- als auch auf der Nachfrageseite die fünf Formen des Monopols, Teilmonopols, Oligopols, Teiloligopols und der Konkurrenz. Eucken schuf damit die Grundlage des allen Wirtschaftsstudenten bekannten Marktformenschemas nach Heinrich von Stackelberg. Unter dem Aspekt der Kritik an der damals zu Recht als wirklichkeitsfremd bezeichneten Nationalökonomie war Euckens „neuer Weg" ein überaus fruchtbarer Weg. Sehr hoch ist unter methodischer Betrachtung die durch ihn in den Mittelpunkt des Erkenntnisprozesses gerückte Fragestellung zur Gewinnung von Erkenntnissen einzuschätzen. Eucken hat die Schwäche des Modells der vollständigen Konkurrenz nicht erkannt: sie hätte niemals die Massenproduktionsvorteile von Großunternehmen wie beispielsweise in der Automobilindustrie auf ihre Fahnen heften können. Insofern war Euckens Erfolg eigentlich nur auf die Anfänge der Bundesrepublik Deutschland bezogen. Das heutige Verständnis vom weiten Oligopol als „Modellunternehmen" eines funktionsfähigen Wettbewerbs hätte Eucken wahrscheinlich abgelehnt. Sein Verdienst bleibt das Bereitstellen einer theoretischen Basis für die Zeit der Orientierung nach dem Zusammenbruch des Dritten Reiches.

13.3 Textbeispiel

Walter Eucken soll durch zwei Textbeispiele zu den Lesern sprechen. Der erste Textauszug stammt aus dem Nachdruck der „Ordnungspolitik" (Seite 1 ff), der zweite Auszug aus dem Nachdruck von „Wirtschaftsmacht und Wirtschaftsordnung" (Seite 10 f). Beide Nachdrucke wurden von Walter Oswalt (Walter-Eucken-Archiv) herausgegeben.

1. Alle einzelnen wirtschaftspolitischen Maßnahmen müssen, um sinnvoll und erfolgreich zu sein, koordiniert werden; sonst ist die Wirtschaftspolitik in sich widersprüchlich und führt oft zu schädlichen, unheilvollen Ergebnissen. Zum Beispiel haben manche Staaten zwar Anti-Monopolgesetze erlassen; aber gleichzeitig haben sie durch ihre Handelspolitik, ihr Gesellschaftsrecht, ihre Patentpolitik usw. die Bildung von Monopolen indirekt begünstigt. Sie haben mit der einen Hand zu bekämpfen versucht, was die andere Hand förderte. – Oder – ein weiteres Beispiel: in den Jahren nach 1928 haben verschiedene Staaten – auch Deutschland – eine deflationistische Währungspolitik getrieben, die einen starken Preisdruck ausübte. Zugleich wurden in der Lohnpolitik, Agrarpolitik, Handelspolitik usw. Maßnahmen getroffen, um Preise und Löhne zu stützen. Der Druck der Deflation stieß also auf ein vom Staat selbst verhärtetes Preissystem. Diese widerspruchsvolle Wirtschaftspolitik hat die schwere Krise der damaligen Zeit mit verursacht. – Ein weiteres Beispiel: Im Jahre 1934 hat Deutschland zwecks Vermeidung einer Abwertung die Devisenkurse staatlich festgelegt und die allgemeine Devisenbewirtschaftung eingeführt. Gleichzeitig wollte die Regierung die deutschen Warenmärkte freilassen und sie wollte nicht zu zentraler staatlicher Lenkung des Wirtschaftsprozesses übergehen. Sie sah nicht, dass Devisenbewirtschaftung und freie Märkte im Inneren miteinander unvereinbar sind. Wenn der Staat die anfallenden Devisen auf Güter und Firmen verteilt, wenn somit der Staat bestimmt, ob und wie viele Devisen zur Einfuhr von Eisenerz, Baumwolle, Weizen und anderen Rohstoffen zur Verfügung gestellt werden und welche Firmen sie erhalten sollen, geht die Lenkung der Produktion, der Arbeitskräfte und überhaupt des alltäglichen Wirtschaftsprozesses mehr und mehr auf den Staat über. So geschah es auch in Deutschland. Der Staat erreichte mit seiner Devisenpolitik ein Ergebnis, das er gar nicht angestrebt hatte und das er sogar vermeiden wollte. Er hatte versucht, Unvereinbares miteinander zu vereinbaren."

Über die Gesamtrichtung der Wirtschaftspolitik

Das Problem der
wirtschaftlichen
Macht

Wie kann dieser modernen industrialisierten Wirtschaft und Gesellschaft
eine menschenwürdige und funktionsfähige Ordnung gegeben werden? Das
ist die Frage, die alle Nationen zu lösen haben. Es ist eine spezifisch
moderne Frage, die wir immer genauer erkennen, je mehr die Industrialisierung fortschreitet. – Aber: Die wirtschaftspolitischen Doktrinen, welche die
meisten Menschen heute beherrschen und die auch maßgebend für die Wirtschaftspolitik sind, wurden bereits vor langer Zeit entwickelt: Es sind mer-
kantilistische Ideen des 18. Jahrhunderts, liberale des 18. und 19.
Jahrhunderts und sozialistische, die im wesentlichen während der ersten
Hälfte des 19. Jahrhunderts entstanden sind. Konzerne, Kartelle, Gewerkschaften, Zentralbanken gab es noch nicht, oder sie begannen sich erst zu
entwickeln. Die Ideen von damals, die noch heute herrschen, sind alt und
veraltet. So besteht eine Diskrepanz zwischen Realität und wirtschaftspolitischen Ideologien. Und diese Diskrepanz ist für das wirtschaftspolitische
Handeln wesentlich. Wir sind imstande, aus der jüngsten Vergangenheit zu
lernen und sie für die Zukunft zu nutzen. Ein neuer Stil der Wirtschaftspolitik ist möglich – und notwendig, wenn wir aus der Epoche der Misserfolge
herauskommen wollen."

Literatur

13.4   Weiterführende Literatur

- Koesters, Paul-Heinz: Die Ökonomen verändern die Welt: Lehren, die
  unser Leben bestimmen, 4. Aufl., Hamburg 1984
- Welter, Erich; Jöhr, Walter Adolf: Walter Eucken. In: Geschichte der Poli-
  tischen Ökonomie. Hrsg. Horst C. Recktenwald, Stuttgart 1971
- Eucken, Walter: Ordnungspolitik. In: Walter Eucken Archiv. Hrsg. Walter
- Oswalt, Reihe Zweite Aufklärung, Band 1, Münster 1999
- Eucken, Walter: Wirtschaftsmacht und Wirtschaftsordnung. In:
- Wissenschaftliche Paperbacks des Walter Eucken Archivs, Band 1, Müns-
  ter 2001

Internetquellen

13.5   Internetquellen

- http://de.wikipedia.org (Walter Eucken)
- www.vwler.de (Walter Eucken)
- http://www.dbd.de (Deutsche Nationalbibliothek Leipzig) (Eucken)
- http://www.hsu-bibliothek.de (Helmut-Schmidt-Universität Hamburg)
  (Eucken)

Bildquelle

Koesters, Paul-Heinz: Ökonomen verändern die Welt. Lehren die unser Leben
bestimmen. 4. Aufl.- Hamburg 1984, S. 173.

14 John Maynard Keynes (1883 – 1946)

Im Zentrum seiner Arbeit standen die Ursachen
der Arbeitslosigkeit und die Zusammenhänge
zwischen Sparen und Investition

14.1 Lebensweg

Cambridge   John Maynard Keynes wurde in eine für einen Ökonomen wohl ideale Umwelt
hineingeboren. Am 5. Juni 1883 kam er in Cambridge (England) als Sohn des
Ökonomieprofessors John Neville Keynes, einem seinerzeit sehr bekannten Öko-
nomiemethodiker, zur Welt. Der Vater hatte allerdings im weiteren Sinne auch
praktische ökonomische Erfahrungen, denn ihm unterstand die Verwaltung der
schon damals hochrenommierten Universität Cambridge. Die Mutter war Bür-
germeisterin der Stadt. Keynes verbrachte eine finanziell sorgenfreie Jugend mit
vielen gesellschaftlichen Vorteilen, wie z.b. Ferienreisen und Teilnahme an den
gesellschaftlichen Verpflichtungen der Eltern. Wie bei den beiden Geschwistern
stand eine erfolgreiche schulische und sorgenfreie Zukunft für ihn außer Frage.
Der Bruder wurde Arzt, die Schwester machte im Bereich Fürsorge Karriere. Ab
dem 14. Lebensjahr besuchte Keynes die von König Heinrich VI. 1440 gegründete Privatschule Eaton (Eaton-College). Insbesondere im Fach Mathematik war
er dort sehr erfolgreich.

Studienjahre   Im Jahr 1902 begann er seine Studienjahre am King's-College der Universität
Cambridge in den Bereichen Philosophie, Geschichte und Mathematik. 1905
legte er sein Examen in Mathematik ab. Im selben Jahr begann Keynes Nationalökonomie zu studieren. Sein Ziel war es, Staatsbeamter zu werden. Eine
erste Anstellung fand er 1906, nach erfolgreichem Abschluss des Ökonomies-
tudiums, im Indien-Ministerium (India-Office), welches für die damalige
Kolonialmacht England von großer Bedeutung war. Dort wurden allerdings
nur geringe Anforderungen an ihn gestellt. Er berichtete scherzhaft, morgens
sei er lediglich mit der Lektüre der Times und nachmittags mit der Privatkor-
respondenz beschäftigt gewesen. Ganz glaubhaft scheint dies nicht, denn 1913
veröffentlichte er auf der Basis seiner Erfahrung im India-Office das damals
viel beachtete Buch „Indian Currency and Finance".

Dissertation   1908 kehrte Keynes an die Universität zurück und wurde zunächst Lecturer
und 1909 Fellow (Dozent) am King's-College in Cambridge. Er schrieb eine
mathematisch orientierte Dissertation mit dem Titel „Treatise of Probability"
(Über die Wahrscheinlichkeit), von der er sich eine Lehrerlaubnis am King's-
College erhoffte. Doch seine Arbeit, die sich mit der logischen Beziehung von
Sätzen (Aussagen) befasste, fand nicht die Gnade der Professoren. Er erhielt
eine Absage und fasste voller Groll den Entschluss, über die Ökonomie eine
Mitgliedschaft in dem erlauchten Lehrkörper zu erobern.

Sein Lehrer   Schon als Student hatte er am Studium dieses Fachs zunehmende Befriedigung empfunden. Sein Lehrer **Alfred Marshall (1842 – 1924)** formulierte in
einem Brief an Keynes Vater: „Ihr Sohn leistet hervorragende Arbeit. Ich habe
ihm mitgeteilt, dass ich mich freuen würde, wenn er sich für den Beruf des
Nationalökonomen entschiede." Marshall stellte den abgeblitzten Deuter der
Wahrscheinlichkeit als Dozenten an und zahlte ihm hundert Pfund im Jahr aus

eigener Tasche. Das gleiche tat auch Marshalls Nachfolger **Arthur Cecil Pigou** (vgl. Koesters 4/1984, S.206).

Erstaunlich ist, dass Keynes angesichts seiner Bedeutung spätestens ab Mitte der dreißiger Jahre des vorhergehenden Jahrhundert bis 1946 lediglich Fellow des King's-College Cambridge blieb und nie zum Ordentlichen Professor berufen wurde.

Die ökonomieorientierten Verpflichtungen von Keynes nahmen nun stetig zu. 1911 wurde Keynes Herausgeber des renommierten Economic Journal in Cambridge. In dieser Funktion lehnte er 1933 einen Beitrag des späteren amerikanische Nobelpreisträgers **Milton Friedman** ab, was eine lebenslange Gegnerschaft Friedmans zur Folge hatte. 1914 wurde er mit erst 21 Jahren Berater des britischen Schatzministeriums (Treasury) und war in dieser Funktion für Fragen der Finanzierung der englischen Kriegslasten zuständig.

Economic Journal

Keynes war nach dem ersten Weltkrieg als Vertreter des britischen Schatzamts Mitglied der britischen Delegation bei den Versailler Verhandlungen mit dem geschlagenen Kriegsgegner Deutschland. Er trat kurz vor Abschluss der Verhandlungen unter Protest gegen die **Reparationsforderungen**, die Deutschland auferlegt werden sollten, von seinem Posten in der Delegation zurück und schrieb das Aufsehen erregende Buch „The Economic Consequences of Peace", mit dem er die 1919 Deutschland auferlegten Reparationszahlungen als für alle Parteien ökonomisch widersinnig kritisierte. John Maynard Keynes ging davon aus, dass die Siegermächte Deutschland maßlos mit ihren Forderungen nach Wiedergutmachung von Kriegsschäden überforderten. Er rechnete vor, dass man Deutschland – nicht zuletzt ein künftiger Handelspartner – höchstens neun Milliarden Doller abverlangen könne. Das war erheblich weniger als die 1921 tatsächlich geforderte Summe von 132 Milliarden Goldmark. Das Buch wurde in der damals deutschfeindlichen englischen Presse verrissen. Der österreichische Nationalökonom **Josef Alois Schumpeter** – und nicht nur er – fand[en] es hingegen ökonomisch betrachtet „gnadenlos logisch."

Vertreter des britischen Schatzamts

Im Jahr 1925 heiratete Keynes, trotz seiner bislang offen gelebten Homosexualität, die russische Balletttänzerin und Prima Ballerina Lydia Lopokova. Die „Flitterwochen" verbrachte das Paar in Russland, was Keynes weitere ökonomische Praxiserfahrungen und -einschätzungen einbrachte. Der Sowjetische Sozialismus erschreckte ihn zutiefst. „Wie kann ich", fragte er, „ein Glaubensbekenntnis übernehmen, das unlogischerweise das Bauernproletariat über Bürgertum und Intelligenz erhebt, die doch bei all ihren Fehlern und Schwächen Träger der Kultur sind und den Keim allen Fortschritts der Menschheit fortpflanzen?"

Im Jahr 1923 engagiert sich Keynes gegen die Rückkehr Englands zur Deckung der englischen Währung durch einen **Goldstandard**, statt diese – wie heute allgemein üblich – an die ökonomischen Leistungsfähigkeit der

Goldstandard

Staatsbürger zu koppeln (Tract on Monetary Reform, 1923; Deutsch: Ein Traktat über Währungsreform. Berlin 1997).

1930 wird Keynes auf Grund seiner künstlerischen Interessen und seines Finanzierungstalents Kurator der National Gallery. Außerdem verwaltet er nicht nur die Finanzen des King's-College, sondern auch des Sadler's Wells Ballet, des späteren Royal Ballet. Zugleich übernahm er die Leitung einer Versicherung und gründete ein Theater.

Spekulations-gewinnen   Nicht zuletzt auf Grund von vielfältigen Spekulationsgewinnen verfügte Keynes über ein großes Vermögen und konnte es sich leisten, Wohnungen in Cambridge und London sowie ein Landhaus zu unterhalten oder Kostbarkeiten wie die Handschriften des Physikers **Isaac Newton (1643 – 1727)** zu sammeln.

A Treatise of Money   Im Jahr 1930 publiziert Keynes sein Werk „A Treatise of Money", in dem er die aus seiner Sicht überkommenen makroökonomischen Theorien in Frage stellt, weil diese es versäumen, die Höhe des tatsächlichen Sozialprodukts zu bestimmen und stattdessen von der Tendenz zu einem Vollbeschäftigungseinkommen ausgingen. Dieses Werk blieb nicht ohne Widerspruch. Insbesondere der österreichische Wissenschaftler und spätere Nobelpreisträger **Friedrich August von Hayek (1899 – 1992)** kritisierte es während seiner Professur in Oxford, weil ihm eine Kapitaltheorie fehle. Festgehalten muss aber, dass sich die Überlegungen von Keynes in der Fachwelt weitestgehend durchsetzten, während die am klassischen Liberalismus orientierten Theorien Hayeks immer weniger Beachtung fanden.

The General Theory   Sein 1936 erschienenes Hauptwerk „The General Theory of Employment, Interest and Money" löste eine nachhaltige und kontroverse Diskussion aus und ließ Keynes zum Begründer einer neuen Denkrichtung der Nationalökonomie werden, des nach ihm benannten **Keynesianismus**. Geprägt von der **Weltwirtschafts-krise**   Weltwirtschaftskrise, versuchte Keynes mit diesem Buch, seine Kollegen von der Notwendigkeit einer grundlegend neuen Wirtschaftsordnung zu überzeugen, in der der Staat im Gegensatz zur Laissez faire-Marktwirtschaft eine entscheidende Rolle spielt. Keynes Lehransatz der staatlichen Eingriffe in wirtschaftliche Schwierigkeiten wurde auch mit dem Kürzel **„deficit spending"** charakterisiert.

Bank of England   Im Jahr 1940 wird der nach einem Herzinfarkt gesundheitlich schwer angeschlagenen Keynes Mitglied der Beraterstabes des britischen Schatzministeriums und 1941 Direktoriumsmitglied der Bank of England.

1942 wird John Maynard Keynes als **1st Baron Keynes of Tilton** in den Adelsstand erhoben und damit Mitglied des britischen House of Lords.

Zwei Jahre später vertrat Keynes sein Land auf der Währungskonferenz in **Bretton Woods** (USA), wo die internationale Finanzpolitik für die Nachkriegszeit festgelegt wurde.

1946 stirbt Keynes am 21. April an Herzversagen.

14.2 Wissenschaftliches Vermächtnis

Bereits in seiner Tätigkeit als Vertreter des britischen Schatzamtes bei den Versailler Reparationsverhandlungen gegen den besiegten Kriegsgegner Deutschland zeigte Keynes eine außerordentliche Hellsichtigkeit, die dem damals vorherrschendem Rachegedanken ökonomische Rationalität entgegensetzte.

Hellsichtigkeit

Keynes fragte weniger, ob die Reparations- Forderungen gerecht, sondern vielmehr, ob sie realistisch waren. Dabei ging er von der simplen Erkenntnis aus, dass Deutschland nur dann zahlen konnte, wenn seine Wirtschaft wenigstens halbwegs funktionierte. Deren Säulen aber waren durch den Versailler Vertrag im Anschluss an den Ersten Weltkrieg ins Wanken geraten:

Versailler Vertrag

So beschlagnahmten die Sieger den größten Teil der Handelsflotte – was Deutschlands Rolle im internationalen Wettbewerb schädigte. Überdies musste das geschlagene Reich seine Kolonien aufgeben. Das bedeutete: die privaten Vermögen, die deutsche Staatsbürger dort gebildet hatten, gingen verloren. So lähmten die Alliierten die deutsche Wirtschaftskraft, indem sie z.B. Ost-Oberschlesien, das 23 Prozent der Steinkohle förderte, Polen zuschlugen. Ähnliches geschah mit dem Saargebiet: Es wurde Frankreich unterstellt. Von der verbleibenden Kapazität sollte die Weimarer Republik 25 Millionen Tonnen Kohle an die Sieger liefern, so dass nur noch 78 Millionen Tonnen übrig blieben. 1914 jedoch hatte der Kohleverbrauch in Deutschland bei 139 Millionen Tonnen gelegen. Keynes behielt recht mit seiner Analyse. Der Vertrag ruinierte die Weimarer Republik und begünstigte den Aufstieg der Nationalsozialisten. Ungeachtet geriet Keynes vor allem während des Zweiten Weltkrieges in die Schusslinie. Seine Gegner beschuldigten ihn, er habe seinem deutschfreundlichen Buch die geistigen Grundlagen für die Beschwichtigungspolitik („Appeasement") geschaffen, die England in den dreißiger Jahren gegenüber den braunen Machthabern betrieb. Andere fragten sich hingegen, ob es Hitler vielleicht nicht gegeben hätte, wenn man in Versailles den maßvollen Vorschlägen des Ökonomen gefolgt wäre (vgl. Koesters 4/1984, S. 210 f.).

Weimarer Republik

Appeasement

Die **Weltwirtschaftkrise** 1929 und die in ihrer Folge auftretenden ökonomischen Probleme wie Arbeitslosigkeit und Kaufkraftverlust warfen Fragen auf, auf die die bisherige Nationalökonomie keine effektiven Antworten wusste. Hier wiesen die Theorien von Keynes neue Wege.

Weltwirtschaftkrise

Mit dem Kurssturz an der Wall Street im Oktober 1929 waren Volkswirtschaften weltweit in eine Depression gefallen. Nicht nur die Reichen, auch die Mittelschicht hatte ihr Geld an der Börse verloren. Die Unternehmer blieben auf ihren Waren sitzen, massenhaft entließen die Fabriken ihre Arbeiter. Die weltweite wirtschaftliche Depression Ende der 20iger bzw. Anfang der 30er Jahre

Kurssturz an der Wall Street

des 20. Jahrhunderts zeigte sich besonders in den Arbeitslosenzahlen. So waren in Deutschland 1932 circa 6,7 Millionen Menschen ohne Arbeit, in den USA 12 Millionen, in Frankreich 4,5 Millionen und in England 4 Millionen.

Defizite vermeiden

„(...) führende Ökonomen empfahlen den Regierungen, abzuwarten und ihre öffentlichen Ausgaben (für Beamten- Gehälter, Behörden, Schul- oder Straßenbau) zu beschneiden. Das heißt: der Staat soll sparen wie der Krämer an der Ecke, der in Zeiten guter Geschäfte Geld für die Renovierung seines Ladens ausgibt und in Zeiten schlechter Umsätze darauf verzichtet. Nur so ließen sich die Defizite in den öffentlichen Haushalten vermeiden oder zumindest begrenzen. Anderenfalls drohe der Staatsbankrott. In Deutschland versuchte Reichskanzler **Heinrich Brüning (1885 – 1970)**, diesen Rat zu befolgen, indem er die so genannten „Notverordnungen" durchsetzte in denen er versuchte die schwere Wirtschaftskrisen in Deutschland durch Ordnungsmaßnahmen hinsichtlich der Reichsfinanzen und Vergaben zur Preis- und Lohnpolitik zu bekämpfen.

Hundert Millionen Pfund leihen

John Maynard Keynes forderte genau das Gegenteil. 1929 empfahl er der britischen Regierung, sie solle sich bei den Banken pro Jahr hundert Millionen Pfund leihen und mit diesem Geld Jobs für 500.000 Arbeitslose schaffen. Neu an diesem Vorschlag war, dass der Ökonom keinen Unterschied machte, ob der Staat oder private Unternehmen die Auftragsbücher von Industrie und Handel füllten. Weshalb, so argumentierte er, soll der Staat nicht Aufträge vergeben, wenn aufgrund ungünstiger Gewinnerwartungen die Unternehmer wenig Neigung zu Investitionen wie den Kauf neuer Maschinen zeigen? Die aufgenommenen Kredite können die Regierung in der folgenden Boomphase (mit hoher Beschäftigung) zurückzahlen. Das sei möglich, weil in einer Hochkonjunktur die Steuern reichlicher fließen.

Arbeitsbeschaffungsprogramm

Heute klingt ein solches Arbeitsbeschaffungsprogramm nicht sonderlich originell. Doch damals war es ein Angriff gegen die klassische ökonomische Lehre. Deren Dogma verlangte, dass der Staat die Wirtschaft nicht antasten, geschweige denn – über gezielte Vergabe von Aufträgen – lenken oder gar von sich abhängig machen darf" (Koesters 4/1984, S. 217 f.).

Massenarbeitslosigkeit

Die Erklärung für die Entstehung von **Massenarbeitslosigkeit** lieferte Keynes, als er sich mit den Problemen der **Güternachfrage** beschäftigte. Keynes ging davon aus, „(...) dass – erstens – die Unternehmer nicht mehr Arbeiter einstellen, als sie zur Produktion der von ihnen geplanten Gütermengen benötigen und dass sie – zweitens – nicht mehr Güter produzieren und anbieten, als ihnen ihre Kunden abkaufen. Daraus schloss Keynes auf einen engen Zusammenhang zwischen der Nachfrage nach Gütern und der Beschäftigung – und widersprach damit den Klassikern, die den Grad der Beschäftigung von der Höhe der Löhne abhängig machten.

Das Say'sche Theorem

Aber wie groß ist die Gütermenge, nach der die möglichen Abnehmer fragen werden? Das **Say'sche Theorem** lehrte: Alle Waren finden im Prinzip ihre

Käufer. Denn da die Preise aus nichts anderem als aus Einkommen bestehen, wird mit der Herstellung von Gütern zugleich das Geld für deren Kauf verdient. Mithin entspricht die Summe aller Preise stets der Summe aller Einkommen. Und demnach müsste auch, von vorübergehenden Störungen abgesehen, stets Vollbeschäftigung herrschen.

Setzt man als wahr voraus, dass das verdiente Geld ausgegeben und nicht weggeworfen wird, so dass Waren unverkauft liegen bleiben, dann scheint dieser Lehrsatz zumindest auf den ersten Blick stichhaltig zu sein. Überdies hat er sich in der Praxis oft genug bewährt. Doch Keynes bezweifelt die Gültigkeit des Gesetzes. Um es zu erschüttern, musste er ergründen, wovon die Höhe der tatsächlichen oder „effektiven" Nachfrage abhängt.

Den größten Teil der gesamten Nachfrage in einer Wirtschaft bildet die Nachfrage von Waren für den Konsum. Eine große Rolle spielt aber auch die Nachfrage nach Investitionsgütern wie Maschinen, die zur Produktion der Konsumartikel benötigt werden. Beide – also sowohl die Nachfrage nach Konsumwaren wie auch die Nachfrage nach Investitionsgütern – bilden laut Keynes die gesamtwirtschaftliche Güternachfrage. *Nachfrage nach Investitionsgütern*

Der Ökonom analysierte zunächst das Konsumverhalten der privaten Haushalte, die ihr Einkommen notwendig für Güter des täglichen Bedarfs ausgeben. Dabei interessierte ihn besonders, wie sich die Ausgaben für den Konsum bei zunehmendem Einkommen verändern. Was er erkannte, formulierte er in einem **„psychologischem Gesetz"**, das besagt: Die Menschen erhöhen zwar mit wachsendem Einkommen ihre Ausgaben für den täglichen Konsum – jedoch nicht um den vollen Betrag der Einkommenserhöhung. Also hängt die Spartätigkeit von der Höhe des Einkommens und nicht von der Höhe der Zinsen ab. Dieses Gesetz nun widerspricht dem Say'schen Postulat, wonach der Anteil des Einkommens, den die Menschen sparen, nur von der Höhe des Zinses abhängt und wonach der Zinsmechanismus dafür sorgt, dass alles Ersparte den Unternehmern für den Kauf von Investitionsgütern ausgeliehen wird. Weil der Zins jedoch nicht aufs Sparen wirkt, kann dieser Zinsmechanismus nicht funktionieren. Daher ist nicht zu erwarten, dass die Nachfrage nach Investitionsgütern automatisch gerade so groß ist wie der Nachfrageausfall, der durch das Sparen entsteht. Also: Es gibt keine Garantie dafür, dass die gesamte Nachfrage so groß ist wie das gesamte Angebot. Die Behauptung, dass die Preise aus Einkommen bestehen, gilt nicht nur bei der Voll-, sondern auch bei der Unterbeschäftigung. Das heißt: Sinken Beschäftigung und Warenangebot aufgrund verminderter Nachfrage, so reduziert sich die Summe der Preise und mit ihr automatisch die Summe des Volkseinkommens. Es entsteht dann ein wirtschaftliches Gleichgewicht unterhalb der Vollbeschäftigung von Menschen und Maschinen, also ein Gleichgewicht auf niedrigerem Niveau. *Konsumverhalten*

Das Say'sche Postulat unterstellt, dass „auf lange Sicht" die heilende Kraft des Marktes die „unsichtbare Hand" das Gleichgewicht bei Vollbeschäftigung *lange Sicht* wieder herstellt. So würden sich bei einer Absatzstockung die Konkurrenten in den Preisen unterbieten und dadurch einen Anreiz zum Kauf schaffen. Oder: Würde in einer Flaute der Wunsch nach Krediten schwinden, so fielen die Zinsen – und zwar so lange, bis es wieder interessant sei, Geld zu leihen.

Vollbeschäf-tigung Keynes, dem es zentral um die Vollbeschäftigung ging, sah das anders. Will man seinen Gedankengang verstehen, muss man nicht nur das Say'sche Theorem, sondern auch sein „psychologisches Gesetz" im Kopf haben. Letzteres besagt, dass die Menschen zwar mit wachsendem Einkommen ihre Ausgaben für die täglichen Konsum erhöhen – jedoch nicht um den vollen Betrag der Einkommenserhöhung. Viel mehr sparen sie einen Teil des Mehr – Einkommens.

Nach einer Krise Um nun nach einer Krise wieder Vollbeschäftigung zu erreichen, muss, so der Ökonom, die Produktionstätigkeit soweit zunehmen, dass alle Arbeitnehmer beschäftigt werden. Jedoch: Die Produktion steigt nur, wenn sich die gesamtwirtschaftliche Nachfrage vergrößert.

Psychologisches Gesetz Die privaten Haushalte wollen die stimulierenden Impulse nicht geben. Denn nach dem „psychologischen Gesetz" halten die Menschen bei wachsendem Einkommen zuviel Geld zurück. Also muss der Effekt über jeden Industriesektor gezielt werden, der Investitionsgüter wie Maschinen produziert. Wenn nämlich die Nachfrage nach Investitionsgütern steigt, bedeutet dies dort mehr Produktion, mehr Arbeit und mehr Einkommen. Dadurch steigen – wenn auch nicht um den vollen Betrag der Einkommenserhöhung (psychologisches Gesetz) – die Ausgaben für den Konsum. Und weil mehr konsumiert wird, steigen die Einkommen auf dem Sektor der Konsumindustrie ebenfalls und schaffen – abzüglich des zurückhaltenden Geldes – eine weitere Konsumnachfrage, die wiederum zusätzliche Einkommen und damit Geld für neuen Konsum erzeugt usw." (Koesters 4/1984, S. 218 ff.).

Alte Modelle Keynes war klar, „(...) dass die Krise mit den alten Modellen nicht zu erklären war. Denn die klassische Ökonomie glaubte, nur die „unsichtbare Hand" des Marktes werde die Wirtschaft dauerhaft ins Gleichgewicht führen. Adam Smith und David Ricardo gingen davon aus, dass das Gesetz von Angebot und Nachfrage den Preis der Güter und der Arbeit regelt. Arbeitskräfte werden also nur dann entlassen, wenn ihr Lohn zu hoch ist. Akzeptieren sie niedrigere Löhne, stellen die Unternehmer wieder ein. So fand das Modell der klassischen Ökonomie nach der Krise stets zum Gleichgewicht zurück: Wer arbeitslos war, der war es freiwillig. Die Weltwirtschaftskrise zu Beginn der dreißiger Jahre lehrte etwas anderes. Millionen Menschen standen auf der Straße, obwohl die Löhne weiter sanken. „Das Paradox der Armut, mitten im Überfluß", wie Keynes es nannte, brauchte einen völlig neuen Erklärungsansatz.

Klassiker Die Klassiker hatten gelehrt, dass ein Unternehmer stets dann produziert, wenn die Kosten für Arbeit und Kapital niedrig genug sind. Der Absatz der so erzeugten Waren sei stets gewährleistet, denn nach dem bis dahin als gültig erachteten Say'schen Theorem findet jedes Gut zu jeder Zeit seinen Abnehmer.

Für Keynes griff diese Überlegung jedoch zu kurz. Ein Unternehmer, postulierte er, produziert nur dann, wenn er glaubt, seine Güter in der Zukunft auch absetzen zu können. Damit war die klassische Wirtschaftslehre auf den Kopf gestellt: Nicht das Angebot, sondern die Nachfrage entscheidet über den wirtschaftlichen Erfolg. Sie liefert damit auch den Schlüssel zur Überwindung einer Krise.

Wenn er glaubt

Die gesamtwirtschaftliche Nachfrage – im einfachsten Modell von Keynes die Summe der Ausgaben für Konsum- und Investitionsgüter – hat ein wesentliches Kennzeichnen: Sie ist instabil. Die Konsumausgaben hängen vom Einkommen ab: Je höher das Einkommen, desto mehr Geld wird ausgegeben. Keynes sah jedoch einen Punkt, an dem mit weiter wachsendem Einkommen die Neigung zum Konsum abnimmt, da „die Menschen geneigt sind, ihren Konsum mit steigendem Einkommen zu erhöhen, aber nicht um so viel, wie sich ihr Einkommen vermehrt". Dieses Phänomen nannte Keynes das **„psychologische Gesetz"**. Ein Teil des zusätzlichen Einkommens wird gespart" (Afhüppe/Fasse 1999, S 1f.).

Instabil

Der Keynessche Ökonomieansatz, der dem Staat Eingriffe z.B. in Form von Auftragsvergaben abverlangte, hatte bis in die 60iger Jahre des 20. Jahrhunderts in Theorie und Praxis große Bedeutung. Dass die Lehren von Keynes heute geringere Bedeutung haben, ergibt sich daraus, dass Keynes nicht voraussehen konnte, dass die heutige Arbeitslosigkeit nicht mehr zentral ihre Ursachen in einer mangelnden Nachfrage hat.

Staatseingriffe

„Vielmehr treiben verteuertes Rohöl und hohe Rohstoffkosten, vor allem aber jahrelang überhöhte Löhne und Lohn-Nebenkosten die Preise inflationär in die Höhe, wobei eine Abwälzung dieser Kosten auf die Güterpreise wegen der ausländischen Konkurrenz nicht möglich ist. Hinzu kommt, dass Schübe von neuen Techniken auf breiter Front auftreten. Sie führen dazu, dass die überteuerte menschliche Arbeit durch viel billigere Maschinen und bessere Verfahren ersetzt wird. Auch hat keine Regierung während der Hochkonjunktur öffentliche Einnahmen stillgelegt, um sie im Abschwung antizyklisch im Sinne Keynes einzusetzen."

Inflation

Angekratzt wurde die Lehre vom **„deficit spending"** auch theoretisch, von den so genannten Neoklassikern wie **Milton Friedman**. Sie behaupten, dass staatliche Mehrausgaben keinen Einfluss auf die Konjunktur nehmen, dass der Multiplikatoreffekt eine Legende und der Wohlstand der Nachkriegszeit allein auf die Liberalisierung der Weltwirtschaft zurückzuführen sei. Predige Keynes die Instabilität des Kapitalismus, so verkünden sie genau das Gegenteil. Die Neoklassiker schwören jeder aktiven staatlichen Wirtschafts- und Beschäftigungspolitik ab und setzen auf die Selbstheilungskräfte des Marktes, die – auf lange Sicht – stark genug seien, eine Volkswirtschaft wieder ins Gleichgewicht zu rücken" (Koesters 4/1984, S.226).

Deficit spending

Bretton Woods   Auch die Wirtschaft nach dem II. Weltkrieg hatte durch die Beteiligung von Keynes als Vertreter Englands in der Währungskonferenz in Bretton Woods (USA), wo 1944 die internationale Finanzpolitik für die Nachkriegszeit festgelegt wurde, entscheidenden Einfluss. Für die Zeit nach dem II. Weltkrieg musste die zusammengebrochene Weltwirtschaft auf eine solide Grundlage gestellt werden. Federführend waren die USA, England und die westlichen Industriestaaten. Das so entstehende Konstrukt kann als erstes Weltwährungsabkommen bezeichnet werden. Bei grundsätzlich freier Austauschbarkeit der Währung (Konvertibilität) wurde ein festes Wechselkursverhältnis vereinbart. Die unterschiedlichen wirtschaftlichen Entwicklungen in den Industriestaaten führten u.a. aufgrund unterschiedlicher Preisentwicklungen zu Wechselkursveränderungen der DM gegenüber dem Dollar: 1961 kostete ein Dollar 4,20 DM, 1969 4,00 DM, 1971 3,66 DM. Das **Bretton-Woods-Abkommen** endete 1971 und wurde durch einen nach und nach sich entwickelnden Übergang zum Floaten abgelöst.

14.3   Textbeispiel

1936

We have now reached a point where we can gather together the threads of our argument. To begin with, it may be useful to make clear which elements in the economic system we usually take as given, which are the independent variables of our system and which are the dependent variables. We take as given the existing skill and quantity of available labour, the existing quality and quantity of available equipment, the existing technique, the degree of competition, the tastes and habits of the consumer, the disutility of different intensifies of labour and of the activities of supervision and organisation, as well as the social structure including the forces, other than our variables set forth below, which determine the distribution of the national income. This does not mean that we assume these factors to be constant; but merely that, in this place and context, we are not considering or taking into account the effects and consequences of changes in them.

Our independent variables are, in the first instance, the propensity to consume, the schedule of the marginal efficiency of capital and the rate of interest, though, as we have already seen, these are capable of further analysis.

Our dependent variables are the volume of employment and the national income (or national dividend) measured in wage-units. The factors, which we have taken as given, influence our independent variables, but do not completely determine them. For example, the schedule of the marginal efficiency of capital depends partly on the existing quantity of equipment which is one of the given factors, but partly on the state of long-term expectation which cannot be inferred from the given factors. But there are certain other elements which the given factors determine so completely that we can treat these derivatives as being themselves given.

For example, the given factors allow us to infer what level of national income measured in terms of the wage-unit will correspond to any given level of employment; so that, within the economic framework which we take as given, the national income depends on the volume of employment, *i.e.* on the quantity of effort currently devoted to production, in the sense that there is a unique correlation between the two Furthermore, they allow us to infer the shape of the aggregate supply functions, which embody the *physical* conditions of supply, for different types of products; — that is to say, the quantity of employment which will be devoted to production corresponding to any given level of effective demand measured in terms of wage-units. Finally, they furnish us with the supply function of labour (or effort); so that they tell us *inter alia* at what point the employment function for labour as a whole will cease to be elastic.

The schedule of the marginal efficiency of capital depends, however, partly on the given factors and partly on the prospective yield of capital-assets of different kinds; whilst the rate of interest depends partly on the state of liquidity-preference (*i.e.* on the liquidity function) and partly on the quantity of money measured in terms of wage-units. Thus we can sometimes regard our ultimate independent variables as consisting of (1) the three fundamental psychological factors, namely, the psychological propensity to consume, the psychological attitude to liquidity and the psychological expectation of future yield from capital-assets, (2) the wage-unit as determined by the bargains reached between employers and employed, and (3) the quantity of money as determined by the action of the central bank; so that, if we take as given the factors specified above, these variables determine the national income (or dividend) and the quantity of employment. But these again would be capable of being subjected to further analysis, and are not, so to speak, our ultimate atomic independent elements.

The division of the determinants of the economic system into the two groups of given factors and independent variables is, of course, quite arbitrary from any absolute standpoint. The division must be made entirely on the basis of experience, so as to correspond on the one hand to the factors in which the changes seem to be so slow or so little relevant as to have only a small and comparatively negligible short-term influence on our quaesitum; and on the other hand to those factors in which the changes are found in practice to exercise a dominant influence on our *quaesitum*. Our present object is to discover what determines at any time the national income of a given economic system and (which is almost the same thing) the amount of its employment; which means in a study so complex as economics, in which we cannot hope to make completely accurate generalisations, the factors whose changes *mainly* determine our quaesitum. Our final task might be to select those variables which can be deliberately controlled or managed by central authority in the kind of system in which we actually live.

Quelle: Keynes, John Maynard; The General Theory of employment, interest and money. New York 1997 (Originally published: New York 1936)

Literatur   14.4   Weiterführende Literatur

- Afhüppe, Sven; Fasse, Markus: John Maynard Keynes. Die Allgemeine Theorie der Beschäftigung des Zinses und des Geldes. In: Zeit-Bibliothek der Ökonomie (19): Lehrbuch gegen die Krise. In: http://www.zeit.de/archiv/ 1999/39/199939.biblio.serie.19.xml

- Keynes, John Maynard: Ein Traktat über die Währungsreform, Berlin 1997

- Keynes, John Maynard; The General Theory of employment, interest and money, New York 1997 (Originally published: New York 1936)

- Keynes, John Maynard; Treatise of Money, Cambridge 1930 (Deutsch: Keynes, John Maynard : Vom Gelde, Berlin 1983)

- Keynes, John Maynard (Deutsch: Barth, Johann A.): Über die Wahrscheinlichkeit, Leipzig 1926

- Keynes, John Maynard: Economic Consequences of the Peace, London 1919

- Koesters, Paul-Heinz: Ökonomen verändern die Welt. Lehren die unser Leben bestimmen, 4.Aufl., Hamburg 1984

- Moggridge, Donald: Maynard Keynes. An Economists Biography, London 1992

Internetquellen   14.5   Internetquellen

- http://de.wikipedia.org/wiki/John_Maynard_Keyneys
- http://www.john-maynard-keynes.de
- http://www-gap.dcs.st-and.ac.uk/~history/Mathematicians/Keynes.html

Bildquelle

Koesters, Paul-Heinz: Berühmte Ökonomen verändern die Welt. Lehren die unser Leben verändern. 4. Aufl.- Hamburg 1984, S.195

15 Friedrich August von Hayek (1899 – 1992)

Befürworter einer liberalen Wirtschaftsordnung

15.1 Lebensweg

Wien   Friedrich August von Hayek wurde am 8. Mai 1899 als ältestes von drei Kindern in Wien geboren. Die Eltern gehören dem gehobenen Bürgertum der Stadt
an. Sein Vater war Arzt und Professor für Botanik an der Universität Wien. Auf
Bildung wurde großer Wert gelegt und die gesellschaftliche Position der Familie
vermittelte den Kindern vielfältige Anregungen. Im Hause der Hayeks verkehrte
u.a. der ehemalige österreichische Finanzminister und Finanzwissenschaftler
Eugen Böhm von Bawerk (1851 – 1914).

Kriegseinsatz   Nach freiwilligem Militärdienst (1917 – 1918) und Kriegseinsatz in Italien
in Italien   legte Hayek in einem verkürzten Verfahren seine Reifeprüfung ab und studierte in Wien bis 1921 Rechtswissenschaften. Er besuchte allerdings vorwiegend Ökonomieseminare. In dieser Zeit begeisterte sich von Hayek für die
planwirtschaftlichen Vorstellungen des deutschen Industriellen und Politikers
Walther Rathenau (1867 – 1922).

Staatswissen-   Nach seinem Studienabschluss promovierte von Hayek in Staatswissenschaften
schaften   1923. In dieser Zeit entstand an der Universität Wien auch eine enge Verbindung
zu **Ludwig Heinrich von Misés (1881 – 1973)** der als Nationalökonom in Wien
(später Genf und New York) lehrte und einer der wenigen deutschsprachigen
Ökonomen war, die in den 20er und 30er Jahren des 20. Jahrhunderts den klassischen Liberalismus weiterentwickelten. Insbesondere dessen Werk „Die
Gemeinwirtschaft", in dem von Mises konstatierte, dass der Sozialismus zu Verelendung der Bevölkerung führen muss, da er keine realistische Wirtschafts-
rechnung aufweise, beeindruckte von Hayek tief. Ihn überzeugte vor allem die
Aussage, dass es nur im Kapitalismus im Marktgeschehen ermittelte Preise
gebe, welche die Knappheit der Produktionsfaktoren anzeigen (Misés 1923).

New York   Fühlte sich von Hayek bis dahin als gemäßigter Sozialist, so machte ihm die
Auseinandersetzung mit den Gedanken Misés zum Wirtschaftsliberalen. In
der Folge entwickelte sich von Hayek zum wichtigsten Mitarbeiter des damals
führenden Wirtschaftsberaters der österreichischen Regierung von Misés. Auf
dessen Protektion hin erhielt von Hayek 1923 ein Stipendium der Rockefeller
Stiftung und besuchte 1924 Ökonomievorlesungen der New York University
sowie der Columbia University Chicago. Erfahrungen sammelte er während
seines USA-Aufenthaltes auch mit der empirischen Untersuchungen zur ökonomischen Prognostik des National Bureau of Economic Research. Diese
Erfahrungen gaben den Anstoß zur Gründung des Österreichischen Instituts
für Konjunkturforschung durch Ludwig H. von Mises, das von Hayek bis
1931 leitete. In dieser Funktion entwickelte er seine Konjunkturtheorie, in der
er volkswirtschaftliche Abschwünge auf Überinvestitionen und Überkonsum-
tion zurückführte. Die Ursache sah er in von der politischen Wirtschafts- und
Finanzpolitik veranlassten Senkungen der Kreditzinsen unter ein Niveau, das
auf unbeeinflussten Kapitalmärkten sich eingestellt hätte Die staatlichen Programme zur Konjunkturbelebung verführen nach von Hayek zu Investitionen,

die Überkapazitäten schaffen, welche bald zu Absatzkrisen führen. Jedes Regierungsprogramm, das die Wirtschaft beleben soll, erreicht in Wirklichkeit genau das Gegenteil.

1926 heiratet von Hayek Berta Maria von Fritsch. 1926 habilitierte er sich an der Universität zu Wien und wurde dort Privatdozent.

1931 wurde von Hayek zum Professor an der **London School of Economics** ernannt. Die Ablehnung staatsinterventionistischer Eingriffe in das Marktgeschehen durch von Hayek machte ihn rasch zum Gegner der interventionistisch orientierten Schule um **John Maynard Keynes** in Cambridge. Er warf Keynes vor, dass seinen Schriften eine Kapitaltheorie fehle. „Die Kluft zwischen den beiden Lagern war tief. Keynes trat für eine Steuerung der Wirtschaft mit den Mitteln der Fiskalpolitik ein. Hayek vertrat die klassische Auffassung, dass der Staat sich nicht in die Wirtschaft einzumischen habe. Keynes forderte Haushaltsdefizite zur Erhöhung der Nachfrage, sah positive Wirkungen in einer Inflation und verurteilte das Sparen während einer Depression als schädlich. Hayek hingegen kritisierte das von Keynes behauptete ‚Spar-Paradoxon', verteidigte die traditionelle Tugend des Sparens auch auf staatlicher Ebene und sah den Ausweg aus der Krise in einem ungehinderten Wirken der Marktkräfte, das zu einer Senkung von Preisen und Löhnen führen müsse.

In der Erklärung der Weltwirtschaftskrise der 1930er Jahre standen sich zwei gegensätzliche Auffassungen gegenüber: während Keynes eine Unterinvestition und Unterkonsumtion als Ursache der Depression ansah, vertrat Hayek eine Überinvestitions- und Überkonsumtionstheorie. Keynes wollte mit den Mitteln der staatlichen Steuer- und Ausgabenpolitik für ausreichend Nachfrage sorgen".

Die breitere wissenschaftliche Akzeptanz von Hayeks ließ spätestens zu dem Zeitpunkt massiv nach, als John Maynard Keynes 1936 seine „General Theory of employment, interest and money" veröffentlichte. Von Hayek musste feststellen, dass die Fachwelt weitgehend hinter den Überlegungen von Keynes stand.Im Jahr 1950 wechselte er, mittlerweile britischer Staatsbürger, enttäuscht an die University of Chicago als Professor für „Social on Moral Sciences". Dort hatte er zwar Kontakt zu wissenschaftlich gleich ausgerichteten Kollegen, insbesondere zu **Milton Friedman**. Allerdings war er nicht Mitglied der wirtschaftswissenschaftlichen Fakultät. Vielmehr wurde mit diesem Ruf seinen philosophischen Forschungen Rechnung getragen. In den USA erfolgte die Scheidung von seiner Frau Berta Maria und die Heirat von Helene Bitterlich, seiner Jugendliebe aus der Wiener Zeit.

1960 erschien das Buch, das von Hayek als sein Hauptwerk ansah „The Constitution of Liberty". In diesem Werk entwickelte von Hayek ethische, anthropologische und ökonomische Grundlagen einer freien Wirtschafts- und Gesellschaftsordnung. Er wandte sich dabei gegen jeden Versuch, eine Gesellschaft

London

Weltwirtschafts-
krise

Chicago

The Constitution
of Liberty

bewusst konstruieren zu wollen. Vielmehr wies er darauf hin, dass sich funktionsfähige Gesellschaften selbst durch das Wirken der Marktkräfte „der unsichtbaren Hand" (**Adam Smith**) konstituieren.

Freiburg Im Jahr 1962 nahm von Hayek einen Ruf an die Universität Freiburg im Breisgau an, wo er bis zu seiner Emeritierung 1969 als Professor für angewandte Nationalökonomie lehrte.

Salzburg Von 1969 bis 1976 war er als Gastprofessor an der Universität Salzburg tätig.

Nobelpreis 1974 erhielt Friedrich August von Hayek den Nobelpreis für Wirtschaftswissenschaften (gemeinsam mit dem Schweden Gunnar Myrdal).

Trilogie „Hayek konnte in den 1970er-Jahren noch seine Trilogie *Recht, Gesetzgebung und Freiheit* vollenden. Im ersten Band beschäftigt er sich mit den juristischen, ethischen und politischen Grundlagen einer freien Gesellschaft. Der zweite Band ist dem sozialistischen Kampfbegriff ‚Soziale Gerechtigkeit' gewidmet, dessen Widersprüchlichkeit Hayek aufdeckt. Er spricht sich für eine Regelgerechtigkeit aus, in der für alle Menschen die gleichen Regeln gelten. Eine Ergebnisgerechtigkeit, wie sie die ‚soziale Gerechtigkeit' verlangt, lehnt Hayek ab, da sie bei ungleichen Menschen nur erreicht werden kann, wenn man einige Menschen bevorzugt und andere benachteiligt. Damit würde man aber gegen den Grundsatz verstoßen, dass alle Menschen vor dem Gesetz gleich sein sollen. Im dritten Band kritisiert Hayek den Missbrauch der Demokratie. Die Macht einer jeden Regierung, auch einer demokratisch gewählten, ist weitgehend zu beschränken. Es ist mit der Selbstbestimmung der Bürger unvereinbar, wenn die jeweilige Parlamentsmehrheit tun darf, was ihr gefällt. Hayek zeigt Wege auf, wie der Regierungsgewalt Grenzen gesetzt werden können" (www.mehr-freiheit.de 30.04.2007).

1991 wurde von Hayek die Presidential Medal of Freedom, die höchste zivile Auszeichnung der USA verliehen.

Er starb am 23. Mai 1992 in Freiburg.

15.2 Wissenschaftliches Vermächtnis

Verdienste Von Hayeks wissenschaftliche Verdienste reichen von seinen Forschungen zur Kapital- und Konjunkturtheorie, wo er als Gegenspieler von Keynes galt, über die Theorie des Sozialismus und Wettbewerbskapitalismus bis hin zu zentralen Fragen der rechts- und politischen Philosophie und Ideengeschichte. Methodologische Schriften und ein Essay über Psychologie kommen hinzu. Nach seiner Wirkung war er vor allem ein Theoretiker der „Freiheit" und – neben Ludwig von Misés – der hervorragendste Kritiker des Konstruktivismus als einer „Anmaßung von Wissen".

Es ist so durchaus statthaft ihn nicht als bloßen Ökonomen zu bezeichnen, sondern als Multigelehrten. So verstand er sich auch selbst, wenn er ausführte:

Multigelehrter

> „Ein Physiker, der nur Physiker ist, kann durchaus ein erstklassiger Physiker und ein hochgeschätztes Mitglied der Gesellschaft sein. Aber gewiss kann niemand ein großer Ökonom sein, der nur Ökonom ist – und ich bin sogar versucht hinzuzufügen, dass der Ökonom, der nur Ökonom ist, leicht zum Ärgernis, wenn nicht gar zu einer regelrechten Gefahr wird."

Auch hier kann selbstredend nur auf einige Aspekte der wissenschaftlichen Arbeit von Hayeks verwiesen werden. Bis auf eine kurze Zeit vor Beginn seiner eigentlichen wissenschaftlichen Karriere verstand sich von Hayek stets als klassischer Liberaler sowie vor allem als Gegner planwirtschaftlicher Systeme und als Anti-Sozialist. Bereits in den 1920er Jahren argumentierte er, dass in einer arbeitsteiligen Gesellschaft auch das Wissen aufgeteilt sei und einzelne Planer das Gesamtsystem nicht bis ins Detail überblicken könnten, eine Zentralverwaltungswirtschaft also prinzipiell nicht funktionsfähig oder zumindest einer Marktwirtschaft weit unterlegen sei. Seine Theorie erweiterte er später um anthropologische, kulturelle und informationstheoretische Überlegungen. Er bezweifelte dabei nicht, dass einige Sozialisten moralisch anspruchsvolle Ziele verfolgen könnten, nur hielt er den vorgeschlagenen Weg, insbesondere jede Art von staatlichen Eingriffen in die Wirtschaft, für gefährlich. Hayek schloss sich der Meinung des liberalen Klassikers **Adam Smith** an, wonach wirtschaftliche Ordnung das unintendierte Resultat menschlichen Handelns ist (Prinzip der „unsichtbaren Hand"). Die Zentralverwaltungswirtschaft sei insbesondere wegen der „Nichtzentralisierung allen relevanten Wissens" über die Fähigkeiten und Bedürfnisse der Individuen nicht durchführbar, das heißt die planende Stelle kann niemals über die Informationen verfügen, die sie für eine vernünftige Planung benötigen würde. Nur der freie Markt bilde im Preissystem alle relevanten Informationen ab und führe zu sinnvollen Allokationen. Den „Sozialingenieuren", die eine Gesellschaft auf dem Reißbrett planen wollen, warf er *die Anmaßung von Wissen (pretence of knowledge)* vor. So sollte später auch seine Rede zum Empfang des Nobelpreises heißen. Er selbst aber schrieb zum 20jährigen Bestehen des Institutes of Economic Affairs im Jahre 1977:

Klassischer Liberaler

> *„Ich bin stets davon überzeugt gewesen, dass wir, so wir unsere wirtschaftliche und* politische Freiheit *behalten wollen, unsere Bemühungen auf die Bekehrung der Intellektuellen in ihrer Eigenschaft als Meinungsmacher richten müssen."*

Die Gegnerschaft zu John Maynard Keynes zu Beginn der 1930er Jahre ergab sich auch aus der anders gelagerten Einschätzung von Hayeks zur Entstehung der damaligen Weltwirtschaftskrise.

Konjunktur-   Hayeks Konjunkturtheorie zufolge war die Weltwirtschaftskrise nicht, wie
theorie   Keynes behauptete, Folge von geringer Nachfrage, sondern von Fehlinvesti-
                   tionen der Unternehmen und Banken, die wiederum Folge verfehlter staatlicher
                   Geld- und Wirtschaftspolitik gewesen seien. Staatliche Interventionen auf
                   dem freien Markt, wie Keynes sie forderte, seien also nicht die Lösung, son-
                   dern die Ursache der Wirtschaftskrise. Die Inflationspolitik vor 1929 habe den
                   Zusammenbruch erst heraufbeschworen. Diese Lehren Hayeks fanden jedoch
                   damals keine verbreitete wissenschaftliche oder politische Unterstützung.
                   Durchgesetzt haben sich die Überlegungen von Keynes.

Der Weg zur   1944 erschien Hayeks *The Road to Serfdom* (dt. *Der Weg zur Knechtschaft*) in
Knechtschaft   England. In diesem Werk legte er dar, dass der Nationalsozialismus in
                   Deutschland und der Faschismus in Italien nicht – wie sozialistische Intellek-
                   tuelle behaupteten – Formen der kapitalistischen Reaktion seien, sondern
                   „Weiterentwicklungen des Sozialismus". Ziel des Buches war es laut Hayek,
                   die damals gegen den Liberalismus tendierende Mehrheitsmeinung umzukeh-
                   ren und sie für die Gefahren des Sozialismus zu sensibilisieren. Hayeks
                   Hauptargument ist, dass alle Arten von Sozialismus, Kollektivismus und Plan-
                   wirtschaft zwangsläufig in Widerspruch zu liberalen Individualrechten und
                   rechtsstaatlichen Prinzipien geraten. Die Barbarei und Gewaltherrschaft in
                   den totalitären Staaten – damals neben Deutschland und Italien vor allem die
                   Sowjetunion – sei also nicht Folge von besonderer Bosheit der entsprechenden
                   Völker, sondern die Umsetzung der sozialistischen Lehre einer geplanten
Unterdrückung   Wirtschaft. Diese führe notwendig zu Unterdrückung, selbst wenn dies nicht
                   die ursprüngliche Absicht der Sozialisten war. Später erweiterte er diese Theo-
                   rie und fügte hinzu, dass selbst staatliche Interventionen, die zunächst die
                   Marktwirtschaft nicht prinzipiell in Frage stellen, langfristig zur Abschaffung
                   der Freiheit führen würden. Nach dem Zweiten Weltkrieg sah Hayek die
                   Chance für eine Renaissance des Liberalismus gekommen. 1947 gründete er
                   die Mont Pèlerin Society als Plattform eines neuen Liberalismus. Teilnehmer
                   der ersten Tagung waren neben Hayeks Freunden Misés und Karl Popper auch
                   Ludwig Erhard, Walter Eucken und Wilhelm Röpke, die Soziale Marktwirt-
                   schaft in Westdeutschland vorbereiteten. Die Schule des Ordoliberalismus,
                   damals auch Neoliberalismus genannt, fußte in vielem auf Hayeks Theorien,
                   entwickelte sie aber weiter. Hayek unterstützte anfangs auch die auf ordolibe-
                   ralen Thesen beruhende Soziale Marktwirtschaft, hielt sie aber spätestens ab
                   Mitte der 1960er Jahre für zu interventionistisch und warnte anlässlich der
                   deutschen Ausgabe des *Wegs zur Knechtschaft* von 1971 vor sozialistischen
                   Tendenzen in der deutschen Wirtschaftspolitik" .

15.3   Textbeispiel

„Dass in die Ordnung einer Marktwirtschaft viel mehr Wissen von Tatsachen eingeht, als irgendein einzelner Mensch oder selbst eine Organisation wissen kann ist der entschiedenste Grund, weshalb die Marktwirtschaft
mehr leistet als irgendeine andere Wirtschaftsform."

Der Vorteil der
Marktwirtschaft

(Von Hayek, Friedrich A.; Freiburger Studien, Tübingen 1969, S.11)

„In einer komplexen Gesellschaft hat der Mensch keine andere Wahl als sich
entweder an die für ihn blinderscheinenden Kräfte des sozialen Prozesses
anzupassen, oder den Anordnungen eines übergeordneten zu gehorchen.
Solange er nur die harte Schule des Marktes kennt, wird er vielleicht denken,
dass die Leitung durch einen anderen vernünftigen Kopf besser wäre; aber
wenn es zum Versuch kommt, entdeckt er bald, dass ihm der erstere immer
noch wenigstens eine Wahl lässt, während ihm der letztere gar keine lässt,
und dass es besser ist, die Wahl zwischen verschiedenen unangenehmen
Möglichkeiten zu haben, als zu einer von ihnen gezwungen zu werden."

Markt oder
Befehl

*(Von Hayek, Friedrich A: Individualismus und wirtschaftliche Ordnung,
2. Aufl. –Salzburg 1976, S. 38f.)*

„Der Liberalismus befasst sich mit den Aufgaben des Staates und vor allem
mit der Beschränkung seiner Macht. Die demokratische Bewegung befasst
sich mit der Frage, wer den Staat lenken soll. Der Liberalismus fordert, alle
Macht, also auch die der Mehrheit, zu begrenzen. Die demokratische Theorie
führte dazu, die Meinung der jeweiligen Mehrheit als einziges Kriterium für
Rechtmäßigkeit der Regierungsgewalt zu betrachten. Die Verschiedenheit der
beiden Prinzipien wird am klarsten, wenn wir jeweils das Gegenteil suchen:
bei Demokratie ist es eine autoritäre Regierung, beim Liberalismus aber der
Totalitarismus ... Liberalismus ist also unvereinbar mit unbeschränkter Demokratie, genauso wie mit jeder anderen unbeschränkten Macht ... Obwohl also
die konsequente Anwendung liberaler Prinzipien zur Demokratie führt, wird
die Demokratie den Liberalismus nur dann und nur solange bewahren, wie die
Mehrheit ihre Macht nicht dazu missbraucht, ihren Anhängern besondere Vorteile zu verschaffen, die nicht allen Bürgern gleichermaßen geboten werden
können."

Liberalismus und
Demokratie

(Von Hayek, Friedrich A.: Liberalismus, Tübingen 1979, S. 35)

Literatur ## 15.4   Weiterführende Literatur

- Butler, Eamon: Hayek. His Contribution to the Political and Economic thought of our Time, London 1983
- Habermann, Gert: Philosophie der Freiheit. Ein Friedrich-August-von-Hayek- Brevier, Thun 2001
- Hennecke, Hans-Jörg: Friedrich August von Hayek. Die Tradition der Freiheit, Bonn 2000
- Misés, Ludwig von: Die Gemeinwirtschaft, Wien 1922
- Raybould, John: Hayek. A Commerative Album, London 1998
- Streit, Manfred: Wissen, Wettbewerb und Wirtschaftsordnung – Zum Gedenken an Friedrich August von Hayek. In:: Ökonomischer Individualismus und freiheitliche Verfassung- Gedenkakademie für Friedrich August von Hayek. Hrsg. Hans Hermann Funcke, 1995
- Von Hayek, Friedrich August: Recht, Gesetz und Freiheit, Tübingen 2003
- Von Hayek, Friedrich August: Studien. Gesammelte Aufsätze, 2. Aufl., Tübingen 1994
- Von Hayek, Friedrich August: Die Verfassung der Freiheit, Tübingen 1991
- Von Hayek, Friedrich August: Liberalismus, Tübingen 1979
- Von Hayek, Friedrich August: Individualismus und wirtschaftliche Ordnung, 2.Aufl., Salzburg 1976
- Von Hayek, Friedrich August: Freiburg Studien 1969

Internetquellen ## 15.5   Internetquellen

- Friedrich von Hayek (http://mehr-freiheit.de/idee/hayek.html
- Friedrich August von Hayek (http://de.wikipedia.org/wiwi/Friedrich_August_von_Hayek)
- Der Liberalismus des Friedrich August von Hayek (http://www.dosinot.de/hayek.htm)

Bildquelle:

http://www.liberalismus- portal.de/friedrich-august-von-hayek.htm (30.04.07)

16 Wassily Leontief (1906 – 1999)
Entwickelte die Input-Output-Analyse

16.1 Lebensweg

St. Petersburg   Der amerikanische Mathematiker und Ökonom **Wassily Leontief** (ursprünglich Wassili Wassiljewitsch Leontjew) wurde am 5. August 1906 geboren. Eine 2005 in Deutschland ausgestellte Geburtsurkunde bescheinigt ihm die Geburt am 5. August 1905 in München. Er verbrachte seine Kindheit und Jugend mit seinen Eltern Wassily W. und Eugenia Leontief (geb. Becker) in St. Petersburg. Sein Vater war Professor für Wirtschaftswissenschaften an der Petersburger Universität.

Minderheitler   Ab 1921 studierte Leontief Philosophie und Soziologie an der Universität in Petrograd, wie St. Petersburg von 1914 bis 1924 genannt wurde. In dieser Zeit erlebte er die Übernahme der Staatsgeschäfte durch die Bolschewiken und hörte die berühmte Rede **Lenins** vom Winterpalast. Jedoch bevorzugte er den Weg der sozialdemokratischen Menschewiken, wörtlich übersetzt „Minderheitler", die als Fraktion der Sozialdemokratischen Arbeiterpartei Russlands (SDAPR) einen Sozialismus mit einer repräsentativen Demokratie vertraten. Entsprechend äußerte er sich über die Kommunisten: „‚Zeitweise im Gefängnis, zeitweise an der Universität – es war eine gute Schule', erinnert er sich" (Piper 1994, S. 244).

Berlin   Nach einem Wechsel seiner Studien hin zur Fachrichtung Wirtschaftswissenschaften machte er 1924 darin seinen ersten akademischen Abschluss. Anschließend ging er nach Deutschland und setzte 1925 seine Studien an der Alexander von Humboldt-Universität zu Berlin fort. Grund für diesen Wechsel war nicht zuletzt ein Verdacht auf einen Tumor und die Aussicht auf bessere Behandlungsmöglichkeiten. In Berlin hörte er Vorlesungen unter anderem von Werner Sombart und dem Statistiker und Ökonomen **Ladislaus Bortkiewicz (1868 – 1931)**. Hier arbeitete er an den Grundlagen der Input-Output-Analyse und erlangte mit seiner Dissertation zum Thema „Wirtschaft als Kreislauf" 1928 die Doktorwürde.

Kieler Institut für Weltwirtschaft   Bereits 1927 nahm er seine Tätigkeit am Kieler Institut für Weltwirtschaft in der Forschungsgruppe um Adolph Lowe auf, unterbrach diese 1929 für ein Jahr aufgrund einer Einladung der chinesischen Regierung, um als Berater des Eisenbahnministers bei der Planung neuer Bahnlinien zu helfen. 1931 erhielt er eine Einladung aus den USA, um für das National Bureau of Economic Research in New York zu arbeiten. Bereits kurze Zeit später lehrte und forschte er dann für mehr als 40 Jahre an der Wirtschaftsfakultät der Harvard University, wo er ab 1946 als Professor tätig war.

Im Jahre 1932 heiratete er die Schriftstellerin Estelle Helena Marks. Seine Tochter Svetlana Alpers, später Professorin für Kunstgeschichte an der University of California, Berkeley, wurde 1936 geboren.

Während seiner Tätigkeit in Harvard entstand im Jahre 1936 ein erster veröffentlichter Aufsatz zur **Input-Output-Analyse**, welcher die theoretischen Grundlagen seiner Forschung bildete. 1941 lieferte er auch den Nachweis über den praktischen Nutzen dieser Analyse. Trotz zum Teil erheblicher Kritik setzte sich die Leontiefsche Analyse durch. Er verbesserte sein Verfahren, führte modernere Produktionsfunktionen ein und dynamisierte das gesamte Modell, immer mit dem Anspruch, auch den praktischen Nutzen seiner Arbeit zu demonstrieren und nachzuweisen.

Harvard

Schon allein die für seine Arbeit erhaltenen Ehrungen und Auszeichnungen verdeutlichen die Bedeutung Leontiefs für die Wirtschaftswissenschaft. Zu seinen Ehrungen gehörten: der Cherubim-Orden von der Universität in Pisa 1953; die Ehrendoktorwürde der Universitäten in Brüssel 1962; im belgischen Löwen 1971; der Sorbonne in Paris 1972; in Pennsylvania 1976; in Toulouse 1980; in Louisville/Kentucky 1980; in Budapest 1981; des Adelphi College 1988; der Universität in Córdoba 1990; der Humboldt Universität in Berlin 1995; der Universitätsdoktor der Universität in York 1967; der Offizier der französischen Ehrenlegion 1968; den Bernhard-Harms Preis des Instituts für Weltwirtschaft in Kiel 1970; den Doktor der Sozialwissenschaften, Universität in Vermont 1980; den Doktor des Rechts, C. W. Post Center, Long Island Universität 1980; Takemi Memorial Award, Institute of Seizon & Life Sciences, Japan 1991, Harry Edmonds Award for Life Achievement, International House, New York 1995. Gekrönt wurden diese Ehrungen durch den Nobelpreis für Wirtschaftswissenschaften, den er 1973 aufgrund seiner Input-Output-Analyse und deren Anwendung erhielt.

Ehrungen

Nobelpreis

Neben seiner Tätigkeit als Dozent und Forscher an den Universitäten in Harvard und später in New York war Leontief ein Mitglied vieler Vereinigungen, Akademien und anderer Organisationen. Genannt seien hier beispielhaft: American Philosophical Society; International Statistical Institute; Japan Economic Research Center, Tokyo; Royal Statistical Society, London; American Economic Association (Präsident: 1970); U.S.-U.S.S.R. Commission on the Social Sciences and Humanities of the International Research and Exchanges Board (1974); Accademia Nazionale dei Lincie, Italy (1975); American Committee on East-West Accord (1975); Royal Irish Academy (1976); Commission to Study the Organization of Peace (1978); Committee for National Security (1980); The International Advisory Council of the Delian Institute of International Relations (1982); Accademia Mediterranea Delle Scienze, Catania, Italy (1982); Academy of Creative Endeavors, USSR (1990); International Charitable Foundation, USSR (1992); Academie Europeenne (1993); World Academy for the Progress of Planning Science, Italy (1993).

Mitglied vieler Vereinigungen

1976 wechselte er an die New York University. Ab 1980 war er als Berater für Entwicklungsprogramme der UNO tätig. Dort verbrachte er den Rest seiner wissenschaftlichen Laufbahn bis 1991. Am 5. Februar 1999 verstarb Leontief in New York.

New York

Sowohl von Kollegen als auch von Freunden wurde er als akademischer Frei-
denker eingeschätzt, der sich zum Beispiel 1969 bei der Übernahme der University Hall während der Studierenden-Proteste gemeinsam mit einer Gruppe von
jüngeren Professoren auf die Seite der Studierenden stellte. Insbesondere kritisierte er oft, dass die Wissenschaftler heute zu viel Zeit für die Theorie und
weniger für die praktische Anwendung und Überprüfung verbrauchen würden.

16.2 Wissenschaftliches Vermächtnis

Input-Output-
Analyse

Wassily Leontief beschäftigte sich Zeit seines wissenschaftlichen Lebens mit
der von ihm entwickelten Input-Output-Analyse. Weitere vom ihm geprägte
und nach ihm benannte Ergebnisse seiner Arbeit sind das **Leontief-Paradoxon**, die **Leontief-Lerner-Wohlfahrtsfunktion** und die **Leontief-Produktionsfunktion**.

Volkswirtschafts-
bilanz

Während des Studiums wurde in der Sowjetunion eine neue Volkswirtschafts-
bilanz eingeführt, die sowohl die Produktion als auch die Verteilung der Ressourcen zahlenmäßig in einen gemeinsamen Überblick bringen sollte. Dieser
Versuch, die Beziehungen zwischen den verschiedenen Sektoren einer Volkswirtschaft dazustellen, bestimmte die spätere wissenschaftliche Laufbahn
Leontiefs. Er entwickelte, verfeinerte und wendete die Input-Output-Analyse,
für die er 1973 den Nobelpreis für Wirtschaftswissenschaften erhielt, praktisch
an, er versuchte also, die Lieferbeziehungen zwischen den verschiedenen Branchen bzw. Industriezweigen einer Volkswirtschaft in einer Matrix festzuhalten.

Die Ergebnisse seiner Arbeit veröffentlichte er unter anderem in den Werken:

- Economic Problems of Today (1940)
- The Structure of American Economy, 1919-1929 (1941)
- The Principles of Economic Planning (1949)
- Studies in the Structure of the American Economy (1953, mit anderen
  Autoren)
- Input-Output-Economics (1965)
- Essays in Economics, 2 Bände (1966/1977).
- Studies in the Structure of the American Economy (1953);
- The Future of the World Economy (1977)
- Military Spending: Facts and Figures, Worldwide Implications and
  Future Outlook, mit F. Duchin (1983)
- The Future of Non-Fuel Minerals in the U. S. And World Economy, mit
  J. Koo, S. Nasar und I. Sohn (1983)
- The Future Impact of Automation on Workers, F. Dochin, Co-Autor (1986).

Insgesamt veröffentlichte Wassily Leontief über 100 Artikel in wissenschaftlichen Journalen und Zeitschriften in den USA und im Ausland.

über 100 Artikel

Zwischen der Entwicklung und der Anerkennung der Input-Output-Analyse lag ein langer und schwieriger Weg. Grund war die Einschätzung dieser Rechnung zu Beginn seiner Arbeit als zu planwirtschaftlich. Man befürchtete, dass mit der Möglichkeit der Analyse und Vorhersage von benötigten Produktionsfaktoren für eine bestimmte zu produzierende Menge an Produkten der Schritt zum Einsatz dieser Möglichkeit für Planungszwecke gegeben sei. So konnte das Statistische Bundesamt der Bundesrepublik die Input-Output-Analyse bis in die 60er Jahre nicht einsetzen, weil sie gerade in der Abgrenzung vom sozialistischen Nachbarland angeblich mit den Leitlinien einer Marktwirtschaft nicht vereinbar war.

Anerkennung

Nichtsdestotrotz zeigten sich relativ schnell die praktischen Vorteile, die eine Anwendung der Input-Output-Analyse mit sich brachte. So konnten zum Beispiel die Kosten für die Abrüstung und die Umweltverschmutzung ebenso berechnet wie auch die wirtschaftlichen Folgen des Ölpreisschocks und die benötigte Geldmenge für die Währungsumstellung in der ehemaligen DDR bestimmt werden. Der Verdienst Leontiefs besteht insbesondere darin, dass er seine Analyse nicht allein auf der theoretischen Basis weiterentwickelte, sondern dass er sie in mühevoller Kleinarbeit auf ihren praktischen Wert testete und die Theorie mit den wirtschaftlichen Tatsachen miteinander verbindet.

Anwendung

Ausgehend von den Überlegungen **François Quesnays**, der versuchte, die Güterströme der Gesellschaft in ein Modell, ähnlich des Blutkreislaufs, darzustellen, und **Léon Walras**, der Untersuchungen zur gegenseitigen Beeinflussung von Preisen und Gütern vornahm und ein Modell eines allgemeinen Gleichgewichts entwickelte, interessierte sich Leontief insbesondere für eine mögliche Abbildung der Beziehungen in der Wirtschaftswelt. Er selbst war der Meinung, dass er im Gegensatz zu seinen Vorgängern über den großen Vorteil verfügte, dass seine theoretischen Überlegungen mit konkreten Daten und Zahlen, welche durch die zunehmende Bürokratisierung und deren Verarbeitungsmöglichkeit mit einer entstandenen Rechnertechnik gewonnen wurden, überprüfen und gegebenenfalls modifizieren konnte.

Beziehungen in der Wirtschaftswelt

Bereits 1936 erschien sein Aufsatz über die Input-Output-Analyse. Diese theoretischen Grundlagen füllte er bis 1941 mit der Anwendung auf die Praxis. Sehr penibel stellte er dabei die Beziehungen innerhalb der amerikanischen Wirtschaft der Jahre 1919 bis 1929 in einer Matrix, einer Tabelle mit Zeilen und Spalten, dar.

Matrix

Seine erste Matrix umfasste 42 Branchen (heute können diese Matrizen 5.000 Branchen umfassen), deren In- und Outputs Leontief zahlenmäßig erfasst hat. Die Input-Output-Analyse stellte die Grundlage für die volkswirtschaftliche Gesamtrechnung dar und ist trotz ihrer Schwächen ein anerkanntes Instrument der Wirtschaftswissenschaft. Insbesondere in den 1950er und 1960er Jahren

42 Branchen

wurde die Input-Output-Analyse häufig angewendet, mittlerweile ist sie jedoch durch fortschrittlichere Methoden abgelöst worden.

Widerspruch
zwischen Prog-
nose und Empirie

Während der praktischen Untermauerung seiner Theorie stellte er fest, dass das so genannte **Heckscher-Ohlin-Theorem**, das einen Zusammenhang zwischen dem Export und dem vorrangigen Produktionsfaktor – Arbeit oder Kapital – beschreibt, den empirisch ermittelten Zahlen widersprach. Die Auswertung des Datenmaterials ergab, dass die USA hauptsächlich arbeitsintensiv hergestellte Güter exportieren, obwohl aus dem Heckscher-Ohlin-Theorem die Schlussfolgerung gezogen wurde, dass die USA als kapitalreiches Land vor allem kapitalintensive Güter exportieren würden. Dieser Widerspruch zwischen Prognose und Empirie erhielt des Namen Leontief-Paradoxon. Erst in den 60er Jahren konnte durch das so genannte Neofaktorproportionentheorem eine Erklärung für dieses scheinbare Paradoxon gefunden werden.

Leontief-
Produktions-
funktion

Wohlfahrts-
funktion

In seiner späteren wissenschaftlichen Laufbahn beschäftigte sich Leontief neben der Input-Output-Analyse auch mit umweltökonomischen Problemen und Fragen des Wirtschaftswachstums. Er entwickelte unter anderem die als Leontief-Lerner-Wohlfahrtsfunktion und als Leontief-Produktionsfunktion bekannten funktionalen Modelle.

16.3   Erläuterungen zu den Theorien Leontiefs

Input-Output-
Analyse

Mit Hilfe der Input-Output-Analyse können Ströme von Gütern und Dienstleistungen zwischen den produzierenden und verbrauchenden Sektoren einer Volkswirtschaft in einem bestimmten Zeitraum analysiert werden. Sie stellt damit die Möglichkeiten für eine exakte Beschreibung der Wirtschaftsstruktur und für Prognosen über die Auswirkungen von politischen Eingriffen in die jeweiligen wirtschaftlichen Prozesse.

Leontief zählte in der Analyse alle Inputs, also alle Güter und Dienstleistungen, die eine Branche bekommt, und die Outputs, also das, was sie an andere verkauft. Die Ergebnisse seiner Recherchen stellte er in sogenannten Matrixtabellen dar, in deren Zeilen die einzelnen Zweige der Lieferanten und in deren Spalten die der Empfänger eingetragen werden. In der waagerechten Zeile kann man nun ablesen, wohin eine Branche ihre Outputs liefert. In der Senkrechten kann man dagegen ablesen, woher, welche und wie viele Inputs eine Branche bezieht.

Input-Output Tabelle:

	Output	Verwendung durch			
		Ackerbau	Industrie	Viehzucht	Endverbrauch
Weizen	450 =	200 +	90 +	120 +	40
Eisen	21 =	7 +	6 +	3 +	5
Schweine	60 =	18 +	12 +	15 +	15

	Lieferungen an			
	Sektor 1	Sektor 2	Sektor 3	Endverbrauch
von Sektor 1	200	90	120	40
von Sektor 2	7	6	3	5
von Sektor 3	18	12	15	15

Bildquelle: http://statmath.wu-wien.ac.at/courses/glm/io.html

Die Leontief-Koeffizienten geben an, wie viel Einsatz eine Branche für eine bestimmte Menge Ausstoß von den verschiedenen Branchen benötigt. Dabei unterstellen die Koeffizienten, und hier setzt die methodische Kritik an, dass die einzelnen Inputs einer bestimmten Produktion in einem festen Verhältnis zueinander stehen. Denn dies kann, muss aber nicht immer so sein.

In seiner ersten Studie unterschied er 42 verschiedene Branchen, die zunächst noch ein geschlossenes Modell abgebildet wurden, in dem alle Outputs auch als Inputs erschienen. Entsprechend bezog er sich auch nur auf eine Volkswirtschaft, nämlich die der USA. Da dies aber eher einem Idealtyp entspricht, entwickelte Leontief 1951 ein offenes Modell, in dem neben den „normalen" Inputs und Outputs unterschieden wird nach dem Endverbrauch, das heißt, nach Gütern, die zum Beispiel für den täglichen Bedarf und nicht für einen neuen Output verwendet werden, und nach den Primärinputs, die nicht aus einem Output einer Branche entstanden sind, zum Beispiel Arbeit. Entsprechend lassen sich damit nun Vorhersagen treffen, zum Beispiel wie die Kombination der verschiedenen Inputs den gewünschten Output beeinflussen kann, wie aus den Ressourcen eines Landes das Sozialprodukt entsteht, wie sich bei vorgegebenen Primärinputmengen die mögliche Endnachfrage oder, umgekehrt, bei vorgegebener Endnachfrage die notwendigen Primärinputmengen verhält. Ebenfalls wird damit ermöglicht, die wirtschaftlichen Folgen von bestimmten Ereignissen oder Eingriffen abzuschätzen.

Ein weiterer Kritikpunkt an der Input-Output-Analyse ist der Zeitfaktor, denn für das Sammeln und Auswerten der Daten wird ein relativ großer Zeitraum benötigt. Entsprechend können Vorhersagen für die künftige Entwicklungen nur nach dem heutigen Standpunkt getroffen werden. Da aber die Gesellschaft einem ständigen Wandel unterliegt, zum Beispiel Veränderung von politischen Zielen und Wegen oder der technologische Wandel, hat die Input-Output-Analyse hier ihre Grenzen.

Leontief-
Paradoxon

Das Leontief-Paradoxon war das Ergebnis einer empirischen Untersuchung im Jahre 1953. Bislang war man in Ableitung des Heckscher-Ohlin-Theorems davon ausgegangen, dass die USA als relativ kapitalreiches Land entsprechend insbesondere kapitalintensive Produkte exportieren würden. Die Untersuchung ergab jedoch, dass die Kapitalintensität der Exporte im Jahr 1947 geringer war als die der Importe, was im Widerspruch zum Heckscher-Ohlin-Theorem stand.

Das Heckscher-Ohlin-Theorem geht davon aus, dass die Ausstattung einer Volkswirtschaft entscheidend dafür ist, welche Güter in hohem Maße hergestellt werden. Dabei berücksichtigt das Theorem sowohl die Arbeitskraft als auch die anderen Produktionsfaktoren Boden, Kapital und auch den Unternehmer als Einflusskomponenten auf den Außenhandel. Im Prinzip wird ausgesagt, dass ein Land jene Güter exportiert, welche den am meisten im Land vorhandenen Faktor nutzt. Wenn eine Volkswirtschaft also viele Arbeitskräfte hat, wird es insbesondere arbeitsintensive Güter ausführen. Dieser Gedanke beruht, wie dies auch Adam Smith und David Ricardo glaubten, auf der Annahme, dass der Außenhandel aus der Motivation entsteht, Güter billiger zu erwerben als sie im Inland hergestellt werden können.

Folgende Erklärungsansätze boten sich zunächst für das Leontief-Paradoxon an. Zum einen bestand die Annahme, dass das Heckscher-Ohlin-Theorem verletzt worden sei, zum anderen, dass es Mängel im Testverfahren gab. Dazu wurden zum Beispiel die Verzerrung der Daten durch Nichtberücksichtigung von menschlicher Arbeit und natürlichen Ressourcen gezählt. Aber auch folgende Untersuchungen konnten die Ergebnisse Leontiefs nicht widerlegen. Später erkannte man, dass ein wichtiger Faktor nicht nur die Quantität, sondern auch die Qualität der vorhandenen Produktionsfaktoren sei. Dieser Erweiterung folgt das Neofaktorproportionentheorem, das eine relative Lösung des Paradoxon darstellt.

Leontief-Produktionsfunktion

Die Leontief-Produktionsfunktion beschreibt den Produktionsprozess bei limitationalen Produktionsfaktoren. Sowohl die Ertragsfunktion als auch die Neoklassische Produktionsfunktion gehen von der Annahme aus, dass sich die Produktionsfaktoren gegenseitig ersetzen lassen. Leontief nahm aber nun an, dass die Produktionsfaktoren in einem festen Verhältnis zueinander stehen und nicht ersetzt werden können.

So benötigt man zum Beispiel zwanzig Arbeitsstunden und dreißig Kilogramm PVC für die Herstellung eines bestimmten Schrankes. Diese können auch nicht unterschiedlich erhöht werden, man kann auch nicht PVC durch Arbeit ersetzen, da dies durch das festgesetzte Verhältnis keine Auswirkung auf die Menge der hergestellten Produkte hat. Es handelt sich also um eine limitationale Produktionsfunktion. Da mit der Erhöhung der Produktionsfaktoren auch eine gleichmäßige Erhöhung der hergestellten Produkte einhergeht, spricht man von einer so genannten linear-limitationalen Produktionsfunktion.

16.4   Weiterführende Literatur   Literatur

- Leontief, Wassily. Amerikanischer Mathematiker und Ökonom. In: Hesse, Helge: Ökonomen-Lexikon. Unternehmer, Politiker und Denker der Wirtschaftsgeschichte in 600 Porträts, Düsseldorf 2003, S. 201-202

- Pinzler, Petra: Die ganze Wirtschaft auf einem Tableau. In: Piper, Nikolaus: Die großen Ökonomen. Leben und Werk der wirtschaftswissenschaftlichen Vordenker, 2. Aufl. Stuttgart 1996, S. 244 – 252

- Osman, Yasmin: Anatomie der Volkswirtschaft. Input-Output-Economics: Wassily Leontief. In: Herz, Wilfried: Zeit-Bibliothek der Ökonomie: die Hauptwerke der wichtigsten Ökonomen, Stuttgart 2000, S. 141-144

- Söllner, Fritz: Geschichte des ökonomischen Denkens. 2. Aufl., Berlin, Heidelberg, New York u.a. 2001

16.5   Internetquellen   Internetquellen

- http://lexikon.meyers.de/meyers/Input-Output-Analyse
- http://nobelprize.org/nobel_prizes/economics/laureates/1973/leontief-autobio.html
- http://query.nytimes.com/gst/full-page.html?res=9D02E3D8143BF934A35751C0A96 F958260
- http://statmath.wu-wien.ac.at/courses/glm/io.html
- http://www.aboutit.de/wissen/biographien/wassily-leontief.htm
- http://www.biograph.comstar.ru/bank/leontev.htm
- http://www.hno.harvard.edu/gazette/2002/11.07/21-mm.html
- http://www.thecrimson.com/article.aspx?ref=95468

Bildquelle

http://www.nndb.com/people/681/000113342/

17 John Kenneth Galbraith (1908 – 2006)

Gegner der unbeschränkten Macht von Konzernen

17.1 Lebensweg

Ontario

John Kenneth Galbraith, der Sohn schottischer Einwanderer in den kanadischen Bundesstaat Ontario hat in seinem langen Leben die Entwicklung vom Automobil als Massenprodukt bis zur Kommunikationsgesellschaft von heute begleiten dürfen. Sein Vater war Farmer (manche Quellen sprechen von Lehrer) und Mitarbeiter in der regionalen Verwaltung von Iona Station am Eriesee in Ontario.

Belange der Arbeiterschaft

Der Kanadier wuchs mit zwei Geschwistern auf und musste früh auf dem Hof mithelfen. Körperliche Arbeit war für ihn etwas Selbstverständliches und hat seinen Blick für die Belange der Arbeiterschaft besonders geschärft. Galbraith war ein mittelmäßiger Schüler. Sein Vater und die älteren Geschwister finanzierten ihm nach dem Schulabschluss ein Studium an einer landwirtschaftlichen Hochschule in Ontario. Hier bestand er 1931 das Examen mit Auszeichnung, obwohl er dort nach Angaben in seiner 1982 erschienenen Autobiografie wenig gelernt hat (vgl. Koesters 4/1984., S.248). Anschließend wechselte Galbraith an die Universität von Berkeley/Kalifornien. Er promovierte dort mit einer Arbeit über ein agrarpolitisches Thema.

Bücher

Nach eigener Aussage verschlang Galbraith schon als Schüler wahllos Bücher. Dieser Leseleidenschaft ist wohl auch sein Schwenk zur Volkswirtschaftslehre zu verdanken. Das Werk des Briten Alfred Marshall, eines Zeitgenossen von Léon Walras, faszinierte ihn insofern, als er Marshalls idealisierte Welt der vollständigen Konkurrenz und der Konsumentensouveränität, ja Konsumentenmacht, mit der amerikanischen Wirklichkeit der 30er Jahre des 20. Jahrhunderts verglich. „Eine realistische Welt ist das nicht", so Galbraith (vgl. Koesters 4/1984, S. 249). Die wirtschaftliche Wirklichkeit sah Galbraith beherrscht von Konzernen, Gewerkschaften und großen Wohlfahrtsverbänden. Einige hundert Riesenunternehmen würden für die Hälfte aller wirtschaftlichen Aktivitäten verantwortlich sein. Wo bleibe da der von Marshall gepriesene freie Wettbewerb?

Marshalls Vorstellungen waren falsch

Marshalls Vorstellungen waren nach Galbraiths Auffassung einfach falsch. „Um zu wissen, was richtig ist, muss man eine klare Vorstellung von dem haben, was falsch ist" (Koesters 4/1984 S. 249).

Harvard

Ab 1934 kann man von einer Karriere Galbraiths sprechen, die ihn zum Ökonomen, Sozialkritiker, Präsidentenberater, Diplomat und Romancier werden ließ. Galbraith wurde Dozent an der Harvard Universität (1934 bis 1939 als so genannter Tutor für Ökonomie). Gleichzeitig arbeitete er im amerikanischen Landwirtschaftsministerium. Als glühender Anhänger von **John Maynard Keynes** unterstützte Galbraith die Wirtschafts- und Sozialprogramme des amerikanischen Präsidenten **Franklin D. Roosevelt (1882 – 1945)**. „Frühkeynesianer" und „Linksliberaler" sind auf Galbraith sehr zutreffende Attribute.

Im Jahr 1937 gab es zwei große Veränderungen in seinem Leben: Galbraith heiratete Catherine Merriam Atwater und wechselte für ein Jahr als research fellow an die Universität von Cambridge in England. Nach seiner Rückkehr erhielt er die amerikanische Staatsbürgerschaft. Weil Galbraith keine Professur an der Harvard Universität bekam, wechselte er 1939 als Assistenzprofessor an die Universität von Princeton. Im Jahre 1940 arbeitete Galbraith im Wahlkampfstab von Präsident Roosevelt. Roosevelt hatte nach dem Kriegseintritt der USA im Jahre 1941 Angst vor einer Inflation. Deswegen schuf er eine Aufsichtsbehörde zur Kontrolle von Preisen und Löhnen. Leiter dieser Institution wurde John Kenneth Galbraith. Durch diese Funktion wurde Galbraith schnell in der amerikanischen Öffentlichkeit bekannt. Selbstverständlich wurde der Wettbewerb durch die Tätigkeit von Galbraiths Behörde – er hatte bis zu 64.000 Mitarbeiter – stark eingeschränkt. Es hagelte Proteste aus der eher wirtschaftsliberal eingestellten Industrie.

Cambridge

Galbraith wurde der meistbeschimpfte Mann im Land. Machtmissbrauch wurde ihm vorgeworfen. Roosevelt konnte ihn schließlich nicht mehr halten und entließ ihn im Mai 1943. Nach Aufhebung des Preisstopps gab es zwei Jahre hintereinander einen Preisschub. Galbraith empfand den Preisstopp trotzdem als erfolgreich, **Milton Friedman** und seine Anhänger fühlten sich dagegen in ihrer Vermutung bestätigt, ein Preisstopp verschiebe nur die Inflation auf den Zeitpunkt seiner Aufhebung. Während seiner Zeit als „Preiskommissar" wurde Galbraith in seinem Auftreten als arrogant empfunden. Man sagte ihm nach, er würde sich als Star fühlen. Vielleicht wurden seine mit viel Selbstironie und Schnodderigkeit formulierten Aussagen auch falsch interpretiert: wenn er von sich als „dem Größten" sprach, so meinte er seine stattliche Körpergröße von 2,04 Metern.

Der meistbeschimpfte Mann

Andererseits fand Galbraith in der Öffentlichkeit auch Anerkennung, und zwar deswegen, weil er komplexe Themen in einfacher Sprache darstellen konnte. Galbraiths Buchkritiken wurden sehr positiv aufgenommen. Nicht zuletzt sein Charme und Witz entwaffneten seine Gegner. Der passionierte Skiläufer mit Zweitwohnsitz in der Schweiz war ein sehr beliebter Universitätslehrer, was sich in dem 1976 von der Harvard Campuszeitschrift „Harvard Lampoon" verliehenen „Preis" „Funniest Professor of the Country Award" widerspiegelte.

Anerkennung

Galbraiths weitere „Ausflüge in die Politik" seien hier kurz skizziert:

Im Jahr 1945 war er Gutachter für das Luftfahrt- und Außenministerium, 1948 Mitglied einer amerikanischen Kommission, die durch Deutschland und Japan reiste, um die Folgen der Bombardierungen zu erfassen. Galbraith fiel auf, dass die Arbeiterviertel zum Teil mehr zerstört wurden als die vornehmen Außenbezirke der Städte. Die Kommission kam zu einem vernichtenden Urteil über die Leistungen der amerikanischen Luftwaffe. Insbesondere die Städtebombardierungen wurden von Galbraith als größte Fehlkalkulation des

Bombardierungen

Krieges überhaupt eingestuft. Der kritische Bericht erzielte nach Galbraiths Aussagen leider keine heilsame Wirkung, die für die Effektivität des Luftwaffeneinsatzes in Korea und Vietnam wichtig gewesen wäre.

Wirtschafts-
magazin
„Fortune"

Zwischendurch arbeitete Galbraith von 1944 bis 1948 als Redakteur beim konservativen Wirtschaftsmagazin „Fortune". Hier lernte er das verständliche Schreiben komplizierter Zusammenhänge, was seine besondere Stärke wurde. 1949 wurde Galbraith zum Professor für Ökonomie an der Harvard Universität berufen, 1959 wechselte er an derselben Hochschule auf den renommierten Paul M. Warburg Lehrstuhl über, den er bis zu seinem Ausscheiden im Jahre 1975 bekleidete. Galbraiths „politischer Stern" verglühte mit seiner Unterstützung (1952 bis 1956) des erfolglosen Präsidentschaftskandidaten Adlai Stevenson. Noch einmal zog es Galbraith 1961 in die Politik, als **John F. Kennedy (1917 – 1963)** ihn – der ihn von der Harvard Universität kannte – zum Botschafter in Indien ernannte.

Galbraith war nicht zuletzt ein glühender Verehrer schöner Frauen. So notierte er beim Besuch der amerikanischen Präsidentengattin Jacqueline Kennedy in Indien: „Sie sah in einem Kleid aus radioaktivem Rosa wie eine Million Dollar aus". Über die Frauen in Saigon (Vietnam) schrieb Galbraith an John F. Kennedy: „Sie sind die elegantesten von ganz Asien. Sie sind groß, haben lange Beine und hoch angesetzte Brüste. Sie tragen weiße Seidenpyjamas und eine weiße Seidenrobe, seitlich bis zu den Ärmellöchern geschlitzt. Sie sehen unwiderstehlich aus, und man wird wieder einmal daran erinnert, dass der Posten eines Botschafters den größten Zwang zum Zölibat seit Erfindung des Keuschheitsgürtels auferlegt."

Diplomat

Galbraith war ein geschickter Diplomat. Während seiner Zeit als Botschafter in Indien kam es 1962 zum indisch-chinesischen Grenzstreit im Himalaya. Einerseits vermittelte Galbraith die Lieferung von Waffen an Indien, um damit die Chinesen zum Einhalt zu bewegen, andererseits gelang es ihm, indische Rachegelüste zu dämpfen, so dass der Konflikt diplomatisch beigelegt werden konnte. Galbraith hatte sich schon vor seiner Botschaftertätigkeit sehr mit Entwicklungspolitik auseinandergesetzt, so dass er auch auf diesem Felde als Fachmann geachtet und als Berater von Jawaharlal Nehru und seiner Tochter Indira Gandhi, der späteren Ministerpräsidentin Indiens, tätig werden konnte.

fast 50 Ehren-
doktorwürden

Als John Kenneth Galbraith 2006 starb, hatte ihm sein langes Leben u.a. fast 50 Ehrendoktorwürden beschert. Zweimal erhielt er die „Medal of Freedom", 1946 von Präsident Truman, 2000 von Präsident Clinton. Galbraith hinterließ seine Frau und drei beruflich sehr erfolgreiche Söhne, die als Ökonom, Anwalt und Diplomat tätig sind.

17.2 Wissenschaftliches Vermächtnis

Will man das wissenschaftliche Vermächtnis von John Kenneth Galbraith beschreiben, muss man zunächst feststellen, dass er nicht, wie beispielsweise Léon Walras, eine so genannte Schule gegründet bzw. hinterlassen hat. Er gilt auch nicht im Lichte seiner Zeitgenossen als Universalgenie wie Joseph Alois Schumpeter. Möglicherweise kommt Daniel Fusfeld der Bedeutung Galbraiths am nächsten, wenn er feststellt: „John Kenneth Galbraith ist wahrscheinlich einer der bekanntesten Kritiker zeitgenössischer Wirtschaftstheorien und Wirtschaftspolitik sowie den darin vertretenen Werten" (Fusfeld 1975, S. 207). Recktenwald und Preiser, beides renommierte westdeutsche Ökonomieprofessoren in den 60er und 70er Jahren des 20. Jahrhunderts, werfen Galbraith Naivität und Undifferenziertheit vor. Seine Thesen seien übertreibend, einseitig und nicht widerspruchsfrei. Dennoch rufen beide die Leser auf, Galbraith ernst zu nehmen (vgl. Recktenwald 1971, S. 600). Nach Preiser sind die großen ökonomischen Fragestellungen des 20. Jahrhunderts die Bereiche „Steuerung des Wirtschaftsprozesses", „Einkommensverteilung" und „Wirtschaftskrisen". Für Galbraith stand nach Preiser die Frage der Einkommensverteilung nicht im Mittelpunkt (vgl. Recktenwald 1971, S. 603).

Einer der bekanntesten Kritiker

Zur Steuerung des Wirtschaftsprozesses und zu Wirtschaftskrisen hatte Galbraith laut Preiser viel zu sagen. Folgen wir der Argumentation von Daniel Fusfeld, dann lässt sich Galbraiths Leistung für die Wirtschaftswissenschaft über seine beiden Hauptwerke „Die Gesellschaft im Überfluss" (1958) sowie „Die moderne Industriegesellschaft" (1974) definieren. Dass Galbraith zum so genannten „liberalen Establishment" der USA gehörte (man könnte auch sagen, zu den „eggheads" der Ära Kennedy), vertrug sich durchaus mit seiner Befürwortung aktiver staatlicher Eingriffe zur Förderung des Wohlstandes und mit seinen Bedenken gegenüber dem Wirtschaftswachstum als ausreichendes wirtschaftspolitisches Ziel sowie gegenüber dem Marktmechanismus als anzustrebendes Ziel zur Verteilung der Mittel (Galbraith ist mit diesem vermeintlichen Spagat etwa vergleichbar mit Prof. Dr. Karl Schiller, dem Wirtschaftsminister in der ersten großen Koalition der Bundesrepublik Deutschland von 1966 bis 1969).

Hauptwerke

Im Werk „The Affluent Society" von 1958 greift Galbraith die als selbstverständlich unterstellte „Weisheit" an, dass Wirtschaftswachstum und mehr Output per se eine gute Sache seien. Damit nahm Galbraith 25 Jahre vor Gründung der Grünen ein Thema auf, das heute noch immer die Gemüter bewegt: Wachstum und die damit tendenziell einhergehende **Umweltzerstörung**. „Ist eine Produktionssteigerung überhaupt sinnvoll?" stellte Galbraith als Frage in den Raum. Im Werk „The New Industrial State" von 1967 beschreibt Galbraith eine von Großunternehmen beherrschte Gesellschaft. Antriebskraft ist die so genannte **„Technostruktur"**, Sachexperten in Großunternehmen, die – von eigenem Überlebenswillen auf materiell gut ausgestatteter Ebene angetrieben – dem Management die Entscheidungen vorbereiten, aber selbst die eigentlichen Entscheidungsträger sind.

Umweltzerstörung

Überfluss-
gesellschaft

„Galbraith hält angesichts der modernen Technologie die Überflussgesell-
schaft, von der der Mensch immer geträumt hat, für möglich. Aber der Überfluss hat kein Glück gebracht, weil der Mensch noch immer an die Doktrin des
Mangels glaube und ständig nach einem größeren Output materieller Dinge
strebe. Die Industriewirtschaft schafft ständig zusätzliche Bedürfnisse, teilweise durch Suggestion und Prestigedenken, teilweise durch überlegte Aktio-
nen der Produzenten in der Werbung und den Verkaufstechniken. Ein höheres
Produktionsniveau führt zu einem höheren Bedürfnisniveau: Bedürfnisse werden durch den Prozess bestimmt, durch den sie befriedigt werden. Galbraith
nennt dies den ‚**dependence effect**‘ und meint damit die Steuerung des rationalen Verbrauchers. Wenn er Recht hat, ist die gesamte Wirtschaft irrational
geworden: Wenn die Unternehmer die Entscheidung der Verbraucher bestimmen oder zumindest in bedeutendem Maße beeinflussen können, können sie
die Voraussetzungen ihrer eigenen Entscheidungen bestimmen. Der sich selbst
regulierende Markt wird lediglich zu einem Mittel für die Aufrechterhaltung
und Bereicherung der Großunternehmen.

Die riesige Kapi-
talgesellschaft

In solch einer Wirtschaft ist die riesige Kapitalgesellschaft, die Märkte manipulieren kann, die bedeutende Einheit. Scheinbar von ihren höchsten Angestellten
geleitet, werden die Entscheidungen durch eine ‚Technostruktur‘ von Experten
getroffen, die in der Lage sind, die komplexe Technologie moderner Produktion
und modernen Marketings zu manipulieren. Diese Hierarchie ist am Überleben
und Wachsen der Firma sowie an ihrer eigenen Machterweiterung interessiert,
die Maximierung der Gewinne ist nicht ihr Hauptinteresse. Deshalb gibt es auch
nicht mehr die hübsche Ausrichtung der Produktion auf die Bedürfnisse der Verbraucher so, wie sie die neoklassische Nationalökonomie postuliert, selbst wenn
es den „dependence effect" nicht gäbe" (Fusfeld 1975, S.208). Die Kleinunternehmer müssen nach Galbraith im Gegensatz zu den Großkonzernen, die mono-
polartige Positionen haben oder sich im engen Oligopol wie preisbestimmende
Monopole verhalten, das „Kreuz des freien Wettbewerbs" tragen.

Die Kleinen

Der Zwang zum Überleben zwingt die Kleinen zur rabiaten Selbstausbeutung.
Der kleine Lebensmitteleinzelhändler um die Ecke kann nicht wie die Super-
marktkette über Großeinkäufe entsprechende Rabatte aushandeln, die dann an
die Kunden weitergegeben werden können. Der Kleinhändler muss, um Lohn-
kosten zu sparen, möglichst ohne Angestellte allein morgens früh auf den
Großmarkt fahren, um dort Frischware zu besorgen. Galbraith fordert die Förderung des Zusammenschlusses solcher Händler zu Einkaufsgenossenschaf-
ten. Dadurch soll eine Art Gegenmarktmacht gegen die Großen aufgebaut
werden. Damit wird das von Galbraith favorisierte Konzept der **„countervailing power"** angesprochen: gewachsenen Großunternehmen werden keine
einzelnen „Kleinen" gegenübergestellt, sondern diesen „Kleinen" wird ein
Zusammenschluss nahe gelegt, um gegen die „Großen" besser bestehen zu
können. Das in Deutschland vorhandene Konzept der Tarifverhandlungen
wäre ein Beispiel für „countervailing power": dem Arbeitgeberverband steht

eine mehr oder weniger ebenbürtige Gegenmarktmacht in Form von Industrie-
oder anderen Gewerkschaften gegenüber.

„Galbraith gibt keine Lösung für die Probleme, die er beschreibt. Er fordert
eine Neubestimmung der Werte und Ziele wirtschaftlicher und gesellschaftli-
cher Ordnung.

Er ruft den Wirtschaftstheoretikern zu, abzulassen von den „konventionellen   Keine Vision
Weisheiten", die ein wachsendes Bruttosozialprodukt für die Lösung unserer
grundlegenden Probleme halten. Er gibt jedoch keine Vision einer neuen
Gesellschaft oder eine Alternative für die bestehende Wirtschaftsorganisation.
Galbraith ist ein Kritiker, kein Reformer des modernen Kapitalismus" (Fus-
feld 1975, S. 208f.).

Galbraith hat immer wieder (zuletzt im Jahre 2004) als Buchautor wirtschafts-   Buchautor
politische Fragestellungen in den Mittelpunkt gestellt. Die Bücher haben möglicherweise einen leicht reißerischen Charakter (was im Titel erkenntlich sein
könnte wie z.B. „Der große Crash 1929"). Damit konnte Galbraith die Leser
fesseln, setzte sich aber gleichzeitig der Kritik anderer Wirtschaftswissenschaftler aus. John Kenneth Galbraith und seiner berühmten Kollegin Joan
Robinson wird nachgesagt, dass sie beide häufig ihre Kolleginnen und Kollegen mit Vorwürfen folgender Art ärgerlich machten:

Sie (die Kolleginnen und Kollegen) würden   Vorwürfe

1. an idealisierten Marktmodellen hängen,

2. ein von wachsender Produktion gesteuertes Weltbild verfolgen,

3. das Problem der Rohstoffversorgung vernachlässigen

und

4. kein echtes Konzept für Entwicklungspolitik entwickeln.

Was bleibt als Nachwirkung vom Schaffen Galbraiths? „Cum grano salis" gel-   Was bleibt?
ten folgende Thesen Galbraiths als nicht widerlegt:

Der Kapitalismus führt zu privatem Reichtum und öffentlicher Armut. Der
Sozialstaat sollte ausgebaut werden. Vor den unkontrollierten Folgen des
Wirtschaftswachstums muss gewarnt werden.

Galbraith war ein strikter Gegner des Monetarismus, so dass Milton Friedman,
der

Frontman des Monetarismus, der Meinung war, es handle sich dabei um einen
„Ein-Mann-Kreuzzug".

17.3   Textbeispiel

John Kenneth Galbraith schrieb im Jahre 2004 sein letztes größeres wirt-
schaftskritisches Buch. In der deutschen Übersetzung erschien das Buch ein
Jahr später unter dem Titel:

„Die Ökonomie des unschuldigen Betrugs" – vom Realitätsverlust der heutigen Wirtschaft. Aus diesem Werk soll John Kenneth Galbraith selbst zu den
Lesern sprechen.

Auszug aus Kapitel VI: Die Macht der Konzerne.

Die Macht der
Konzerne

„Zu den grundlegenden Merkmalen der Großunternehmen des 21. Jahrhunderts
gehört, um es noch einmal zu sagen, ein Leitungssystem, das unbeschränkte
Macht zur Selbstbereicherung gewährt. Dies bleibt nicht unbemerkt. Das Wirtschaftsmagazin *Fortune,* dem man wahrlich keine besonders unternehmenskri-
tische Einstellung nachsagen kann, berichtete in großer Aufmachung darüber,
wie sich Vorstände von Aktiengesellschaften trotz sinkender Umsätze und
Erträge der von ihnen geleiteten Firmen hemmungslos selbst bedienten. *Fortune* nannte diese Missstände ganz einfach „Raub". Diese Möglichkeit der
Selbstbedienung, die dem Management offen steht, ist skandalös und lässt sich
nicht mit bloßer Fahrlässigkeit erklären. Sie ist auch nicht weiter erstaunlich in
einem Wirtschaftssystem, in dem die Privilegierten ihr Einkommen nach eigenem Gutdünken festsetzen können. Dies ist kein schuldloser Betrug.

DIE MYTHEN (Großschreibung von J.K.Galbraith) von der Eigentümerkon-
trolle und von der Geschäftsführung im Interesse der Anteilseigner sind zähle-
big, und die rituellen Aufsichtsratssitzungen und Hauptversammlungen gehen
weiter. Aber kein vernünftiger Beobachter der modernen Unternehmensland-
schaft kann die Augen vor der Wahrheit verschließen. Die Macht in den Konzernen liegt beim Management – einer Bürokratie, die ihre Aufgaben und ihre
Vergütung weitgehend selbst bestimmen kann. Eine Vergütung, die manchmal
an Diebstahl grenzt. Das ist unübersehbar. Dieser Sachverhalt wurde in jüngs-
ter Vergangenheit schon mehrfach als Skandal angeprangert. Nachdem diese
Fehlentwicklungen allgemein bekannt sind, müssen wir ihnen jetzt energisch
entgegentreten. Wir sollten uns nicht auf die Fehler versteifen. Wichtiger sind
wohl durchdachte Maßnahmen zur Abhilfe der Missstände."

Auszug aus dem Schlusswort.
„Die Machtfülle des Vorstands in einem Konzern lässt sich unter anderem
daran ablesen, dass er seine Vergütung weitgehend selbst festsetzen kann.
Die öffentliche Akzeptanz der Konzerne schwindet, und ihre beherrschende
Stellung wird zusehends als eine Bedrohung für die gesamtwirtschaftliche
Wohlfahrt wahrgenommen. Vor dem Hintergrund wachsender Arbeitslosig-
keit und Arbeitsplatzunsicherheit gelten sie als ein Faktor, der konjunktu-
relle Abwärtsbewegungen eher verstärkt."

17.4 Weiterführende Literatur

- Galbraith, John Kenneth: Die Ökonomie des unschuldigen Betruges, München 2004
- Koesters, Paul-Heinz: Ökonomen verändern die Welt: Lehren die unser Leben bestimmen. 4. Aufl., Hamburg 1984
- Strathern, Paul: Schumpeters Reithosen, Frankfurt/M. 2003
- Galbraith, John Kenneth; Menschikow, Stanislaw: Kapitalismus und Kommunismus – ein Dialog, Köln 1989
- Preiser, Erich: Diagnose und Prognose der wirtschaftlichen Entwicklung. In: Geschichte der politischen Ökonomie, Hrsg. Horst Claus Recktenwald, Stuttgart 1971
- Recktenwald, Horst C.: Theorie der Staatswirtschaft in der Gegenwart. In: Geschichte der politischen Ökonomie, Hrsg. Horst Claus Recktenwald, Stuttgart 1971
- Fusfeld, Daniel R.: Geschichte und Aktualität ökonomischer Theorien. Hrsg. H.G. Nutzinger, Frankfurt, New York 1975

17.5 Internetquellen

- John Kenneth Galbraith in: http://de.wikipedia.org
- John Kenneth Galbraith in: www.vwler.de
- Galbraith in: http://www.ddb.de
  (Deutsche Nationalbibliothek Leipzig)
- Galbraith in: http://www.hsu-bibliothek.de
  (Helmut-Schmidt-Universität Hamburg)

Bildquelle

Koesters, Paul-Heinz: Ökonomen verändern die Welt. Lehren, die unser Leben bestimmen. 4. Aufl., Hamburg 1984, S. 243

18 Milton Friedman (1912 – 2006)

Führender Vertreter des Monetarismus einer
weitgehend freien Marktwirtschaft

18.1 Lebensweg

New York

Milton Friedman wurde am 31.Juli 1912 als Sohn ungarischer, jüdischer Einwanderer in New York City geboren. Er lebte in relativ bescheidenen Verhältnissen. Seine Mutter war Näherin, der Vater Kleinunternehmer (Kaufmann) Friedman stellte die Situation in seinem Elternhaus als stets in finanzieller Hinsicht sehr unsicher dar. Der hochbegabte Friedman schloss die High Scool noch vor seinem 16. Geburtstag ab und gewann ein Stipendium der Universität von Rutgers in New Yersey. Ursprünglich plante er, Versicherungsmathematiker zu werden und studierte Mathematik. Unter Einfluss der großen Wirtschaftsdepressionen in der USA wuchs allerdings sein Interesse an der Ökonomie. 1932 beendete er das Studium sowohl der Mathematik als auch der Wirtschaftswissenschaften. Nur zwölf Monate später schloss er ein Studium der Ökonomie mit dem Titel Master of Arts ab.

Chicago

Insbesondere auf Grund einer Reihe von wirtschaftswissenschaftlichen Artikeln u.a. im Quarterly Journal of Economics der renommierten Harvard Universität (Massachusetts) bot ihm die Columbia Universität in Chicago ein Promotionsstudium an. Zu seinen Publikationen zählte sein Beitrag „Professor Pigous Method for Measuring Elasticities of Demand from Budgetary Data" (1934.). Dieser Beitrag wurde zunächst beim Econonomy Journal der Universität Cambridge (England) eingereicht aber vom damaligen Herausgeber **John Maynard Keynes** nicht akzeptiert wurde. Die Arbeit wurde allerdings im hoch renommierten Harvard Journal (Massachusetts) publiziert. Kolportiert wird, dass die Ablehnung durch Keynes für Friedman den Beginn einer lebenslangen Gegnerschaft darstellte. Die Dissertation Milton Friedmans mit dem Titel „Income from Independent Professional Practice" befasst sich mit der Ökonomischen Situation von Angehörigen freier Berufe. Sie wurde nach Fertigstellung (1941)" allerdings zunächst unter Verschluss gehalten (bis 1945), denn seine These, dass wurden staatliche Beschränkungen der Zulassung zu freien Berufen (z.B. Rechtsanwälten, Steuerberatern, Wirtschaftsprüfern und Ärzten) die Preise für deren Leistungen erhöhen und das Angebot verschlechtern würden, stieß auf den Widerstand der herrschenden Regierungspolitik.

Finanz-
ministerium

1938 heiratete Friedman seine Kommilitonin **Rose Director**. Sie war Zeitlebens aus seiner Sicht eine zumindest gleichrangige Ökonomin und Wissenschaftlerin. Von 1941 bis 1943 arbeitete Milton Friedman für die Steuerforschungsabteilung des Finanzministeriums (Federal Bureau of Economic Research) In jener Zeit wurde vom US Staat der automatische Vorabzug der Einkommenssteuer (withholding tax) eingeführt, der die Arbeitgeber zwingt, die Lohnsteuer ihrer Arbeitnehmer direkt an das Finanzamt abzuführen. Friedman als erklärter Gegner jedes staatlichen Eingriffes in das Wirtschaftsgeschehen, wertete seine Mitarbeit an dieser Ausweitung der Staatsmacht später als großen Fehler.

1946 erhielt Milton Friedman einen Ruf als Professor für Wirtschaftswissen-   Chicagoer Schule
schaften an die Universität Chicago, wo er drei Jahrzehnte lang Ökonomie
lehren sollte. Er blieb dort, bis er sich 1976 zur Ruhe setzte und wurde zum
führenden Kopf der so genannten „**Chicagoer Schule**". Ihre Eckpunkte waren
die absolute Bejahung des freien Marktes und die Betonung der herausragenden Rolle, die der **Geldmenge** für den **Konjunkturzyklus** zukommt. Ein
besonderer Schwerpunkt seiner Forschungstätigkeit bildete die Auseinandersetzung mit Lehre der Nachfragepolitik von John Maynard Keynes. Seine Kritik der Selben erschien 1957 unter dem Titel A Theory of the Consumption
Function. In den 1970er Jahren trat seine angebotsorientierte Wirtschaftstheorie in Konkurrenz zum Modell des Keynesianismus. Im April 1947 gehörte   Mont Pèlerin
Friedman zu den Gründungsmitgliedern der liberalen Mont Pèlerin Society.   Society

Friedman bemerkte dazu: "Here I was, a young, naive provincial American,
meeting people from all over the world, all dedicated to the same liberal principles as we were; all beleaguered in their own countries, yet among them
scholars, some already internationally famous, others destined to be; making
friendships which have enriched our lives, and participating in founding a society that has played a major role in preserving and strengthening liberal ideas".

Auf Einladung des William Volker Charities Fund hielt Friedman in den 1950er   Politikfelder
Jahren Vorträge zu zentralen Politikfeldern, wie Arbeitslosigkeit, Monopole,
gesetzliche Sozialversicherung, internationaler Handel. Diese Vorträge wurden
in überarbeiteter Form die Grundlage seines Buches Capitalism and Freedom
1962 (Kapitalismus und Freiheit 1976).

Als sein Hauptwerk wird das 1963 erschienene A Monetary History of the   Hauptwerk
United States, 1867 – 1960 angesehen das er gemeinsam mit **Anna Schwartz**
(geboren 1915) verfasste. Darin waren die großen Auswirkungen der Geld-
mengenänderung auf Konjunkturzyklen beschrieben. Die Autoren bestreiten
damit die keynesianische Erklärung der Weltwirtschaftskrise. Diese ist nach
Friedman/Schwarz nicht auf die Instabilität des privaten Sektors, sondern auf
die Geldmengenreduktion des Federal Reserve Systems zurückzuführen.

In der Folgezeit wurde Milton Friedman durch populärwissenschaftliche Ab-   Kapitalismus
handlungen, insbesondere durch das 1963 erschienene Buch „**Kapitalismus**   und Freiheit
und Freiheit", einem breiten Publikum bekannt.

Milton Friedman war politisch aktiv im Umkreis der Republikanischen Partei.   Republikanische
1964 diente er dem Präsidentschaftskandidaten der Republikaner Senator Barry   Partei
Goldwater als Ratgeber. Auch für die amerikanischen Präsidenten Richard
Nixon (1968) und Ronald Reagan (1980) arbeitete er als Berater. Als Ronald
Reagan die Wahl gewann, wurde Friedman Mitglied des wirtschaftspolitischen
Beraterstabes des Präsidenten und bekam 1988 die Freiheitsmedaille des Präsi-
denten verliehen. Im Jahr 2002 lobte George W. Bush bei einem Empfang des
Weißen Hauses anlässlich von Friedmans 90. Geburtstag dessen "lebenslange

Verdienste" und pries ihn als "Helden der demokratischen Freiheit". Im Jahr 1976, zweihundert Jahre nach der Veröffentlichung von **Adam Smiths** *The Wealth of Nations*, wurde Milton Friedman mit dem Nobelpreis für Wirtschaftswissenschaften ausgezeichnet. In ihrer Ankündigung der Verleihung des Nobelpreises um Friedman legte die schwedische Akademie besondere Betonung auf seine und Anna Schwarz Studie „A Monetary History of the United Staates" Auf der Basis umfassender Materialstudien organisieren die Autoren darin, das eine stetige Kontrolle der Geldmenge das entscheidende Steuerungsinstrument der Volkswirtschaft. Diese Ansicht wurde gleichwohl seiner Zeit scharf vom amerikanischen Federal Reserve Board zurück gewiesen.

Nobelpreis [margin note]

Das schwedische Nobelpreiskomitee schrieb: Am herausragendsten ist dabei vielleicht seine originelle und mit großem Elan betriebene Studie der strategischen Rolle, die die Politik der Zentralbank bei der Auslösung der Krise von 1929 sowie der Vertiefung und Verlängerung der auf sie folgenden Depression spielte.

Nobelpreis-komitee [margin note]

Zusammen mit seiner Ehefrau gestaltete Milton Friedman eine Serie von zehn einstündigen Beiträgen für das öffentlich-rechtliche Fernsehen, die unter dem Titel „Free to Choose" ab Januar 1980 ausgestrahlt wurde und ein Millionenpublikum erreichte. Das Begleitbuch zur Serie wurde auf der Bestsellerliste für Sachbücher die Nummer 1 im Jahre 1980. Friedman sagt dazu:

Fernsehen [margin note]

"The book 'Free to Choose', which we wrote to accompany the video, is ... the only book [of ours] that is based almost entirely on spoken rather than written English. Partly for that reason, it has sold many more copies than any".

Friedman war auch an politischen Entscheidungen beteiligt. So schaffte die US-Regierung 1971 nach dem Zusammenbruch des so genannten Bretton-Woods-Systems auf seinen Rat hin die feste Wechselkursbindung des Dollars an andere Währungen ab. Die von Ihm vorausgesagte konjunkturstabilisierende Nachwirkung stellte sich bald ein.

Bretton-Woods-Systems [margin note]

Milton Friedman unterstützte außerdem aktiv zahlreiche Volksabstimmungen zur Senkung von Steuern. Milton Friedman stand stets kompromisslos für die Freiheit des Individualismus und für die Beschränkung staatlicher Handlungsspielräume ein. Noch im Jahre 2005 befürwortete er in einem offenen Brief an die US Regierung die Legalisierung von Marihuana. Seine kompromisslose Haltung machte ihm Zeit seines Lebens viele Gegner, die immer wieder versuchten ihn zu diskreditieren. So wurde er u.a. als geistiger Pate eines herzlosen Kapitalismus bezeichnet. Die Übernahme seiner ökonomischen Theorien durch das damalige chilenische Militärregime unter General Augusto Pinochet brachte ihm den Verdacht ein, er sei mit dem die Menschenrechte verachtenden Vorgehen des damaligen Militärregimes einverstanden.

Volksabstimmungen zur Senkung von Steuern [margin note]

Nach seiner Emeritierung in Chicago (1976), wechselte Milton Friedman zum Hoover Institut der Universität Stanford Universität Kalifornien, für das er bis zu seinem Tode tätig war. Milton Friedman starb am 16.11.2006 an Herzversagen.

18.2 Wissenschaftliches Vermächtnis

Milton Friedman galt bis zu seinem Tode als der führende Vertreter des **Monetarismus** und einer weitgehenden Marktwirtschaft. Im Zentrum seiner geldtheoretischen Überlegungen steht die These, dass es eine feste langfristige Beziehung zwischen Geldmenge und Inflation gebe. Damit war für ihn Inflation ein rein monetäres Phänomen, dem die Zentralbank durch eine strikte Kontrolle der Geldmenge zu begegnen hatte. Nach der Lehre Friedmans ist die Festlegung der Geldmenge ausschlaggebend für die Steuerung des Wirtschaftsablaufes. Eine politisch und institutionell unabhängige Notenbank sollte die Geldmenge nach einer vorher bestimmten Formel in Abhängigkeit von der Warenmenge festlegen. Weitere staatliche Eingriffe in die Wirtschaft haben zu unterbleiben. Die Wirtschaft, so Friedman, findet von selbst ein optimales Gleichgewicht, wenn sie vom Staat nicht gestört wird. Die Störung des wirtschaftlichen Ablaufs sind vor allem der staatlichen Geld- Kredit- und Fiskalpolitik zuzuschreiben. Damit reihte er sich in die Tradition klassischer Ökonomen, wie Adam Smith und **Jean-Baptiste Say** ein, die davon ausgingen, dass staatliche Eingriffe das Gleichgewichtsbestreben zwischen Angebot und Nachfrage sowie die Selbstwirkungskräfte eher stören.

Monetarismus

In *A Monetary History of the United States* (1963) beweisen Milton Friedman und Anna Schwartz, dass Änderungen der Geldmenge einen sehr großen Einfluss auf den Konjunkturzyklus haben. Das betrifft sowohl den konjunkturellen Aufschwung als auch den Abschwung. Die Autoren führen den Nachweis, dass die katastrophale amerikanische Depression der 1930er Jahre, die weltweite Ausweitung hatte, auf Fehler in der Geldpolitik zurückzuführen ist. Friedman und Schwartz stellen fest: *"From the cyclical peak in August 1929 to the cyclical trough in March 1933, the stock of money fell by over a third."* Die Zentralbank der USA hatte in einer Situation, in der eine Erhöhung der Geldmenge angemessen gewesen wäre, die Geldmenge um ein Drittel reduziert. Die Weltwirtschaftskrise beruhte nicht auf einem Marktversagen, wie die Keynesianer behaupten, sondern auf einem Regierungsversagen. Die Ansichten des Briten John Maynard Keynes, die bis dahin die Wirtschafts- und Finanzpolitik der westlichen Welt beherrschten hatten eine ganz andere Botschaft: „der Staat soll die Konjunktur mit einer geschickten Steuer- und Ausgabenpolitik" lenken. Erst als Anfangs der siebziger Jahre die keynesianischen Rezepte nicht mehr griffen und die Preise Weltweit explodierten, begann der Stern des Inflations-Theoretikers zu strahlen" (Koesters 4/1984, S. 234).

Konjunkturzyklus

Finanzpolitik

Folgerichtig lehnte Milton Friedman in der Finanzpolitik Instrumente der Nachfragesteuerung ab, die Keynes in den Mittelpunkt seiner ökonomischen Vorstellung stellte. Inflation entsteht nach Milton Friedman immer dann, wenn die Geldmenge schneller wächst als die Wertschöpfung in der Realwirtschaft. Staatliche Ausgaben zur Ankurbelung der Wirtschaft würden Mittelfristig verpuffen. Die von Keynes entwickelte antizyklische Fiskalpolitik zur Abfederung der Konjunkturschwankungen können deshalb nicht funktionieren. Die Auseinandersetzung mit den Theorien von Keynes spielte eine wesentliche Rolle im Wirken von Milton Friedman. So wies er im „A Theory of the Consumption Function" (1957) nach, dass die von Keynes unterstellte eindeutige Beziehung zwischen den Konsumausgaben eines Haushaltes in seinem jeweiligen Einkommen nicht existiert. Die Haushalte bestimmen die Höhe ihrer Konsumausgaben in Abhängigkeit von ihren langfristigen Einkommenserwartungen, kurzfristige Einkommensänderungen werden hingegen meisten ignoriert. Dadurch können staatliche Einkommenstransfers nicht so viel an Konsumnachfrage stimulieren, wie von den Keynesianern angenommen. Friedman zeigte, dass der von Keynes unterstellte Multiplikatoreffekt staatlicher Ausgaben in der Realität kam nachweisbar ist.

Als Vertreter des **Liberalismus** stand die Freiheit des einzelnen im Zentrum der Argumentation Friedmans. Er hielt die freie Wahl des einzelnen für nutzbringender als staatliche Regelungen.

Liberalisierung
der Wirtschaft

Friedman machte konkrete Vorschläge für eine **Liberalisierung der Wirtschaft**. Er fordert unter anderem:

- Beendigung der Subventionszahlungen an die Wirtschaft.
- Abschaffung aller Zölle und mengenmäßigen Importbeschränkungen.
- Verzicht auf staatlich garantierte Mindestlöhne.
- Freien Zugang zu allen Berufen, d.h. Aufhebung aller staatlichen Zulassungsbeschränkungen.
- Streichung aller staatlichen Mittel für den sozialen Wohnungsbau.
- Vollständige Privatisierung der gesetzlichen Sozialversicherung.
- Aufhebung des Postmonopols.
- Abschaffung der Wehrpflicht.

Finanzielle Gleichstellung privater und staatlicher Schulen durch die Ausgabe von Bildungsgutscheinen an alle Eltern schulpflichtiger Kinder und Jugendlicher.

Theorie der
natürlichen
Arbeitslosigkeit

Auch die **Theorie der natürlichen Arbeitslosigkeit** stammt von Milton Friedman. Sie besagt, dass es ein bestimmtes Niveau an Arbeitslosigkeit gebe, welches auf friktionelle und strukturelle Faktoren sowie Unvollkommenheiten des Marktes wie Informationsmängeln, Mobilitätshemmnissen, Anpassungskosten und demografischen Veränderungen zurückzuführen sei, und welches deshalb kurzfristig nicht beseitigt werden könne. Langfristig lasse sich die natürliche Arbeitslosigkeit allerdings durch Strukturreformen reduzieren. Im Idealfall, also in einem vollkommenen Markt, gehe die natürliche Arbeitslosigkeit gegen null.

Einen weiteren Schwerpunkt seine Arbeit sah Friedman in der Gegnerschaft zum so genannten **Wohlfahrtsstaat** und zur **Inflation**.

Wohlfahrtsstaat und Inflation

In dem Werk von Rose und Milton Friedman "Chancen die ich meine (1980)" bezeichnet er den Wohlfahrtsstaat und die Inflation, als die größten Feinde der Wirtschaft. Für Friedman ist der Wohlfahrtsstaat ein Betrug an den Leuten, die noch arbeiten und Steuern zahlen. Hierzu zeigte er die Methoden auf, in welcher Art und Weise Geld ausgegeben wird:

Geld

1. eigenes Geld für sich selbst ausgeben, zum Beispiel beim Einkaufen im Schuhladen

2. eigenes Geld für andere ausgeben, was vor allem zu Weihnachten geschieht

3. anderer Leute Geld für sich selbst ausgeben, indem man auf Kosten der Firma speist oder mit dem Taxi fährt

4. anderer Leute Geld für andere ausgeben, was vornehmlich der Wohlfahrtsstaat macht

Für Friedman gab es ein klares Gefälle zwischen den Methoden von eins nach vier. Die Leichtfertigkeit, mit der der Mensch mit Geld umgeht, nehme von eins bis vier eindeutig zu. Für Friedman sind die Methoden drei und vier der Grund für die Inflation und die Ursache für den Verfall der westlichen Industrienationen. Mit der Behauptung, die Armen zu unterstützen, ziehe der Sozialstaat mit seiner mächtigen Wohlfahrts-Bürokratie dem Mann im Büro und an der Werkbank das Geld aus der Tasche. Teile man aber den Betrag, der bis kurz vor 1980 in den USA zur Bekämpfung der Armut ausgegeben wurde, durch die Zahl der Menschen, die nach amtlicher Statistik bedürftig sind, dann müsste das Einkommen dieser Bedürftigen eineinhalb- bis zweimal so groß sein wie das durchschnittliche Einkommen der Bevölkerung. In Wirklichkeit bliebe für die Bedürftigen wenig übrig. Denn das Geld werde vor allem für die Bürokratie und Personalkosten verwendet

Der Grund für die Inflation

18.3 Textbeispiel

- „Die soziale Verantwortung von Unternehmen besteht darin, Gewinn zu machen."
- „Geldausgeben ist das Lebenselixier von Politikern und zugleich die Grundlage ihrer Macht. Der einzige Weg das Verhalten von Politikern zu verändern, ist ihnen das Geld wegzunehmen."
- „Wohlfahrtsstaat bedeutet Gutes auf Kosten anderer zu tun."
- „Die staatliche Lösung für ein Problem ist gewöhnlich genauso schlecht wie das Problem selbst."
- „Wirtschaftstheorie in einem einzigen Satz zusammengefasst: man kann nicht essen, ohne zu bezahlen."
- „Regierungen lernen nie. Nur Menschen lernen."
- „Nichts ist so permanent wie ein temporäres Regierungsprogramm."
- „Die Macht, Gutes zu tun, ist auch die Macht, Schaden anzurichten."
- „Ich bin für Steuersenkungen unter allen Umständen, mit welcher Entschuldigung auch immer, mit welcher Begründung auch immer, wenn immer es irgendwie möglich ist."
- „Den meisten Argumenten gegen den freien Markt liegt der fehlende Glaube an die Freiheit an sich zugrunde."
- „Der Schwarzmarkt war ein Weg, um staatliche Kontrollen herumzukommen. Er war ein Weg, den freien Markt funktionieren zu lassen. Es war ein Weg der Öffnung."
- „Die Weltwirtschaftskrise wurde, wie die meisten anderen Perioden großer Arbeitslosigkeit, durch staatliches Missmanagement verursacht und nicht durch eine inhärente Instabilität der Privatwirtschaft."
- „Inflation ist Besteuerung ohne Gesetzgebung."
- „There is no such thing as a free lunch." (Es ist nichts umsonst.)
- „Niemand gibt fremdes Geld so sorgfältig aus wie eigenes Geld. Niemand geht mit fremden Ressourcen so sorgfältig um wie mit eigenen."
- „Es gibt eine und nur eine soziale Verantwortung eines Unternehmens: die Ressourcen so einzusetzen und die Aktivitäten so zu setzen, dass die Gewinne gesteigert werden, solange es sich dabei nur innerhalb der Spielregeln bewegt oder, anders gesagt, solange es sich ohne Täuschung oder Betrug dem offenen und freien Wettbewerb aussetzt."

Das Fundament der liberalen Philosophie ist der Glaube an die Würde des
Einzelnen, an seine Freiheit zur Verwirklichung seiner Möglichkeiten in
Übereinstimmung mit seinen persönlichen Fähigkeiten mit der einzigen Einschränkung, dass er nicht der Freiheit anderer Personen beschränke, das
Gleiche zu tun. Dies impliziert den Glauben an der Gleichheit der Menschen
in einer Beziehung: ihrer gegenseitigen Ungleichheit. Jeder Mensch hat das
gleiche Recht auf Freiheit. Dieses Recht ist wichtig und grundlegend, gerade
weil die Menschen verschieden sind, weil der eine etwas anderes mit seiner
Freiheit anfangen wird als der andere und dabei mehr als andere zu der allgemeinen Entwicklung der Gesellschaft, in der viele Menschen leben, beitragen kann.

Liberalismus und
Egalitarianismus

Ein Liberaler wird daher genau zwischen gleichen Rechten und gleichen Möglichkeiten auf der einen Seite sowie materieller Gleichheit und gleichen Resul-
taten auf der anderen Seite unterschieden. Es wird wahrscheinlich die Tatsache
begrüßen, dass die freiheitliche Gesellschaftsordnung mehr für die materielle
Gleichheit tut als irgendeine der vorherigen. Er sieht dies jedoch als ein erfreu-
liches Nebenprodukt der freiheitlichen Gesellschaftsordnung und nicht als ihre
Hauptberechtigung an. Er wird Maßnahmen zur Verstärkung von Freiheit und
Gleichheit begrüßen – wie zum Beispiel die Einschränkung oder Ausschaltung
von Monopolen und die Verbesserung der Struktur des freien Marktes. Er sieht
private Hilfsmaßnahmen zur Unterstützung derb Benachteiligten als ein Beispiel für die richtige Verwendung der Freiheit an. Er wird auch Regierungs-
maßnahmen zur Verringerung der Armut als wirkungsvolle Möglichkeit für die
große Mehrzahl der Allgemeinheit zur Verfolgung eines gemeinsamen Zieles
erachten. Dabei wird er jedoch die Einführung von Zwangsmaßnahmen
anstelle freiwilliger Maßnahmen bedauern.

Die egalitär Eingestellte wird diese Ansichten teilen. Er wird jedoch noch weiter gehen wollen. Er wird sich für die Maßnahmen aussprechen, bei denen den
einen genommen wird, um den anderen zu gehen, und zwar nicht als wirkungs-
vollere Maßnahmen für „einige“, ihr erstrebtes Ziel zu erreichen, sondern aufgrund der „Gerechtigkeit“. Hier gerät das Prinzip der Gleichheit in direkten
Konflikt zum Prinzip der Freiheit – man muss eine Wahl treffen. Man kann
nicht in dieser Form zugleich egalitäre und liberale Ansichten verfechten.

Quelle: Friedman, M.: Kapitalismus und Freiheit. 3.Aufl. – Zürich 2006, S.332

18.4   Weiterführende Literatur

- Friedman, M.: A theory of the Consumtion Function, Chicago 1957
- Friedman, Milton: Capitalism and Freedom, Chicago 1962
- Friedman, Milton: Die optimale Geldmenge, München 1976
- Friedman, Milton: Kapitalismus und Freiheit, 3.Aufl., Zürich 2006
- Friedman, Milton: Price Theory, Berlin 1976
- Friedman, Milton: Es gibt nichts umsonst, München 1979
- Friedam, Milton & Rose: Chancen, die ich meine, Berlin, Frankfurt/M., Wien 1980
- Koesters, Paul-Heinz: Ökonomen verändern die Welt. Lehren die unser Leben bestimmen. 4. Aufl., Hamburg 1984

18.5   Internetquellen

- http://www.hoover.org
- http://www.friedmanfoundation.org
- http://www.nobelprize.org
- http://www.miltonfriedman.blogspot.com

Bildquelle:

The Sveriges Riksbank Price in Economic Sciences in Memory of Albert Nobel
http://nobelprize.org/nobel_prizes/economices/laureates/1976/friedman-autoio

19 Ludwig Erhard (1897 – 1977)
Mitbegründer des deutschen Wirtschaftswunders

19.1   Lebensweg

Geradlinigkeit   Das Bemerkenswerte an **Ludwig Wilhelm Erhard** war das Unspektakuläre und die Geradlinigkeit in seinem Leben. Dennoch oder vielleicht gerade deswegen gehört Ludwig Erhard unbedingt in die Galerie berühmter Ökonomen, ist sein Name doch unauslöschlich mit dem deutschen **Wirtschaftswunder** in der Zeit nach dem Zweiten Weltkrieg verbunden. Fragt man die Deutschen nach Ludwig Erhard, wird sich sofort an die wirtschaftliche Erfolgsgeschichte Deutschlands in den Fünfziger Jahren des 20. Jahrhunderts erinnert. Mit ihm verbindet sich in der Erinnerung ein Mensch, der einen in sich ruhenden Optimismus ausstrahlte, was durch seine Beleibtheit noch unterstrichen wurde. Wer war Ludwig Erhard und was hat ihn geprägt?

Fürth   Dem Sohn eines Textilwareneinzelhändlers aus Fürth in Franken/Bayern war es nicht in die Wiege gelegt worden, einmal Bundeswirtschaftsminister, ja sogar einmal Bundeskanzler der Bundesrepublik Deutschland zu werden. Erhards Biograph Alfred C. Mierzejewski skizziert einen spektakulären Vergleich: am 9. November 1918 lagen zwei deutsche Kriegsverwundete im Lazarett: Adolf Hitler und Ludwig Erhard. Hitler regenerierte sich von einem Giftgasangriff in Flandern, Erhard erholte sich von seinen schweren Verwundungen bei Ypern, ebenfalls in Belgien. Während Hitler anscheinend sehr verbittert den 1. Weltkrieg überstand, blieb Ludwig Erhard trotz bleibender körperlicher Beeinträchtigungen (verkürzter linker Arm, geschwächtes linkes Bein) ein optimistisch denkender Mensch. Wie bekannt, prägte Hitler das Schicksal der Welt in apokalyptischer Weise. Ludwig Erhard beeinflusste das Schicksal Deutschlands in den Jahren 1949 bis 1963 jedoch sehr positiv.

Angst vor Sozia-   Das ausgehende 19. Jahrhundert war geprägt vom Erstarken der Gewerkschaf-
lisierung   ten und der Sozialdemokratischen Partei Deutschlands. Angst vor Sozialisierung ging um bei den Herrschenden – Monarchen, Junkern, Adelsfamilien und Industriebaronen. Die mit der Industrialisierung entstandene bürgerliche Mittelschicht sympathisierte mit den traditionellen Eliten, zu denen man aufgrund des Ansehens gern gehören wollte. Zur Zeit der Wende vom 19. zum 20. Jahrhundert nahmen die sozialen und politischen Spannungen zu. Für die breite Masse der Bevölkerung hatte der klassische Wirtschaftsliberalismus versagt. Es gab nur noch wenig Befürworter einer freien Marktwirtschaft mit weitgehender Abstinenz des Staates. Die Historische Schule, deren Verfechter auch „Kathedersozialisten" genannt wurden, prägten das wirtschaftliche Denken des Deutschen Reiches um diese Zeit. Das kaiserliche Deutschland war geprägt durch eine Zunahme staatlicher Eingriffe in wirtschaftliche und soziale Belange. Der industrielle Sektor schränkte den Wettbewerb durch Kartellbildung zunehmend ein.

In diese Zeit, in diese in gewisser Weise instabile Situation hinein, wurde Ludwig Erhard im Februar 1897 in Fürth/Bayern geboren. Sein Vater stammte von einem Bauernhof in der Nähe von Bad Kissingen. Die massive Landflucht im 19. Jahrhundert erfasste auch den Vater von Ludwig Erhard. Wie viele andere träumte er davon, seine Lebensverhältnisse in der Stadt Fürth zu verbessern. Allerdings wollte er nicht in einer Fabrik arbeiten. Er machte sich selbstständig. Im Jahre 1888 gründete Wilhelm Erhard ein Wäsche- und Ausstattungsgeschäft. In Fürth heiratete Wilhelm Erhard ebenfalls im Jahre 1888 Augusta Hassold aus einer Kunsthandwerkerfamilie. Die Geschäfte gingen gut. Ludwig Erhards Vater kletterte die soziale Leiter nach oben und wurde sozusagen ein Mitglied der soliden Mittelschicht. Er arbeitete hart, ganz ohne staatliche Subventionen und Protektionen. Diese **„Selbst-Ist-Der-Mann-Erfahrung"** hatte ganz entscheidenden Einfluss auf den Charakter von Sohn Ludwig und prägte dessen politischen Ansichten. Der Vater war Katholik, die Mutter Protestantin.

Die Toleranz des Vaters ließ ihn seine Frau die Kinder Ludwig, die beiden Brüder und die Schwester Rose protestantisch erziehen. Wilhelm Erhard war ein toleranter Mann. Er war ein Anhänger von Eugen Richter und seiner Deutschen Freisinnigen Partei mit ihren Ideen in der klassischen liberalen Tradition. Ludwig Erhard konnte sich später noch gut an die politischen Debatten seines Vaters mit dessen überwiegend konservativen Geschäftspartnern erinnern. Als Folge einer Kinderlähmung in seinem dritten Lebensjahr musste Ludwig Erhard mit einer dauerhaften Verformung seines rechten Fußes und dem daraus resultierenden Tragen orthopädischer Schuhe leben. Er hatte aufgrund dessen wenig Neigung zu Sport und körperlicher Arbeit. Während der Zeit der Kinderlähmung entwickelte sich ein besonders enges Band zwischen Ludwig und seiner Mutter Augusta, die als eine zwar stille und eher schüchterne, aber charakterfeste Frau geschildert wird.

Ludwig Erhards Liebe zur Häuslichkeit und die Wertschätzung seiner Privatsphäre wurden im Wesentlichen durch seine Mutter geprägt. In seinen frühen Lebensjahren entwickelte Erhard sein Interesse für die Musik. Er wollte Dirigent werden. Bach, Mozart, Händel, Beethoven, aber auch Chopin und Richard Strauss wurden von ihm verehrt. Diese frühen Jahre und das eben skizzierte Interesse an Musik prägten die Arbeitsweise Ludwig Erhards in entscheidendem Maße er ließ sich von Intuition und Inspiration leiten. Seine Aufmerksamkeit galt den großen grundlegenden Fragestellungen und nicht dem Kleinkram mit seiner Kärrnerarbeit. Diese Herangehensweise irritierte später so manche Kollegen. Der Schüler Ludwig Erhard war eher bequem und erhielt deswegen mittelmäßige Schulnoten. Sein Vater hielt ihn aber nicht zu mehr Einsatz an. So wurde Ludwig im Jahre 1907 in die Königlich Bayerische Realschule mit Handelsabteilung in Fürth eingeschult. Auch hier strengte sich Erhard nicht besonders an, erreichte aber immerhin zufrieden stellende Noten. Er stellte während dieses Schulbesuchs fest, dass er ein Talent für öffentliche Auftritte hatte, was ihm später, als er im Mittelpunkt der Öffentlichkeit stand, zugute kam. Ludwig Erhard

Selbstständig

Protestantisch

Liebe zur Häuslichkeit

sah seine Zukunft im väterlichen Textilhandelsgeschäft. Deswegen benötigte er auch nicht das Abitur. Im Jahr 1913 machte Erhard seinen Sekundarstufenabschluss I, um mit heutiger Terminologie zu sprechen. Danach begann er eine kaufmännische Ausbildung beim Textilwarengeschäft Georg Eisenbach in Nürnberg. Erhard arbeitete zehn Stunden täglich an sechs Tagen wöchentlich. Den Sonntag verbrachte er bei seinen Eltern im benachbarten Fürth. Ludwig war mit seinem Werdegang zufrieden.

Er huldigte nicht dem Zeitgeist

In die angedachte Kontinuität platzte der erste Weltkrieg hinein. Bei Ausbruch des Krieges war Erhard mit 17 Jahren noch zu jung für die Einberufung. Er huldigte nicht dem Zeitgeist: Er hasste weder Frankreich noch Großbritannien noch war er ein Anhänger des Kaisers und der kaiserlichen Regierung. Dennoch meldete er sich 1916 freiwillig zum Militärdienst. Sein Dienst bei der Artillerie fand zunächst in ruhigen Frontabschnitten statt. An der Westfront erlebte Erhard danach die schwersten Kämpfe des ersten Weltkrieges. Mit seiner schweren Verwundung im September 1918 war für Ludwig Erhard der Krieg zu Ende. Bis zum Juni 1919 musste er im Krankenhaus bleiben. Im Jahr 1929 wurde ihm eine verminderte Erwerbsfähigkeit bescheinigt und eine Rente bewilligt. Deutschland hatte sich inzwischen radikal verändert.

Liberale Werte

Erhard blieb jedoch den liberalen Werten seiner Familie treu und suchte in diesem Rahmen nach einer Lebensgestaltung. Die Jahre 1919 bis 1933, also die gesamte Lebensphase der Weimarer Demokratie, war begleitet von schwindendem Vertrauen in freie Wahlen und freie Märkte. Das wachsende Interesse am autoritären politischen System blieb auch Erhard nicht unbekannt. Er sah die fatale Wirkung der großen Inflation von 1923 auf das Geschäft seines Vaters. Seine Kriegsverletzung verhinderte ein engagierteres Mitarbeiten im elterlichen Geschäft. Da kam ihm die Eröffnung einer neuen Handelshochschule in Nürnberg, die nicht das Abitur als Eintrittsvoraussetzung forderte, gerade recht. Erhard schrieb sich für Volkswirtschaftslehre ein. Nach anfänglichen Schwierigkeiten mit den Nebenfächern Buchführung und Wirtschaftsmathematik beherrschte Erhard die Materie. Er entwickelte großes Interesse an geld- und währungspolitischen Fragestellungen. Im Jahr 1922 erwarb Erhard den Titel Diplomkaufmann. Erhard hielt immer an liberalen Grundwerten fest. In der Zeit des Dritten Reiches versuchte er, die Grundwerte an die eigene Lebenssituation und an die Stellung Deutschlands anzupassen. Wenn sie auch in der

Zeit des Nationalsozialismus

Zeit des Nationalsozialismus eher „verschüttet" waren, kehrte Erhard stets zu ihnen zurück und übernahm sie nach Ende des Zweiten Weltkrieges ohne Einschränkung. Die Handelshochschule durfte keine akademischen Titel vergeben. Andererseits hatte Erhard kein Abitur, konnte also nicht an eine herkömmliche Universität wechseln. Professor Rieger von der Handelshochschule konnte Erhards Vater davon überzeugen, dass die Fortsetzung einer akademischen Ausbildung für seinen Sohn Ludwig gut sein würde. Weiterhin konnte Rieger seinen Kollegen Franz Oppenheimer von der Universität Frankfurt am Main als Doktorvater für Ludwig Erhard gewinnen. Ludwig Erhard war ein fleißiger

Doktorand. Er hielt sich von Großstadtvergnügungen und von politischen Unruhen fern. Schon an der Handelshochschule in Nürnberg hatte er eine ehemalige Spielkameradin seiner Schwester Rose aus seinen Kindheitstagen wieder getroffen, die inzwischen verwitwete Luise Schuster. Während Erhards Promotion in Frankfurt heirateten beide. Luise brachte ihre Tochter Eleonore aus erster Ehe mit in die neue Ehe ein. Ludwig und Luise Erhard hatten noch eine gemeinsame Tochter mit Namen Elisabeth. Nach der Heirat verzichtete Luise Erhard auf eine eigene Karriere. Sie sorgte für ein freundliches Zuhause, in das sich Ludwig Erhard, wann immer möglich, zurückzog.

Im Jahr 1924 schloss Erhard seine Dissertation mit dem Thema „Wesen und Inhalt der Werteinheit" ab. Die offizielle Ernennung erfolgte im Dezember 1925. Die Promotion bewahrte Erhard nicht vor Arbeitslosigkeit. So übernahm er zunächst ohne große Begeisterung die Geschäftsführung des elterlichen Betriebes. Bereits 1928 wurde das Geschäft infolge der beginnenden Weltwirtschaftskrise endgültig geschlossen. Wahrscheinlich dank der Beziehungen seiner Professoren Rieger und Oppenheimer erhielt Ludwig Erhard eine Assistenzstelle am „Institut für Wirtschaftsbeobachtung der deutschen Fertigwaren" in Nürnberg. Stück für Stück arbeitete sich Erhard in der Institutshierarchie bis zum Stellvertreter nach oben. Im Jahr 1929 gehörte Ludwig Erhard zu den Gründungsvätern der Zeitschrift „Der Markt der Fertigware". Möglicherweise war die Institutstätigkeit in Erhards Augen eine Art Sprungbrett für einen akademischen Posten. Zumindest verfasste Erhard 1931 eine Habilitationsschrift, in der er sich mit dem Problem der **Arbeitslosigkeit** auseinander setzte. Seine Habilitation wurde nicht angenommen, vermutlich, weil Erhard sich weigerte, in irgendeine NS-Organisation einzutreten. Er arbeitete weiter im Institut, wurde Chefredakteur der „Wirtschaftspolitischen Blätter der deutschen Fertigwarenindustrie". Erhard baute sich ein eigenes Beziehungsnetzwerk auf und knüpfte u.a. Kontakte zum damaligen „Kommissar für Preisüberwachung" und späteren Widerständler Carl Friedrich Goerdeler, zu Spitzenvertretern der Wirtschaft wie dem späteren Bundesbankpräsident Karl Blessing und dem Politologen Theodor Eschenbach.

In dieser Zeit lernte Ludwig Erhard die Schriften Wilhelm Röpkes, **Walter Euckens** und **Josef Schumpeters** kennen. Im Jahr 1935 gründeten Wilhelm Vershofen, der Gründer und Leiter des Nürnberger Instituts, und Ludwig Erhard die „Gesellschaft für Konsumforschung" in Berlin, dem Zentrum des politischen Geschehens. Im Gegensatz zur offiziellen Wirtschaftspolitik plädierte Ludwig Erhard in zahlreichen Veröffentlichungen für die Freiheit der Märkte, um die unternehmerischen Aktivitäten nicht zu ersticken. 1942 schied Erhard aus dem Verhofeninstitut aus. Von 1942 bis 1945 leitete er das von ihm gegründete „Institut für Industrieforschung". Seine 1944 verfasste Denkschrift „Kriegsfinanzierung und Schuldenkonsolidierung" war eine mutige Tat, ging Erhard doch unverblümt davon aus, dass Deutschland den Krieg verlieren und an einen Neuaufbau nach Kriegsende gedacht werden müsse. Erhard blieb sei-

Promotion

Habilitation

Gesellschaft für Konsumforschung

ner Philosophie – in den folgenden Worten deutlich sichtbar – treu: „Ich war und bin der Auffassung, dass die günstigste Methode, den öffentlichen Bedarf zu decken, immer noch die über den Wettbewerb ist". Bei Kriegsende hielt sich Ludwig Erhard in Fürth auf. Für seine weitere Karriere war seine ablehnende Haltung zum NS-Regime und seine Standhaftigkeit in der Öffentlichkeit zu marktwirtschaftlichen und liberalen Anschauungen von großem Wert. Ludwig Erhard war vor allem ein unabhängiger Denker. Diese Unabhängigkeit sollte für die Bundesrepublik Deutschland von großem Nutzen sein. Erhard war nie ein Anhänger einer „Schule", er wurde nie Mitglied einer politischen Partei (die Frage einer späteren CDU-Mitgliedschaft ist bis heute nicht vollständig geklärt). Im Jahr 1948 sagte Erhard: „Ich habe keinen politischen Ehrgeiz, und am wenigsten solchen parteipolitischer Art". Es war ein anderer Ehrgeiz, der Erhard nach 1945 antrieb: der Wunsch, an einem marktwirtschaftlichen Neuaufbau gestaltend mitzuwirken. Schon gleich nach der Besetzung seiner Heimatstadt Fürth im April 1945 durch die Amerikaner bot Ludwig Erhard den Siegern seine Hilfe an, die ihn zum „wirtschaftlichen Berater der Militärregierung von Mittel- und Oberfranken" machten. Bereits 1945 ernannten die Amerikaner Erhard zum Wirtschaftsminister im Kabinett des bayerischen Sozialdemokraten Wilhelm Hoegner. Nach der Wahlniederlage Hoegners im Dezember 1946 wurde Erhard „politisch arbeitslos". Er hatte sich als Wirtschaftsminister einen guten Namen gemacht und war bekannt geworden. So wurde er auch ohne politisches Amt Honorarprofessor für Volkswirtschaftslehre an der Universität München (ab 1947), war Mitglied in der „Volkswirtschaftlichen Arbeitsgemeinschaft für Bayern" und saß im „Ausschuss für Wirtschafts- und Finanzpolitik" der Münchener Gewerkschaften. Im Jahr 1947 leitete Erhard die Expertenkommission „Sonderstelle Geld und Kredit" bei der Verwaltung der Finanzen der britisch-amerikanischen Bizone (dem Vorläufer der späteren „alten" Bundesrepublik Deutschland) und arbeitete in dieser Funktion an der Vorbereitung der Währungsreform. Am 2. März 1948 wurde Erhard zum Direktor der „Verwaltung für Wirtschaft" (eine Art Wirtschaftsminister der inzwischen auf die drei westlichen Besatzungszonen erweiterten Trizone) gewählt. Die Besatzungsmächte informierten Erhard erst fünf Tage vor dem geplanten Termin der Währungsreform am 20. Juni 1948. Am 19. Juni ließ Erhard eigenmächtig über Rundfunk (damals das einzige die gesamte Bevölkerung erreichende Kommunikationsmittel) das Ende der Zwangsbewirtschaftung und der Preisbindung verkünden. Am Tag darauf musste Erhard beim amerikanischen Militärgouverneur Lucius D. Clay antreten. Ihm wurde vorgeworfen, er habe eigenmächtig Vorschriften der alliierten Besatzungsmächte verändert. Darauf soll Erhard gesagt haben: „Ich habe sie nicht verändert, ich habe sie abgeschafft". Mit Verabschiedung des so genannten Leitsätzegesetzes am 21. Juni 1948 wurde Erhards Eigenmächtigkeit formal sanktioniert.

Kriegsende

Expertenkommission „Sonderstelle Geld und

Erhards mutiger Schritt gilt heute als die Voraussetzung des danach einsetzen- Reformen
den Wirtschaftswunders. Die Reformen griffen nicht sofort. Anfängliche hohe
Preissteigerungen führten sogar zu einem Generalstreik. Das waren jedoch
umstellungsbedingte Turbulenzen. Das Wirtschaftswachstum Anfang der Fünfziger Jahre des zwanzigsten Jahrhunderts war ein Beleg für die Richtigkeit des
Kurses von Ludwig Erhard. Erhard war einer der beliebtesten Politiker der
Nachkriegszeit. 1949 wurde er zum Bundeswirtschaftsminister ernannt, 1957
zum Vizekanzler. Erhards Markenzeichen war der stets Zigarre rauchende
Wirtschaftsminister. Dieses Erscheinungsbild pflegte Erhard seit 1930. Täglich
verbrauchte er zwischen fünfzehn und zwanzig Zigarren. Die Wahlsiege der
CDU waren großenteils auf ihn zurückzuführen. Dennoch gab es Streit mit
Bundeskanzler Konrad Adenauer, der eher aus sozialpolitischer Sicht argumentierte. Adenauer war eine starke Persönlichkeit und ging mit Ludwig Erhard
manchmal hart zu Gericht: Erhard wäre zu häufig abwesend, er würde das
Ministerium nicht genug kontrollieren und er würde unbedachte Reden halten.
Adenauer wusste aber um Erhards Zugkraft. So könnte man das Verhältnis Erhards Zugkraft
zwischen den beiden eher als Hassliebe bezeichnen. Erhard wurde im Oktober
1963 als Nachfolger Adenauers zum Bundeskanzler gewählt. Diese Kanzler-
schaft verlief glücklos. Erhard zählte zu den Atlantikern, die den Beziehungen
zu den USA gegenüber den deutsch-französischen Beziehungen den Vorrang
einräumten. Nach innerparteilichen Querelen und dem Auseinanderbrechen
der CDU/CSU/FDP – Koalition im Jahre 1966 bildete Erhard zwar noch eine
Minderheitenregierung. Die Fraktion wählte jedoch Kiesinger zum Kanzler-
kandidaten, der nach den Wahlen eine große Koalition mit der SPD einging.
Erhard trat im Dezember 1966 als Bundeskanzler zurück. Im Mai 1967 legte er
den im März 1966 errungenen CDU-Vorsitz nieder. Erhard zog sich danach aus
der Politik zurück. Er gründete 1967 die Ludwig- Erhard-Stiftung, die seine
wirtschaftswissenschaftlichen Vorstellungen wissenschaftlich und publizistisch
begleiten und weiter pflegen sollte und auch heute noch pflegt.

19.2   Wissenschaftliches Vermächtnis

Ludwig Erhard verstand sich selbst zwar als Intellektueller, stellte sich aber Kein Theoretiker
bereitwillig das Zeugnis aus, er sei kein Theoretiker oder origineller Denker.
Praktische Erfahrungen prägten seine Gedankenwelt. Außerdem hatte er ein
Gespür für das menschliche Verhalten. Anders ausgedrückt: Erhards Gedanken fokussierten sich auf die Anhebung des Lebensstandards aller Menschen
im zerstörten Deutschland mit der gleichzeitigen Entwicklung eines friedli-
chen Verhältnisses zu den Nachbarstaaten. Erhard entwickelte seine Vorstellungen von der Wirtschaftsgesellschaft nicht selbst, war aber, wie sein Biograph
Mierzejewski meint, seinen Vordenkern nicht unterworfen (Mierzejewski 2005,
S. 54). Seine ersten geistigen Anregungen erhielt Erhard von seinem Lehrer
Wilhelm Rieger an der Nürnberger Handelshochschule.

Rieger vertiefte und verfestigte die Vorstellungen, die Erhard schon mitgebracht hatte:

- die Wichtigkeit des Preismechanismus mit dem Marktpreis als einzigem gerechten Preis,

- das Unternehmerrisiko und die Unternehmerchance als konstitutive Marktprinzipien,

- die Wichtigkeit eines funktionierenden Wettbewerbs mit der Gefahr von Kartellbildung, die Bedeutung neuer Technologien für das Wirtschaftswachstum.

Abneigung gegen Monopole und Kartelle

Bei seinem Lehrer Franz Oppenheimer von der Universität Frankfurt erhielt Ludwig Erhards Abneigung gegen Monopole und Kartelle, die ihm schon sein Vater mitgegeben hatte und die schon durch Wilhelm Rieger verstärkt worden waren, seine Präzision und analytische Schärfe. Wie erwähnt, gehörte Erhard keiner „Schule" an. Er bewunderte zwar Walter Eucken und seine „Freiburger Schule", war aber selbst ein zu großer Individualist, als dass er ein Gefolgsmann Euckens hätte werden wollen.

Verbraucherinteressen

Erhard gehörte auch keinen Berufsgruppen oder irgendeiner Interessenvereinigung an. Verbraucherinteressen lagen ihm deswegen am Herzen, weil er die Wirtschaft zum Nutzen für den Bürger gestalten wollte und jeder Bürger gleichzeitig auch Verbraucher ist. Erhards Unabhängigkeit wurde daran deutlich, dass er in der Politik keine Kompromisse einging, um jemandem zu gefallen oder sich selbst Vorteile zu verschaffen. Sein Credo war, dass die Ideen über persönlichen oder Gruppeninteressen stehen müssten. Erhard wandte sich am liebsten direkt ans deutsche Volk. Er ist eher in der Riege berühmter Wirtschaftspolitiker einzuordnen, denn seine Erfolge sind nicht im Elfenbeinturm der Forschung oder durch wissenschaftliche Veröffentlichungen entstanden, sondern durch politisches Handeln. Warten können, eine gewisse Sturheit (die ja immer eine Nähe zur Geradlinigkeit hat) und Zutrauen zu sich selbst halfen ihm bei der erfolgreichen Umsetzung der theoretischen Gedanken in den politischen Alltag. Erhard fand seine wissenschaftliche Heimat schon im Gedankengebäude der „Freiburger Schule". Sein Staatssekretär in seiner Zeit als Bundeswirtschaftsminister, **Alfred Müller-Armack (1901 – 1978)**, fand seine geistigen Wurzeln ebenfalls in der „Freiburger Schule". Von Müller-Armack übernahm Ludwig Erhard den einprägsamen Titel „Soziale Marktwirtschaft". Gestützt auf das oben erwähnte Fundament, versuchte Erhard einen Ordnungsrahmen zu gestalten, in der die Menschen durch Wohlverhalten und gegenseitige Achtung in Würde und Verantwortung leben konnten.

Planwirtschaft

Die Wirtschaftsordnung á la UdSSR (in der damaligen Sowjetischen Besatzungszone abzulesen) oder eigene Erfahrungen in der Zeit des Nationalsozialismus ließen Erhard zu dem Schluss kommen, dass die Planwirtschaft zum Scheitern verurteilt sei. Wie soll der Staat das Wissen und die Technik haben, um die ganze Volkswirtschaft steuern zu können? Wie sollen alle Bedürfnisse der Verbraucher ermittelt und zur rechten Zeit am rechten Ort bereitgestellt werden (ein Plan müsse auch kontrolliert werden mit der Gefahr der Freiheitseinschränkung)?

Das sei nur auf freien Märkten mit Individualentscheidungen und freier Preisgestaltung zu leisten. Laissez-Faire-Kapitalismus mit der Gefahr ökonomischen Freibeutertums dürfe es nicht geben. Der Staat müsse die Märkte organisieren und Wettbewerbsregeln festlegen, die der Überwachung unterliegen müssten. Der Marktmechanismus solle ein Maximum an Verbraucherzufriedenheit herstellen. Freie Märkte waren nach Erhard einfach effektiver als staatliche Zuteilungsmechanismen. Das Wachstum der Wirtschaft gestattete die Möglichkeit, aus den Wachstumsanteilen soziale Probleme zu finanzieren und einer Lösung zuzuführen. „Es ist sehr viel leichter, jedem Einzelnen aus einem immer größer werdenden Kuchen ein großes Stück zu gewähren, als einen Gewinn aus einer Auseinandersetzung um eine Verteilung eines kleinen Kuchens ziehen zu wollen, weil auf solche Weise jeder Vorteil mit einem Nachteil bezahlt werden muss" (Ludwig Erhard in einem Brief an Konrad Adenauer vom 11. April 1956, zitiert nach Mierzejewski 2005, S. 58).

Laissez-Faire-Kapitalismus

Die Lösung des sozialen Problems liege nicht in der Division, sondern in der Multiplikation des Sozialproduktes, verkündete Erhard. Der Staat dürfe kein Nachtwächterstaat sein, sondern habe zentrale Bedeutung bei der Marktüberwachung. Der Staat müsse die Infrastruktur bereitstellen, innerhalb derer die Marktaktivitäten ablaufen sollten. Der Wettbewerb auf den Märkten sei der Motor und der freie Preis das Steuerungsmittel der Wirtschaft. Der Verbraucher sei auf den Märkten der alleinige Maßstab und der Richter in allen wirtschaftlichen Fragen.

Die Lösung des sozialen Problems

Sehr deutlich wurde Erhards Vorstellung von einem funktionsfähigen Wettbewerb in einer in einem offenen Brief erfolgten Thesenaufstellung als Antwort an den damaligen Vorsitzenden des Bundesverbandes der Deutschen Industrie, Fritz Berg, aus dem Jahre 1953:

Funktionsfähiger Wettbewerb

1. Es gibt keinen freien Markt ohne freie Preise und freien Wettbewerb.

2. Der Versuch, Marktschwankungen mittels Kartellen auszugleichen, kann nur in Planwirtschaft und im Untergang des freien Unternehmertums enden.

3. Kartelle schaden dem Markt, indem sie den Zusammenbruch schwacher Unternehmen verhindern.

4. Die Preise sind zwar auf dem freien Markt stärkeren Schwankungen ausgesetzt als auf einem regulierten, erreichen dafür aber eher ein vernünftiges und stabiles Niveau.

5. Ohne Marktwirtschaft gibt es kein freies Unternehmertum.

6. Preisbindungen ziehen die paritätische Mitbestimmung nach sich und führen dazu, dass die Eigentümer die Herrschaft über ihre Firmen verlieren.

7. Der Marktpreis ist der einzig faire. Er lässt sich nicht errechnen, weder von Vertretern des Staates noch der Industrie.

8. Das Kartellverbot ist daher eine logische Folge.

9. Der Anspruch, mit Hilfe der Vertragsfreiheit den freien Wettbewerb zerstören zu können, ist grotesk.

10. Ein Kartellverbot zieht nur eine umfangreiche Bürokratie zu dessen Durchsetzung nach sich, wenn die Industrie systematisch und in großem Stil gegen das Gesetz verstößt (zitiert nach Mierzejewski 2005, S. 179).

Was von Ludwig Erhards schriftlichen Zeugnissen bleibt, sind nicht die großen Entwürfe, sondern eher Aufsätze in Fachpublikationen und Zeitungsinterviews oder Artikel in politischen Magazinen. Sein bekanntestes Werk ist „Wohlstand für alle", das wohl eher als ein populärwissenschaftliches Werk bezeichnet werden muss.

19.3 Textbeispiel

Hauptwerk   Die Texte stammen aus Ludwig Erhards Hauptwerk „Wohlstand für Alle". Aus drei verschiedenen Kapiteln sollen die Textbeispiele Ludwig Erhards Grundüberzeugungen belegen. Es sind Auszüge aus Kapitel 1 (Der rote Faden), Kapitel 6 (Wirtschaftsminister, nicht Interessenvertreter) und Kapitel 12 (Versorgungsstaat – der moderne Wahn).

Alle im Text vorkommenden Kursivstellen entsprechen der Originaldarstellung.

Kapitel 1   **Auszug aus Kapitel 1:**

Geraume Zeit, bevor ich das Wirtschaftsressort in der ersten westdeutschen Bundesregierung übernahm, legte ich … dar, dass ich es für abwegig halte und mich deshalb auch *weigere, die hergebrachten Vorstellungen der früheren Einkommensgliederung neu aufleben* zu lassen. So wollte ich jeden Zweifel beseitigt wissen, dass ich die Verwirklichung einer Wirtschaftsverfassung anstrebe, die immer weitere und *breitere Schichten* unseres Volkes *zu Wohlstand führen vermag.* Am Ausgangspunkt stand der Wunsch, über eine breit geschichtete Massenkaufkraft die *alte* konservative *soziale Struktur endgültig zu überwinden.*

Das Erfolg versprechendste Mittel zur Erreichung und Sicherung jeden Wohlstandes ist der Wettbewerb. Er allein führt dazu, den wirtschaftlichen Fortschritt allen Menschen, im besonderen in ihrer Funktion als Verbraucher, zugute kommen zu lassen, und alle Vorteile, die nicht unmittelbar aus höherer Leistung resultieren, zur Auflösung zu bringen. Auf dem Wege über den Wettbewerb wird – im besten Sinne des Wortes – *eine Sozialisierung des Fortschritts und des Gewinns bewirkt* und dazu noch das persönliche Leistungsstreben wach gehalten. Immanenter Bestandteil der Überzeugung, auf solche Art den Wohlstand am besten mehren zu können, ist das Verlangen, allen arbeitenden Menschen nach Maßgabe der fortschreitenden Produktivität auch einen ständig wachsenden Lohn zukommen zu lassen.

Auszug aus Kapitel 6:   Kapitel 6

Maßstab und *Richter* über Gut und Böse der *Wirtschaftspolitik* sind nicht Dogmen oder Gruppenstandpunkte, sondern ist ausschließlich der Mensch, der *Verbraucher*, das Volk. Eine Wirtschaftspolitik ist nur dann und nur so lange für gut zu erachten, als sie den Menschen schlechthin zum Nutzen und Segen gereicht. Wer diesen Gedanken zu Ende führt, muss mit mir zu der Feststellung gelangen, dass es in jeder Volkswirtschaft wohl Gruppeninteressen gibt, dass diese aber nicht als Elemente der Wirtschaftspolitik anzuerkennen sind, und dass sich aus dem Widerstreit der Interessen auch keine fruchtbare Synthese ableiten lässt. Eine Atomisierung der Volkswirtschaft in Gruppeninteressen ist deshalb nicht zu dulden. Wir dürfen nicht den Weg der Auflösung beschreiten, uns nicht von jener allumfassenden wirklichen Ordnung der Wirtschaftsgesellschaft entfernen, die allein die Harmonie des sozialen Lebens eines Volkes zu verbürgen geeignet ist. Dieser Gefahr zu begegnen, muss daher unser aller ernstestes Anliegen sein.

Auszug Kapitel 12:   Kapitel 12

Die soziale Marktwirtschaft kann nicht gedeihen, wenn die ihr zugrunde liegende geistige Haltung, d.h. also die Bereitschaft, für das eigene Schicksal Verantwortung zu tragen, und aus dem Streben nach Leistungssteigerung an einem ehrlichen freien Wettbewerb teilzunehmen, durch vermeintliche soziale Maßnahmen auf benachbarten Gebieten zum Absterben verurteilt wird. Ich habe zu wiederholten Malen betont, dass ich die persönliche Freiheit für unteilbar halte. Aus solcher Gesinnung heraus bin ich 1948 daran gegangen, alle wirtschaftlichen Unfreiheiten systematisch abzubauen und deshalb muss ich, ebenso wie ich meinen Teil zur Befreiung des deutschen Menschen beigetragen habe, einen entsprechenden Beitrag auch für die übrigen Lebensbereiche verlangen. Eine *freiheitliche Wirtschaftsordnung* kann auf Dauer nur dann bestehen, wenn und so lange auch im *sozialen Leben* der Nation ein *Höchstmaß an Freiheit,* an privater Initiative und Selbstvorsorge gewährleistet ist.

Wenn dagegen die Bemühungen der Sozialpolitik darauf abzielen, dem Menschen schon von der Stunde der Geburt an volle Sicherheit gegen alle Widrigkeiten des Lebens zu gewährleisten, dann kann man von solchen Menschen einfach nicht mehr verlangen, dass sie das Maß an Kraft, Leistung, Initiative entfalten, das für das Leben und die Zukunft der Nation schicksalhaft ist und darüber hinaus die Voraussetzung einer auf die Initiative der Persönlichkeit begründeten „Sozialen Marktwirtschaft" bietet.

Literatur ## 19.4 Weiterführende Literatur

- Mierzejewski, Alfred C.: Ludwig Erhard – der Wegbereiter der Sozialen Marktwirtschaft, München 2005
- Erhard, Ludwig: Wohlstand für Alle, Jubiläumsausgabe, München 2000

Internetquellen ## 19.5 Internetquellen

- Ludwig Erhard in: http://de.Wikipedia.org
- Erhard in: http://www.dbd.de (Deutsche Nationalbibliothek Leipzig)
- Erhard in: http://www.hsu-bibliothek.de (Helmut-Schmidt-Universität Hamburg)
- Erhard in verschiedenen Veröffentlichungen: http://spiegel.de

Bildquelle

www.buergerimstaat.de (5.11.2007)

20 Alfred Müller-Armack (1901 – 1978)

Idee und Begriff der Sozialen Marktwirtschaft

20.1 Lebensweg

Essen

Der Nationalökonom und Kultursoziologe **Alfred Müller-Armack** wurde am 28. Juni 1901 in Essen unter dem Namen Alfred August Arnold Müller geboren. Sein Vater, Hermann Müller, war Leiter eines Gaswerkes der Firma Krupp. Erst Ende der zwanziger Jahre fügte er den Geburtsnamen seiner Mutter Elise, geborene Armack, seinem Namen hinzu. Der Grund für diese Namensgebung ist leider nicht bekannt, jedoch ist zu vermuten, dass eine Verwechslung mit dem Staats- und Gesellschaftstheoretiker Adam Müller ausgeschlossen werden sollte. Ab etwa 1929/1930 gab er diesen auch in seinen Veröffentlichungen an.

Studium

Zunächst besuchte er in Essen das Goethe-Gymnasium. Im Anschluss folgte ein Studium der Volks- und Sozialwissenschaften in Gießen, Freiburg, Münster und Köln.

Ökonomische Theorie der Kulturpolitik

Er wird als zielstrebiger und ehrgeiziger Mensch beschrieben, für den schon sehr zeitig feststand, dass er eine wissenschaftliche Laufbahn einschlagen wollte. Zu seinen wesentlichen Charaktermerkmalen sollen Optimismus, Kommunikationsfähigkeit, Kompromissfähigkeit und Problemlösefähigkeit gehört haben, die neben seiner wissenschaftlichen Kompetenz und dem Verständnis von der Verbindung von Theorie und Praxis diesen Wunsch begünstigten. Folgerichtig promovierte er bereits im Alter von 22 Jahren zum Dr. rer. pol. bei **Leopold von Wiese (1876 – 1969)**, einem Kölner Soziologen und Ökonomen. Im Jahre 1926 habilitierte er mit dem Thema: „Ökonomische Theorie der Kulturpolitik", der ersten systematischen Untersuchung zu konjunkturpolitischen Fragen Deutschlands, an der Universität zu Köln und wurde dort 1934 zum Außerordentlichen Professor ernannt.

Zu seinen Studien- und Forschungsinteressen zählten sowohl die philosophischen Anthropologie, aber auch die Wirtschaftssoziologie von Werner Sombart, **Ernst Troeltsch (1865 – 1923)** und **Ferdinand Tönnies (1855 – 1936)**. Insbesondere beschäftigten ihn auch die Religionssoziologie von **Max Weber** und die marxistische Theorie, auch wenn er das weltanschauliche Denken des Marxismus ablehnte.

Im gleichen Jahr heiratete er in zweiter Ehe Irmgard Fortmann, mit der er gemeinsam einen Sohn hatte: Andreas Müller-Armack, den späteren Generalsekretär im Wirtschaftsbeirat der Union e.V. in München.

Münster

Im Jahr 1938 ging Müller-Armack, zunächst als Außerordentlicher Professor, an die Westfälische Wilhelms-Universität Münster und erhielt dort 1940 einen Lehrstuhl für Nationalökonomie und Kultursoziologie. 1950 wurde er Professor für wirtschaftliche Staatswissenschaften und Leiter des Institutes für Wirtschaftspolitik an der Universität zu Köln. Hinzu kamen unter anderem die Tätigkeiten als Mitglied im Wissenschaftlichen Beirat des Bundeswirtschafts-

ministeriums und als Mitglied der Gesellschaft für Wirtschafts- und Sozialwissenschaften in den Jahren 1947 bis 1966.

Seine politische Karriere jedoch entwickelte sich erst nach dem Zweiten Weltkrieg. Zunächst wurde er Berater im Prozess der Umstellung Deutschlands auf
eine marktwirtschaftlich orientierte Wirtschaft. Wertvoll erwiesen sich hier
seine Ideen zur **Sozialen Marktwirtschaft**, die Müller-Armack bereits während der Zeit des Nationalsozialismus entwickelt hatte. Aber erst das Buch
„Wirtschaftslenkung und Marktwirtschaft", welches 1946 erschien, manifestierte die Idee und den Begriff der Sozialen Marktwirtschaft.

Im Jahr 1952 berief ihn der Bundeswirtschaftsminister **Ludwig Erhard** zum   Wirtschaftspoli-
Leiter der wirtschaftspolitischen Grundsatzabteilung in das Bundesministe-   tische Grundsatz-
rium. Gemeinsam stehen sie für das, was später als das deutsche Wirtschafts-   abteilung
wunder bezeichnet wurde, auch wenn Müller-Armack selbst gegen diese Bezeichnung war, da für ihn die Wirtschaft lediglich Erfolge und keine Wunder
erzielen kann und der Aufschwung nur Folge einer konsequenten Wirtschaftspolitik war.

Neben der Sozialen Marktwirtschaft verbindet sich der Name Müller-Armacks
auch mit Fragen der Europa-Politik. So hatte er einen entscheidenden Anteil an
der Ausarbeitung und dem Abschluss der Römischen Verträge im Jahre 1957.
1958 folgten die Berufung zum Staatssekretär für Europäische Angelegenhei-
ten und die Mitgliedschaft des Verwaltungsrates der Europäischen Investitions-
bank. Müller-Armack erwarb sich in diesen Jahren ein großes Ansehen in
Bezug auf die Europäische Wirtschaftsgemeinschaft, bei der er 1960 den Vor-
sitz des Konjunkturausschusses stellte. 1962 erhielt er für seine Verdienste das
Bundesverdienstkreuz der Klasse Großes Verdienstkreuz mit Stern und Schul-
terband.

Im Jahr 1963 schied Müller-Armack nach dem Kanzlerwechsel aus dem Bun-   Stadtverordneter
desdienst aus und wurde kurz darauf Stadtverordneter der CDU in Köln. 1966   Köln
bis 1968 war er zusätzlich Aufsichtsratsvorsitzender der Rheinischen Stahl-
werke in Essen.

1974 wurde sein Buch **„Genealogie der Sozialen Marktwirtschaft"** veröffent-   Genealogie der
licht, in dem er die Grundlagen und Konzepte dieser Wirtschaftsordnung zusam-   Sozialen Markt-
menfasste. Zwei Jahre später erhielt er die Auszeichnung mit der Ludwig-   wirtschaft
Erhard-Medaille. Am 16. März 1978 starb Alfred Müller-Armack nach kurzer
schwerer Krankheit im Alter von 76 Jahren in Köln. Ironie der Geschichte: Weil
in diesen Tagen die Drucker für eine bessere soziale Absicherung streikten,
erschienen keine Zeitungen, so dass sein Tod von der Öffentlichkeit fast unbemerkt blieb.

Walter Henkel beschrieb in einem Artikel der FAZ vom Mai 1959 Müller-Armack einmal wie folgt: „(...) das breitflächige, etwas rustikale Gesicht, den Kopf zwei Zentimeter zu tief eingezogen, wer ihn dann auf einer Leiter an einer Bücherwand sähe, ihn anspräche, wie er seine Brille auf die Nasenspitze schöbe und die Brille über den Brillenrand hinweg herunterschickte: Spitzwegs Bücherwurm stünde da. Er stammt aus Essen. Der Menschentypus aus dieser Stadt gilt als wenig händlerisch und wenig spekulativ veranlagt. Wort für Wort hat das Gültigkeit; Müller-Armack ruht sehr fest in sich selbst. Er ist ein Mann des Ausgleichs, kein Polterer, kein Doktrinär, und ein Postulat bei ihm heißt wohl: Der Mensch ist gut. Vom Wesen her ist er, wie Ludwig Erhard, Optimist" (Beaugrand 2004).

20.2   Wissenschaftliches Vermächtnis

Konzept der Sozialen Marktwirtschaft

Auch wenn heute die Person Alfred Müller-Armacks weithin mit dem Konzept der Sozialen Marktwirtschaft in Verbindung gebracht wird, so würde die alleinige Erwähnung dieses Konzeptes sein wissenschaftliches Vermächtnis schmälern. Neben seinem Engagement für eine Soziale Marktwirtschaft wirkte er entscheidend bei der Realisierung der europäischen Vereinigung mit.

Konjunkturforschung und Konjunkturpolitik

Gleichzeitig beschäftigte er sich mit der Konjunkturforschung und der Konjunkturpolitik, mit den Gesetzmäßigkeiten des Kapitalismus und Fragen der Wirtschafts-, Kultur- und Religionssoziologie. Zudem galt er als kompetenter Berater bei der Bildungsarbeit im Rahmen der Konrad-Adenauer-Stiftung. Er war ein Gelehrter von internationalem Ruf und Autor zahlreicher wirtschaftswissenschaftlicher Standardwerke.

Das Werk Alfred Müller-Armacks im Überblick

Krisentheorie

Insbesondere Leopold von Wiese hatte mit seiner für seine Zeit liberalen Weltauffassung als Doktorvater großen Einfluss auf Müller-Armack. Insgesamt publizierte dieser in einem Zeitraum von 55 Jahren, vor allem in Form von themenbezogenen Aufsätzen. In diesem Zeitraum, welcher von Umbrüchen im gesellschaftlichen, ökonomischen und kulturellen Leben geprägt war, lassen sich bei Alfred Müller-Armack entsprechend verschiedene Ausrichtungen in seinen Publikationen feststellen. Dieser Weg führte ihn von der **Krisentheorie zur Konjunkturforschung** und zur allgemeinen politischen Theorie mit anthropologischem und geschichtsphilosophischem Hintergrund. Grob können diese Abschnitte in vier Komplexe eingeteilt werden, die sich zum Teil überschneiden, aber doch jeweils einen Schwerpunkt seiner publizistischen Tätigkeit verdeutlichen.

In den Jahren 1923 bis 1932 beschäftigte er sich vor allem mit Schriften zu konjunkturpolitischen Fragen der Gegenwart. Die Hauptwerke dieses Abschnittes waren insbesondere seine Dissertation und seine Habilitationsschrift. Diese Schriften und weitere Artikel folgten der **monetären Konjunkturtheorie**, die besagt, dass ökonomische Schwankungen durch Störungen von Außen auftreten, insbesondere durch die unterschiedlich zur Verfügung gestellten Kredite des Bankwesens. Alfred Müller-Armack prägte innerhalb dieser Schriften den Begriff der Konjunkturpolitik. Der Staat müsse mittels der Konjunkturpolitik Fehlentwicklungen, also als zu groß eingeschätzten Schwankungen in der Wirtschaftsgesellschaft, entgegensteuern.

Monetäre Konjunkturtheorie

Einen zweiten Komplex seiner publizistischen Tätigkeit bilden die stiltheoretischen und religionssoziologischen Schriften der Jahre 1932 bis 1964. Mit der Wirtschaftskrise von 1929 kam es zu einem Bruch der Konjunkturtheorie und auch Müller-Armack wendete sich anderen Veröffentlichungen zu. So erschien 1932 die Monographie „Entwicklungsgesetze des Kapitalismus" und 1933 „Staatsidee und Wirtschaftsordnung im neuen Reich", eine pro-faschistische Schrift. Es ist aber davon auszugehen, dass sich diese Bejahung lediglich auf das staatliche Ordnungsprinzip und die Wirtschaftspolitik bezog. Wie sich Müller-Armack überdies zum Nationalsozialismus verhalten hat, ist noch weitgehend unerforscht. Und auch er selbst äußerte sich später nicht über sein Verhältnis zum Nationalsozialismus, obwohl es relativ viele autobiographische Aufzeichnungen von ihm gibt. Deutlich wird, dass er sich in den Jahren nach 1933 von seiner anfänglichen Begeisterung distanzierte, auch wenn er die passive Parteimitgliedschaft beibehält. Gleichzeitig wird Müller-Armack zeitweise Unterstützer der Bekennenden Kirche.

Stiltheoretische und religionssoziologische Schriften

Erst 1940 folgte eine weitere Veröffentlichung: „Genealogie der Wirtschaftsstile", die den Beginn seiner stiltheoretischen und religionssoziologischen Arbeit darstellt. Hierin behandelt er die Wirtschaftsstile zwischen dem 16. und 18. Jahrhundert.

Genealogie der Wirtschaftsstile

Die Schriften zur Begründung der Sozialen Marktwirtschaft wurden in den Jahren 1944 bis 1960 verfasst. 1946 erschien sein Buch: „Wirtschaftslenkung und Marktwirtschaft", welches die theoretischen Grundlagen der heutigen Wirtschaftsordnung festlegte, Vorstudien erfolgten jedoch bereits ab 1944. Sein wissenschaftliches Vermächtnis zur Sozialen Marktwirtschaft ist eng mit der Person Ludwig Erhards verbunden. Während Müller-Armack das Konzept der Sozialen Marktwirtschaft zwar konzipierte, setzte Ludwig Erhard das System der Sozialen Marktwirtschaft innerhalb der eigenen Partei, besonders aber mittels seiner Position als Bundeswirtschaftsministers in Deutschland durch. Diese Zusammenarbeit gilt bis heute als ein klassisches Beispiel für ein gegenseitiges Ergänzen einer theoretischen Ausarbeitung und der Schaffenskraft eines pragmatisch veranlagten Politikers innerhalb der Wirtschaftspolitik.

<table>
<tr><td>

Europäische
Gesichtspunkte

</td><td>

Ab etwa 1956 halten europäische Gesichtspunkte Einzug in die Veröffentlichun-
gen Müller-Armacks, auch wenn der Schwerpunkt dieser Schriften zu Europa
und zur Ausgestaltung der Wirtschaftsstile vor allem in den Jahren 1960 bis
1978 liegt. 1972 erschien das „Manifest '72", in welchem er gemeinsam mit
Ludwig Erhard seine wirtschaftspolitische Konzeption zusammenfasst.

</td></tr>
</table>

Die Soziale Marktwirtschaft als Wirtschaftsstil

<table>
<tr><td>

Wirtschafts-
lenkung und
Marktwirtschaft

</td><td>

Vor 60 Jahren fasste Müller-Armack seine Gedanken zu einer neuen Wirtschafts-
ordnung in dem Buch: „Wirtschaftslenkung und Marktwirtschaft" zusammen.
Der Begriff und sein theoretisches Konzept der **„Sozialen Marktwirtschaft"**
wurden im Herz-Jesu-Kloster in Vreden-Ellewick, in das er zu dieser Zeit auf-
grund der Bombardierung Münsters mit seinem Institut umzog, entwickelt. Er
verstand unter „Soziale Marktwirts‚chaft" nicht nur das Konzept zu einer Wirt-
schaftsordnung, für ihn war sie ein Modell einer umfassenden Gesellschaftsord-
nung. Die genaue Ausgestaltung des Konzeptes blieb aber offen, insbesondere im
Hinblick auf sich ändernde Rahmenbedingungen innerhalb der Wirtschaftsge-
sellschaft.

</td></tr>
<tr><td>

Idee der Sozia-
len Marktwirt-
schaft

</td><td>

Mit der Idee der Sozialen Marktwirtschaft verband Müller-Armack sowohl die
Ermöglichung einer individuellen Freiheit, in der die Mitglieder der Gesell-
schaft innerhalb eines rechtlichen und sittlichen Rahmens frei und selbstverant-
wortlich handeln können, als auch einem sozialen Ausgleich und einer
Chancen- bzw. Leistungsgerechtigkeit. Demzufolge muss die Wirtschaftsord-
nung dieser Gesellschaft dem Freiheitsgedanken des Liberalismus wie auch
dem sozialen Gedanken des Sozialismus folgen. Neben ökonomischen Ge-
sichtspunkten muss somit zusätzlich auf eine gesellschaftspolitische Ausgestal-
tung der Wirtschaftsordnung Wert gelegt werden. Nach Möglichkeit sollte es
zu einer sozialen Aussöhnung aller gesellschaftlichen Gruppen führen, aller-
dings ohne gleichzeitig den Staat zu einem „Gefälligkeitsstaat" werden zu las-
sen. Als wichtigste Aufgaben des Staates sieht er deshalb die Aufgabe, allen
sozialen Gruppen zum einen gleiche Startbedingungen für ihr Leben zu geben
und zum anderen die soziale und natürliche Umwelt wohlüberlegt zu gestalten.
Gleichzeitig beinhaltet dies die Förderung derjenigen, welche aufgrund beson-
derer Umstände nicht für die eigene Existenzsicherung Sorge tragen können.

</td></tr>
<tr><td>

Wettbewerb

</td><td>

Kern der Sozialen Marktwirtschaft ist immer noch der **Wettbewerb**, ohne
den eine funktionierende Wirtschaftsordnung nicht möglich ist. Um uner-
wünschte Entwicklungen oder zu starke Schwankungen auszuschließen oder
zumindest abzufedern, muss der Staat mit einer entsprechenden Wettbewerbs-
politik steuernd eingreifen. Gleichzeitig hat er dafür Sorge zu tragen, dass die
Güter, die nicht über den Wettbewerb abgedeckt werden, zum Beispiel Bil-
dung etc., sozial gerecht verteilt werden. Insbesondere ist dies wichtig, da der
Wettbewerb all diejenigen ausschließt, die nicht aus eigener Kraft für sich sor-
gen können, so zum Beispiel Kinder, Behinderte, Rentner, Arbeitslose etc. Mül-
ler-Armack sieht die Soziale Marktwirtschaft also als ein sorgfältiges Zusam-

</td></tr>
</table>

menspiel von Wettbewerbs- und Sozialpolitik, welches durch eine geschickte Austarierung eine Bevorzugung einer der Seiten vermeiden muss. Dieses Zusammenspiel stellt dabei keineswegs ein statisches System dar, sondern muss offen und flexibel auf sich ändernde wirtschaftliche, gesellschaftliche und politische Bedingungen reagieren. Innerhalb der zugelassenen Lenkung des Marktes durch den Staat muss ein Mittelmaß gefunden werden, um einen völlig freien Wettbewerb aber auch die Überbewertung des Sozialen zu vermeiden. Beide Maxime sollen sich sinnvoll ergänzen, ohne sich gegenseitig zu gefährden. Für Alfred Müller-Armack war klar, dass ein unbegrenzter Ausbau des Wohlfahrtsstaates nicht möglich sei, insbesondere wenn die als Leistungsanreize gedachten Maßnahmen bzw. die Leistungsbereitschaft umschlagen oder der Wettbewerb durch die Eingriffe des Staates gefährdet werden.

Für Müller-Armack war der Name „Soziale Marktwirtschaft" zugleich Programm und Verpflichtung. Nur wenige Tage vor seinem Tod äußerte er: „Weshalb soll es nicht möglich sein, dass man (...) die 'Soziale Marktwirtschaft' als terminus technicus schluckt. Das muss möglich sein. Dann aber die 'Soziale Marktwirtschaft' groß geschrieben, das ist ein Bitte, mit der ich schließen möchte" (Dietzfelbinger 2000, S. 96).

Programm und Verpflichtung

20.3 Textbeispiel

[...]

Soziale Marktwirtschaft

Sinn der Sozialen Marktwirtschaft ist es, das Prinzip der Freiheit auf dem Markte mit dem des sozialen Ausgleichs zu verbinden. Wenn es nach Jahren einer strengen Wirtschaftslenkung gelang, den Begriff der Sozialen Marktwirtschaft in kurzer Zeit in der deutschen Öffentlichkeit durchzusetzen, so war dies den negativen Erfahrungen in einer Zeit mehr und mehr versagender Wirtschaftslenkung und der Währungsunordnung zuzuschreiben. Erst die kritische Auseinandersetzung mit den Funktionsmängeln der Wirtschaftslenkung machte den Weg dafür frei, daß erstmalig in den letzten Jahrzehnten ein freiheitliches System nicht nur erfolgreich den Anspruch, die sozialen Probleme lösen zu können, zu erheben vermochte, sondern auch in breitesten Schichten allgemeine Zustimmung fand.

I. Begriff

Die Wortverbindung: Soziale Marktwirtschaft wurde anfänglich als widerspruchsvoll empfunden. Hinzu kam, daß eine vage Verwendung des Begriffes in der Öffentlichkeit gelegentlich den geistigen Anspruch dieses Begriffes verdeckte. Die Konzeption der Sozialen Marktwirtschaft baut auf der in der Forschung der letzten Jahrzehnte gewonnenen Einsicht auf, daß Wirtschaftspolitik ohne eine klare Entscheidung für ein Koordinierungsprinzip nicht erfolgreich geführt werden kann.

Die negativen Erfahrungen, die mit interventionistischen Mischsystemen
gemacht wurden, haben die von Walter Eucken, Franz Böhm, F. A. Hayek,
Wilhelm Röpke, Alexander Rüstow und anderen entwickelte Wirtschafts-
ordnungstheorie zu der Einsicht geführt, daß das Prinzip des Wettbewerbs
als unerläßliches Organisationsmittel von Massengesellschaften nur funktionsfähig ist, wenn eine klare Rahmenordnung den Wettbewerb sichert.
Auf diesen Einsichten, die durch die Erfahrung mit der Kriegswirtschaft des
Zweiten Weltkrieges noch vertieft wurden, basiert der Gedanke der Sozialen
Marktwirtschaft. Mit dem Neoliberalismus teilen die Vertreter der Sozialen
Marktwirtschaft die Überzeugung, daß der Altliberalismus zwar die Funk-
tionsbedeutung des Wettbewerbs richtig gesehen hat, die sozialen und sozi-
ologischen Probleme jedoch nicht ausreichend beachtet. Im Gegensatz zum
Altliberalismus erstreben sie keine Wiederherstellung einer Laissez-faire-
Wirtschaft; ihr Ziel ist eine neuartige Synthese.

Der Gedanke der Sozialen Marktwirtschaft grenzt sich nicht weniger scharf
von einer interventionistischen Wirtschaftspolitik ab, die Elemente der zentralen Lenkung mit solchen der Marktwirtschaft mischte, bis sich die wider-
sprüchlichen Faktoren gegenseitig blockierten und die wirtschaftliche
Leistung hemmten. Soziale Marktwirtschaft ist eine bewußt gestaltete
marktwirtschaftliche Gesamtordnung. Ihr primäres Koordinierungsprinzip
soll der Wettbewerb sein. Sie beruht auf der Einsicht, daß eine Wettbewerbswirtschaft historisch sehr verschiedene Gestalten haben kann und daß es
möglich ist, die sozialen Aufgaben der modernen Gesellschaft in einem System freien Wettbewerbs besser als bisher zu erfüllen. Damit grenzt sich die
neue Zielsetzung vom Sozialismus ab, der soziale Reform über einen zentralen Dirigismus erstrebt. Gegenüber dem Konkurrenzsozialismus und dem
freiheitlichen Sozialismus glauben die Vertreter der Sozialen Marktwirtschaft zweifeln zu müssen, ob ein einmal geschaffenes zentrales Lenkungs-
System den Versuchungen, in die freie Konsumwahl und die freie Arbeits-
platzwahl einzugreifen, widerstehen kann. Der Begriff der Sozialen Marktwirtschaft kann so als eine ordnungspolitische Idee definiert werden, deren
Ziel es ist, auf der Basis der Wettbewerbswirtschaft die freie Initiative mit
einem gerade durch die marktwirtschaftliche Leistung gesicherten sozialen
Fortschritt zu verbinden.

[...]

Veröffentlicht in: Handwörterbuch der Sozialwissenschaften. Hrsg. von E. von
Beckerath, C. Brinkmann, E. Gutenberg, G. Haberler, H. Jecht, W. A. Jöhr, F.
Lütge, A. Predöhl, R. Schaeder, W. Schmidt-Rimpler, W. Weber, L. von Wiese.
Stuttgart – Tübingen – Göttingen. Bd. 9 (1956).

20.4   Weiterführende Literatur

- Beaugrand, Günter: Die Konrad-Adenauer-Stiftung. Eine Chronik in Berichten und Interviews mit Zeitzeugen, Sankt Augustin 2004 (Hrsg.: Konrad-Adenauer-Stiftung e.V.), Internet: http://www.kas.de/wf/de/33.5266/ Download: 17. Oktober 2007

- Dietzfelbinger, Daniel: Soziale Marktwirtschaft als Wirtschaftsstil. Alfred Müller-Armacks Lebenswerk, Gütersloh 1998 (Zugl.: ders.: Univ.-Diss., München 1997)

- Dietzfelbinger, Daniel: Von der Religionssoziologie zur Sozialen Marktwirtschaft: Leben und Werk Alfred Müller-Armacks. In: Politische Studien 373 (Zweimonatszeitschrift für Politik und Zeitgeschehen), 51. Jg., München 2000, S. 85-99

- Erhard, Ludwig; Müller-Armack, Alfred (Hrsg.): Soziale Marktwirtschaft. Ordnung der Zukunft. Manifest '72, Frankfurt/M., Berlin, Wien 1972.

- Grossekettler, Heinz: Alfred Müller-Armack (1901-1978). In: Westfälische Jurisprudenz, Beiträge zur deutschen und europäischen Rechtskultur, Münster 1999, S. 329-348

- Kowitz, Rolf: Müller-Armack, Alfred. Wirtschaftspolitik als Berufung. Zur Entstehungsgeschichte der Sozialen Marktwirtschaft und dem politischen Wirken des Hochschullehrers, Köln 1998.

- Müller-Armack, Alfred: Ausgewählte Werke (Sammlung hg. von Ernst Dürr u.a.): Wirtschaftsordnung und Wirtschaftspolitik. Studien und Konzepte zur Sozialen Marktwirtschaft und zur Europäischen Integration, 2. Aufl., Bern, Stuttgart 1976 (Beiträge zur Wirtschaftspolitik, Band 4)

- Müller-Armack, Alfred: Ausgewählte Werke (Sammlung hg. von Ernst Dürr u.a.): Diagnose unserer Gegenwart. Zur Bestimmung unseres geistesgeschichtlichen Standorts, 2. Aufl., Bern, Stuttgart 1981 (Beiträge zur Wirtschaftspolitik, Band 32)

- Müller-Armack, Alfred: Ausgewählte Werke (Sammlung hg. von Ernst Dürr u.a.): Religion und Wirtschaft. Geistesgeschichtliche Hintergründe unserer europäischen Lebensform, 3. Aufl., Bern, Stuttgart 1981 (Beiträge zur Wirtschaftspolitik, Band 33)

- Müller-Armack, Alfred: Ausgewählte Werke (Sammlung hg. von Ernst Dürr u.a.): Genealogie der Sozialen Marktwirtschaft. Frühschriften und weiterführende Konzepte, 2. Aufl., Bern, Stuttgart 1981 (Beiträge zur Wirtschaftspolitik, Band 34)

Internetquellen

20.5 Internetquellen

- http://www.dhm.de/lemo/html/biografien/MuellerArmackAlfred/index.html
- http://www.dradio.de/dlf/sendungen/truemmerland/431450/
- http://www.weltchronik.de/bio/cethegus/m/muellerarmack.html
- http://www.welt.de/print-welt/article716438/Mein_Vater_waere_unzufrieden.html
- http://www.insm.de/Reformpolitik/Spurensuche_nach_dem_Begriff_Soziale_Marktwirtschaft_.html;jsessionid=7DCD47A10B44F7841F4045FBE0150BDD
- http://miami.uni-muenster.de/servlets/DocumentServlet?id=266

Bildquelle

http://www.eumed.net/cursecon/economistas/muller-armack.jpg

Personenregister

Sachregister

www.ingramcontent.com/pod-product-compliance
Lightning Source LLC
Chambersburg PA
CBHW070151310326
41914CB00089B/801